四川日报社
中共四川省委党校 | 主编
西南财经大学

中国式现代化
100问

四川人民出版社　中国言实出版社

图书在版编目（CIP）数据

中国式现代化100问／四川日报社，中共四川省委党校，西南财经大学主编. -- 成都：四川人民出版社；北京：中国言实出版社，2024.6
ISBN 978-7-220-13630-6

Ⅰ.①中… Ⅱ.①四… ②中… ③西… Ⅲ.①现代化建设－研究－中国 Ⅳ.①D61

中国国家版本馆CIP数据核字（2024）第103700号

ZHONGGUOSHI XIANDAIHUA 100 WEN
中国式现代化100问
四川日报社　中共四川省委党校　西南财经大学　主编

统筹编辑	谢　寒
责任编辑	谢　寒　董　玲　宫嫒嫒
特约编辑	姜照雯
装帧设计	张迪茗
责任校对	申婷婷
责任印制	祝　健　徐晓晨
出版发行	四川人民出版社（成都市三色路238号） 中国言实出版社（北京市朝阳区北苑路180号加利大厦5号楼105室）
网　　址	http://www.scpph.com　　　www.zgyscbs.cn
E-mail	scrmcbs@sina.com　　　yscbs@263.net
发行部业务电话	（028）86361653　86361656　（010）64924716
防盗版举报电话	（028）86361661　　　（010）64924853
照　　排	四川胜翔数码印务设计有限公司
印　　刷	成都兴怡包装装潢有限公司
成品尺寸	170mm×240mm
印　　张	26.5
字　　数	368千
版　　次	2024年6月第1版
印　　次	2024年6月第1次印刷
书　　号	ISBN 978-7-220-13630-6
定　　价	78.00元

■版权所有·侵权必究

《中国式现代化100问》编委会

主　　任　陈　岚　李　新　赵建军　赵德武　李　鹏

副 主 任　叶建平　裴泽庆　尹庆双

编辑组成员　胡彦殊　陈露耘　杨志远　王　凡　陈　滔

　　　　　　胡俊超　黄志凌　张　杨　周丽萍　熊筱伟

　　　　　　张　雨　王付永　姜照雯

序　言

推动党的创新理论"飞入寻常百姓家"

中国式现代化不仅是党带领全国各族人民推进中华民族伟大复兴的生动实践，更蕴含了在此过程中形成的强大理论力量。推进中国式现代化是一项前无古人的开创性事业、探索性事业。深刻认识和把握中国式现代化理论体系，是正确理解和大力推进中国式现代化的题中应有之义。在学习贯彻习近平新时代中国特色社会主义思想主题教育工作会议上，习近平总书记强调，坚持以党内教育引导和带动全社会的学习，让党的创新理论"飞入寻常百姓家"。推动党的创新理论"飞入寻常百姓家"，既是马克思主义中国化时代化的核心要义，也是巩固全党全国各族人民团结奋斗共同思想基础的必然要求，是新时代新征程宣传思想文化战线责无旁贷的职责使命。推动党的创新理论"飞入寻常百姓家"，是做好新形势下宣传思想文化工作的重要环节，是党的创新理论武装在基层走深走实的"最后一公里"。

如何深入浅出、通俗易懂地阐释党的新理念新思想新战略？在宣传思想文化领域，就需要我们打造更多创意十足、令人耳目一新的理论产品，尤其是要注重面向广大基层干部群众，在润物无声、引人入胜上做文章、下功夫，让党的新理念新思想新战略传播得精准而富有吸引力。在中共四川省委宣传部指导下，四川日报社、中共四川省委党校、西南财经大学联手打造的《中国式现代化100问》就是这样一个传播理论的创新作品，通过筛选关于中国式现代化的100个热点问题，邀请全国著名高等院校、科研院所的近百名专家学者有针对性地回答，帮助广大党员干部更好地认识把握中国式现代化的重大理论和实践问题，进而用党的创新理论武装头脑、指导实践、推动工作。

习近平总书记强调："我们必须科学认识网络传播规律，提高用网治网水平，使互联网这个最大变量变成事业发展的最大增量。"提升理论宣传对群众的吸引力，也要积极探索理论宣传宣讲传播途径和呈现方式的创新，不断搭建构造全方位、多层次、立体化、协同化的媒介传播格局，以技术革新倒逼内容创新，加大融媒体优质原创内容的生产和传播力度。《中国式现代化100问》除在《四川日报》刊登外，还在川观新闻、抖音等新媒体平台推出专栏，让文字与视频发挥各自所长，协同提升传播效果。看了《中国式现代化100问》的视频版，顿感耳目一新。和刊登在《四川日报》上的文字相比，视频版实际上是二次创作。要想普及理论，首先宣讲者自己就要"吃透"理论。四川日报社的年轻记者们担任主播，在深入理解理论文稿的基础上，收集更全面的理论阐释信息，梳理出适合视频传播的语言逻辑，如此一来，对同一问题的解读既丰富了层次性，又变换了话语方式。从社会反响来看，效果也非常好。四川日报全媒体自有平台上本专题浏览量超4800万人次，同时被人民日报客户端、新华网、澎湃等媒体平台转载，全网点击量超2亿次。

问题是时代的声音。《中国式现代化100问》这本书最大的特点就是将"问题意识"一以贯之。《中国式现代化100问》编辑部通过面向公众征集、筛选，将中国式现代化这个大道理切分成100个小问题，以问答的方式通俗易懂地为干部群众解读分析。据我了解，以问题的形式对中国式现代化相关理论进行解读并结集出版，在全国省级党报中，四川日报社是第一家。"问题意识"是推动党的创新理论"飞入寻常百姓家"的关键。正如马克思所说："一个问题，只有当它被提出来时，意味着解决问题的条件已经具备了。"在理论学习中，唯有始终在头脑里"画问号"，才能真正学得深、悟得透、用得上。必须坚持问题导向是贯穿习近平新时代中国特色社会主义思想的重要立场观点方法，是驱动理论宣传宣讲内容创新的不竭动力，是推动党的创新理论"飞入寻常百姓家"的本质要求。我们要以人民为观照，以实践为观照，以广大群众所思所感、所急所盼为观照，正视问题、直面问题、解决问题，确保寻常百姓对党的创新理论想听、愿听、听得进去。

国家哲学社会科学一级教授、中共中央党校专家工作室领衔专家

目录 CONTENTS

导 问

003　第1问　什么是现代化？
006　第2问　现代化有哪些共同特征？
010　第3问　实现现代化的一般规律是什么？
013　第4问　什么是人的现代化？
017　第5问　如何实现人的现代化？

科学内涵·本质认识

023　第6问　如何理解必须把中国式现代化作为最大的政治？
027　第7问　如何理解人口高质量发展与中国式现代化的关系？
032　第8问　中国式现代化为什么必须是全体人民共同富裕的现代化？
036　第9问　人与自然和谐共生为何是中国式现代化的必由之路？
040　第10问　中国式现代化为什么是物质文明和精神文明相协调的现代化？

044	第11问	中国式现代化何以能坚持走和平发展道路？
047	第12问	中国式现代化为什么必须坚持中国共产党的领导？
051	第13问	如何立足中国特色社会主义道路推进中国式现代化？
055	第14问	如何理解高质量发展是全面建设社会主义现代化国家的首要任务？
059	第15问	发展全过程人民民主对中国式现代化有何重要意义？
063	第16问	如何在推进中国式现代化历史进程中丰富人民的精神世界？
067	第17问	为什么推动构建人类命运共同体是中国式现代化的本质要求？
071	第18问	中国式现代化如何体现以人民为中心的发展思想？
075	第19问	坚持深化改革开放在中国式现代化中有何新意蕴？
079	第20问	怎样依靠顽强斗争打开中国式现代化发展新天地？

中国方案·重大创新

085	第21问	怎样看待中国式现代化的理论价值？
089	第22问	中国式现代化的世界观独特在哪里？
093	第23问	中国式现代化的价值观有何独特之处？
096	第24问	中国式现代化蕴含着怎样独特的历史观？
100	第25问	中国式现代化蕴含着怎样独特的文明观？
103	第26问	中国式现代化的民主观独特在哪里？
107	第27问	中国式现代化的生态观有何独特之处？
111	第28问	全球化与中国式现代化有何内在关系？
115	第29问	为什么说中国式现代化是"并联式"发展过程？
119	第30问	为什么说中国用几十年时间就走完发达国家几百年走过的工业化历程？

123	第31问	中国为什么能用几十年时间走完发达国家几百年走过的工业化历程？
126	第32问	为什么说中国式现代化理论是科学社会主义的最新重大成果？
130	第33问	为什么说中国式现代化是世界发展的重大机遇？
135	第34问	和西方文明形态相比，中国式现代化创造的人类文明新形态新在哪里？
138	第35问	和中华传统文明形态相比，中国式现代化创造的人类文明新形态新在哪里？

自信自立·系统工程

143	第36问	推进中国式现代化如何处理好顶层设计与实践探索的关系？
148	第37问	中国式现代化进程中怎样做到战略与策略协调配合？
152	第38问	中国式现代化既要守正也要创新，该如何处理好二者的关系？
156	第39问	实现人民对美好生活的向往，如何正确处理效率与公平的关系？
160	第40问	推进中国式现代化该如何处理活力与秩序的关系？
164	第41问	推进中国式现代化该怎样处理自立自强与对外开放的关系？
168	第42问	怎样守好中国式现代化的"本"和"源"、"根"和"魂"？
172	第43问	如何在团结奋斗中更好谱写中国式现代化新篇章？
176	第44问	中国式现代化蕴含了怎样的道路自信？
180	第45问	中国式现代化蕴含了怎样的理论自信？
184	第46问	中国式现代化蕴含了怎样的制度自信？
188	第47问	中国式现代化蕴含了怎样的文化自信？

192	第48问	如何坚持"两个结合"推进中国式现代化?
195	第49问	中国式现代化的文化形态是如何形成的?
199	第50问	为什么说建设中华民族现代文明是推进中国式现代化的必然要求?
203	第51问	如何把握中国式现代化与中华文明的内在联系?

强国建设·战略支撑

209	第52问	科技现代化为什么是中国式现代化的关键?
213	第53问	中国式现代化推进中如何加快实现科技现代化?
218	第54问	中国式现代化为何不能走脱实向虚的路子?
222	第55问	为什么要以高水平区域协调发展推进中国式现代化建设?
226	第56问	加快构建新发展格局能为推进中国式现代化争取哪些战略主动?
230	第57问	实施扩大内需战略对推进中国式现代化有何意义?
234	第58问	中国式现代化需要什么样的现代化人力资源?
238	第59问	中国式现代化需要什么样的制造业新动能?
242	第60问	新型工业化如何以新质生产力建设为抓手赋能中国式现代化?
246	第61问	新型城镇化如何促进中国式现代化?
250	第62问	农业现代化在中国式现代化中扮演什么样的角色?
254	第63问	信息化与中国式现代化有何内在联系?
258	第64问	中国式现代化全面推进乡村振兴的使命任务和突破重点是什么?
262	第65问	如何理解把建设美丽中国摆在强国建设、民族复兴的突出位置?

265	第66问	为什么推进中国式现代化要高质量共建"一带一路"?
269	第67问	成渝地区双城经济圈建设对中国式现代化发展有何战略意义?
273	第68问	如何以质量强国建设推进中国式现代化?
277	第69问	如何加快建设航天强国助推中国式现代化?
281	第70问	交通强国建设如何为中国式现代化开好路?
285	第71问	如何以网络强国建设新成效为中国式现代化做出新贡献?
289	第72问	如何以数字中国建设不断推进中国式现代化?
293	第73问	金融强国建设如何为中国式现代化提供有力支撑?
297	第74问	教育强国建设如何支撑中国式现代化?
301	第75问	中国式现代化进程中体育的力量何以能为?
305	第76问	中国式现代化需要怎样的健康治理?
309	第77问	人民军队建设如何有力支撑中国式现代化?

国家治理·发展与安全

315	第78问	中国式现代化对全面从严治党提出了什么新要求?
319	第79问	中国式现代化要建设怎样的高水平社会主义市场经济体制?
323	第80问	中国式现代化如何积极应对人口老龄化的挑战?
327	第81问	建设人民城市如何助力实现中国式现代化?
330	第82问	法治如何保障和促进中国式现代化建设的公平正义?
334	第83问	如何以高质量社会保障体系建设助力中国式现代化?
338	第84问	中国式现代化需要如何推进基层治理现代化?
342	第85问	如何提高中国式现代化进程中的公共安全治理水平?
346	第86问	推进中国式现代化需要建设怎样的高素质干部队伍?
350	第87问	如何践行总体国家安全观助力中国式现代化?

354	第88问	如何确保中国式现代化进程中14亿多人口的粮食安全？
358	第89问	如何协调能源安全与低碳发展为中国式现代化提供坚强能源保障？
362	第90问	如何提升产业链供应链韧性和安全水平，促进中国式现代化行稳致远？
366	第91问	如何筑牢中国式现代化的金融安全防线？

立足四川·谱写新篇章

373	第92问	在中国式现代化发展大局中四川有何战略地位和战略使命？
377	第93问	四川如何发挥科技人才和产业体系优势，在推进科技创新和科技成果转化上同时发力？
381	第94问	如何在建设以实体经济为支撑、服务国家全局、体现四川特色的现代化产业体系上精准发力？
386	第95问	四川如何在推进乡村振兴上全面发力？
390	第96问	四川如何在筑牢长江黄河上游生态屏障上持续发力？
394	第97问	如何走出一条符合中国式现代化要求、具有四川特色的城乡融合发展新路子？
398	第98问	谱写中国式现代化四川新篇章，如何凸显巴蜀文化的力量？
402	第99问	四川如何以制造强省建设夯实高质量发展的物质技术基础？
406	第100问	四川如何以构筑向西开放战略高地和参与国际竞争新基地助力中国式现代化？

导问

- 科学内涵·本质认识
- 中国方案·重大创新
- 自信自立·系统工程
- 强国建设·战略支撑
- 国家治理·发展与安全
- 立足四川·谱写新篇章

中国式现代化100问

第1问—第5问

| 第 1 问 |

和你一起思考这个时代

什么是现代化？

▶ 只有正确理解把握现代化的概念，才不会迷失方向，才能在现代化的实践中正确把握现代化之"他者"和"自我"、现代化之"当下"和"过去"。

现代化是近代以来人类社会发展的主旋律。有人认为现代化就等于西方化，有人认为现代化就是工业化。到底什么是现代化？

简要地说，现代化是指从 18 世纪工业革命以来，以工业化和技术变革为推动力，人类社会从传统的农业社会向现代工业社会、信息社会急剧变革的转型过程，具体可以从三个维度把握：

现代化是一个系统概念。所谓系统，就是有着相同意义或目的，又相互影响、相互制约的若干要素组成的一个关系体或一个整体。系统性，就是指从系统的角度看待事物，以系统的思维和眼光分析问题和解决问题。现实生活中，有人认为现代化就是工业化，这就是没有认识到现代化是一个系统概念的片面认知。工业化是现代化的核心动力，但它不是现代化的全部。与工业化相伴而来的城市化、理性化、世俗化、民主化等特征，共同构成了一个现代化的社会。任何一个经济落后的国家通过大搞技术革命，想要尽快实现从传统的农业社会向现代工业社会变迁的过程，都是一个系统性的过程。这一过程中，人们的生产方式、生活方式和思维方式等任何一方面发生变化，其他方面都会发生像多米诺骨牌效应一样的系统性变化。美国政治学者塞缪尔·亨廷顿曾指出，现代化包括工业化、城市化，以及识字率、教育水平、富裕程度、社会动员程度的提高和更复杂的、更多样化的职业结构。这就是说，比如，城市化率太低，社会大多数人处于贫困线以下，或出现严重的贫富两极分化，或其他某个方面存在短板，都会影响一个社会的现代化水平，甚至根本称不上现代化了。再如，一些发展中国家在现代化进程中，工业化、城市化和农业现代化之间发展不协调，政府也缺乏合理且及时的城市建设规划和民生举措，导致大量农村人口快速流入城市，出现住房、医疗、卫生、文化、教育、电力供应等基本公共服务短缺或匮乏，进而引发现代化的夭折等，此类现象在人类发展史上并不少见。因此，现代化是一个系统概念，现代化的进程必须高度重视经济社会发展的全面、协调与平衡。中国式现代化建设就特别强调，要推动信息化和工业化深度融合、工业化和城镇化良性互动、城镇化和农业现代化相互协调，即"四化同步"。"现代化＝工业化"的说法，是"只见树木，不见森林"的错误判断。

现代化是一个历史范畴。所谓历史范畴，就是指我们看问题要把对象放在历史的概念框架中来进行，要认识到某个概念是发展变化着的，在不同的历史时期会有不同的时代内涵或存在样态。现代化就是一个历史范畴，必须和时代、时间相连才有实际意义。人类现代化的进程，就是一个伴随工业化和科技革命，由低级到高级推进的过程。中国人民大学教授王义桅就把自近代以来的现代化分为三个阶段，即以工业化和城市化为重要标志的第一次现代化，以知识化和信息化为典型特征的第二次现代化，以及第三次现代化即"工业4.0"。可见，不同时期的现代化有不同的时代内涵。我们国家的现代化进程，亦是如此。新中国成立后，周恩来于1954年在《政府工作报告》中首次提到的"四个现代化"，是指工业、农业、交通运输业和国防的现代化。改革开放以来的现代化实践，沿着"20世纪80年代末解决温饱问题—20世纪末进入小康社会—2035年基本实现社会主义现代化—2050年建成社会主义现代化强国"的时间表和路线图不断往前推进。其间，我们已经在2021年实现了第一个百年奋斗目标，并乘势踏上了全面建设社会主义现代化国家新征程。当下，我们正为之努力的现代化就是包括新型工业化、信息化、城镇化和农业现代化在内的"新四化"。总之，现代化无论在哪个国家的实践，它都是一个历史的过程，必须接力攻坚，并需要历史思维和前瞻性思考。

现代化不等于西方化。这里的西方化多指欧美化或英美化。有的人认为现代化等同于西方化，其实是有历史的、理论的原因，也有现实的原因。总体上可以概括为两个层面：第一，在现代化进程中的欧美（或英美）先行造成世界上后发现代化国家在现代化认知上的偏误。现代化发端于西欧的英国，机械化的社会大生产大大提高了劳动生产率，使英国一跃而成惊艳世界的"世界工厂"。美国在19世纪中后期通过新技术革命快速崛起而取代了英国，成为世界超级大国。因此，英国、美国等欧美先发现代化国家就成了世界上其他国家，特别是二战后获得民族独立的国家追赶现代化进程中趋之若鹜的效仿对象。在这个问题上，拉美国家现代化的境况是很值得深刻反思并引以为戒的。由于受美国门罗主义的影响，拉美国家缺乏独立自主进行现代化的思维和能力，至今，巴西、阿根廷、委内瑞拉等拉美国家的基尼系数均高于0.4，超过国际警戒线水平，"拉美陷阱"足以让世界上后发现代化国家予以高度警惕。第二，西方政界和学界的一些人关于"欧美中心论""西方文明中心论"的叫嚣和宣传，使得很多国家一度陷入集体无意识，尽管不情愿，但也承认了现代化就等于要像西方那样。其中，弗朗西斯·福山的"历史终结论"等就传递了现代化"一元化"和"单线论"的错误认知，这就是造成一些人走不出"现代化＝西方化"迷思的原因。事实上，现代化与生产力相连，而非与社会制度相连，并非一个意识形态问题。

正确理解现代化这一概念，有着十分重要的意义。因为，只有正确理解了这个概念，我们在发展中才不至于迷失方向，才能在现代化的实践中正确把握现代化之"他者"和"自我"、现代化之"当下"和"过去"。

（四川省中国特色社会主义理论体系研究中心特约研究员、四川师范大学教授董朝霞）

| 第 2 问 |

现代化有哪些共同特征？

> ▶ 现代化是一个伴随工业革命和科技革命而由低级到高级不断发展的过程。它是人类在政治、经济、文化、社会、生态等各领域的生产生活实践，表现出越来越远离落后和野蛮，越来越趋于先进和文明。

现代化是人类社会从工业革命以来所经历的一场急剧革命。在工业化的推动下，人类社会各领域都呈现出现代化的一些共同特征。那么，这些共同特征是什么？

总体说来，我们可以从五个方面来把握现代化的共同特征，涉及政治、经济、文化、社会和生态各领域。

政治方面，一般情形是，人类在走向现代化的进程中，专制王权的独裁统治逐渐被议会制度和现代政党所取代，社会治理方面出现从人治向民主化、法治化转型的现象。民主是人类永恒的理想追求，民主是政治现代性的重要表征。古希腊哲学家亚里士多德指出，民主就是人民统治，主权在民。英国为什么第一个走进现代化的大门？就是因为英国首先确立君主立宪制度，克服了王权专制，实现了现代法治。但是，由于阶级的局限性，西方资产阶级的民主存在着虚伪性和不真实性。民主、法治作为马克思主义的基本政治原则和中华传统德政文化基因的有机结合，在我们中国式现代化的政治文化实践中，被纳入社会主义核心价值观，为我们的现代化事业提供了强大的政治动能。纵观世界现代化进程中的社会治理现象，无论在不同历史条件和情形下，采取怎样的方式和途径（包括社会制度的选择），实现现代化在政治领域的共性，就是远离人治而越来越趋向民主和法治。

经济方面，表现为经济形态上从自然经济向商品经济、市场经济、知识经济、信息经济的转型变革，文明形态上呈现从农业文明向工业文明、信息文明的发展进程。把握现代化在经济领域的共同特征，就要抓住两个层面。一是商品、市场、资本等生产关系的变化。靠原始的狩猎、畜牧和农耕谋生的经济生产方式，肯定不是现代化的；只以满足自己生活需要的自给自足的经济生产生活方式，也不是现代化的。现代化的重要表征就是商品交换的出现，且交换范围和对象越来越突破地域、民族的局限。正如马克思指出，资产阶级"由于开拓了世界市场，使一切国家的生产和消费都成为世界性的了"。二是科技革命推动社会生产力的发展。"科学技术是第一生产力"，现代科学技术变革是现代化进程的重要特征。至今，世界现代化已经历四次工业革命（亦称科技革命）：18 世纪 60 年代至 70 年代，第一次科技革命以蒸汽机的发明为主要标志；19 世纪中后期至 20 世纪初，第二次科技革命以电力的发明为标志；20 世纪 50 年代至 60 年代，第三次科技革命以原子能、电子计算机和空间技术等的发展为主要标志；20 世纪 80 年代至今，逐步开启的第四次科技革命以信息技术、人工智能、海洋工程等高科技的出现为标志。这一经济现代化进程中，科技领域的每一次变革，都推动了新兴经济业态和产业结构调整，进而推动文明形态的演进。

文化方面，启蒙取代蒙昧，科学民主取代宗教和神权统治，宗教世俗化、民主理念和国际交往理念等逐渐成为现代社会转型中的支撑性思想观念。美国社会学家亚历克斯·英克尔斯曾指出，"现代化的关键是人的现代化"，其中，人的思想观念现代化尤为重要。现代化开启之前的欧洲中世纪，人们在封建神权统治下，对世界的认识长期限于如何赢得上帝恩宠的宗教冥想中。而现代化开启是源于人们开始相信通过科学、理性的筹划和制度设计，能够不断改善人类生存处境。牛顿在 1687 年发表的《自然哲学的数学原理》中告诉世人：自然界存在着规律，而且规律是能够被认识的。这给当时的人们带来了从未有过的自信。曾经匍匐在上帝脚下的人类，开始大胆地抬起头来，用自己理性的眼光打量世界。瓦特之所以能使用以往工匠们根本不会想到的方式来改良蒸汽机，就是因为他钻研牛顿力学等科学，并通过科学实验取得了成功。简而言之，现代化的进程在思想文化观念领域就表现为科学、理性、世俗等特征。党的二十大报告指出，"我们要以科学的态度对待科学、以真理的精神追求真理"，很值得我们学习领悟。

社会方面，运行机制从以往王权统治和权力支配下由上而下单一的、垂直的统治、领导、管理模式，向多元化、多主体参与的利益激励机制、效率机制、竞争机制、公平机制转型。在新的社会运行体制下，社会阶级、阶层或身份的固化被打破，社会流动性增强，人作为生产力主体或主人翁的积极性、主动性和创造性得以更充分发挥，极大地激活了社会生产力。比如，资本主义原始积累过程中，奴隶、贵族、农奴等社会身份固化，这显然是扼杀人的创造性，甚至导致"人性异化"，与现代化相悖。相反，我们看西方最先创立和实行保护知识产权的专利制度的国家，则犹如"将利益的燃料添加到天才之火上"那样，推动了高新科技革命。再看我们的现代化社会治理中的全过程人民民主实践，以人民代表大会制度、政治协商制度为重要制度载体，让我们感受到了来自广泛社会参与的意见汇聚、政策协商、凝聚共识这种社会治理方式和民主管理模式的现代性和有效性。

生态方面，表现为由工业化初期的"人类中心主义"向人与自然和谐相处模式的现代转型过程。资本主义原始积累和工业化中，受商品拜物教、货币拜物教和资本拜物教支配的资本主义工业文明，表现出了人与自然之间的对立。比如，英国工业化进程到19世纪中期的鼎盛时期，取得诸如"铁产量超过了世界上所有国家铁产量的总和"等成就，但却付出了自然环境和生态被破坏的代价。英国早期的那种田园诗般的风情不见了，代之而起的是乡村建起了灰暗的厂房，城镇竖起了高耸的烟囱，等等。以动态的眼光看，造成人与自然关系对立和不和谐的现代化，一定不可持续，我们要把它当作一个过程来看待。随着科学技术的不断变革与发展，人类迎来的必将是如我们今天所为之努力的——人与自然和谐共生的现代化。

现代化是一个伴随工业革命和科技革命而由低级到高级不断发展的过程。总体来说，它是人类在政治、经济、文化、社会、生态等各领域的生产生活实践，表现出越来越远离落后和野蛮，越来越趋于先进和文明。

（四川省中国特色社会主义理论体系研究中心特约研究员、四川师范大学教授董朝霞）

| 第 3 问 |

和你一起思考这个时代

实现现代化的一般规律是什么？

> ▶ 没有哪一个国家是在四分五裂的条件下实现了现代化的。任何一个民族国家要成功实现现代化都必须"走自己的道路"，工业化和科技创新都是不可或缺的驱动要素。

"一个国家走向现代化，既要遵循现代化一般规律，更要符合本国实际，具有本国特色。"显然这是告诉我们，实现现代化是有规律可循的。这个一般规律是什么呢？

所谓规律，就是事物之间或事物内部诸因素之间内在的、本质的、必然的联系。纵观世界现代化进程，不难发现其中的规律。

从现代化的起步条件看：一个国家要实现现代化，首先需要建构起一个统一、独立的民族国家。民族国家就好比一架飞机，没有完成民族国家的建构，就缺乏实现现代化的"支架"。在世界现代化史上，为什么英国率先开启现代化进程？就是因为在当时的欧洲，英国最先获得统一、独立，且最先确立君主立宪制度，克服了专制王权的独裁统治，为后来工业革命和技术革新提供了开放、宽容、自由的政治社会环境。而为什么德国的现代化比英国、法国都要晚呢？是因为当时德国长期分裂割据，没有实现国家统一，也就缺乏了实现现代化的前提条件。纵观世界现代化历史进程，可以发现，没有哪一个国家是在四分五裂的条件下实现了现代化的。今天的中国式现代化之腾飞能取得令世界瞩目的奇迹，很大程度上得益于我们国家的团结统一。

从现代化的道路选择看：任何一个民族国家要成功实现现代化都必须"走自己的道路"。根据矛盾的普遍性和特殊性关系原理，现代化的一般规律即"普遍性"，寓于各民族国家现代化的具体实践即"特殊性"之中。现代化的一般规律只是为现代化指明了方向，但是如何实现现代化呢？这取决于各民族国家获得统一独立的时间先后、各自选择的政治体制、各自面临的国内外背景，以及在现代化过程中出现的曲折经历等因素。因此，实现现代化的道路并非单行道。就拿现代化进程中出现的"拉美陷阱"来说，在200年前，拉美各国凭借其丰富的资源和勤劳智慧，其经济状况一直比北美都好。但是，自19世纪20年代美国在拉美推行门罗主义，特别是20世纪80年代末至90年代初又开始强制推行新自由主义改革以来，拉美各国在经历经济社会短暂发展之后，出现了严重的贫富分化、公共服务不足、失业人口激增、环境恶化和城市危机等问题。反观我们的现代化历程，正如习近平总书记指出："我国的实践向世界说明了一个道理：治理一个国家，推动一个国家实现现代化，并不只有西方制度模式这一条道，各国完全可以走出自己的道路来。可以说，我们用事实宣告了'历史终结论'的破产，宣告了各国最终都要以西方制度模式为归宿的单线式历史观的破产。"世界现代化进程中诸多实践表明，任何一个国家要实现现代化，就必须从自己的实际出发，走自己的路。

从现代化的核心驱动看：任何一个国家要实现现代化，工业化和科技创新都是不可或缺的驱动要素。欧美资本主义现代化进程背后的推动力，就是资本逻辑支配下的工业化进程和科学技术变革。比如，以瓦特改良蒸汽机为重要标志，开启英国工业化进程中的海外贸易和殖民掠夺，就是因为技术革新带来生产力的极大提高，需要大大超过英国本土所能供给的原料市场、商品推销市场和廉价劳动力。近500年来世界上大国崛起的历史表明，每一次技术革命都如长江后浪推前浪，推进世界现代化进程。比如，英国、法国是在"工业1.0"的蒸汽机时代崛起，德国、日本、美国是在"工业2.0"的电气化时代催生和崛起，"工业3.0"的信息化时代和"工业4.0"的智能化时代又助推了二战以来新兴市场经济主体和老牌大国之间激烈的国际竞争。而今，我们面临着新一轮科技革命和产业变革深入发展，国际力量对比深刻调整的机遇和挑战，这就是当前我们党强调"加快实现高水平科技自立自强"的原因。现代化的核心竞争力在于工业和科技的不断变革与创新，整个世界的现代化浪潮，就是各国通过工业和科技创新你追我赶的过程。

总之，现代化是有规律可循的。在实现现代化的道路上不同国家有不同的起点和航线。"现代化不是单选题。历史条件的多样性，决定了各国选择发展道路的多样性。"但是，只要遵循现代化的一般规律，又牢牢植根于自己的国情和实际，就一定能在世界现代化的赛道上跑出好成绩。

（四川省中国特色社会主义理论体系研究中心特约研究员、四川师范大学教授董朝霞）

| 第 4 问 |

和你一起思考这个时代

什么是人的现代化？

▶ 作为个体而言，现代人的核心，关键在于彰显"人的三性"，即主体性、创造性和文明性；作为一个整体而言，人的现代化还包括人类社会整体由传统向现代的转变，这种转变涵盖人类社会整个生产方式的现代化、生活方式的现代化、价值观念的现代化和国家治理的现代化等内容。

推进社会现代化建设的过程也是实现人的现代化的过程，现代化的本质被认为是人的现代化。到底什么是人的现代化？

人的现代化指的是传统人向现代人的转变过程。当然，这一过程既包括个体的人的转变，也包括人类整体的转变。人的现代化是现代化的本质，这是因为人的现代化是整个现代化的前提，也是整个现代化的目的，人的现代化与整个现代化具有高度的同质性。而人的现代化的最终目标是实现人自由而全面的发展。

人的现代化最早是美国著名学者英克尔斯提出的，他认为人的现代化就是从传统人向现代人转变的过程，这一点已基本成为学界共识。这一过程既包括个体的人的转变，也包括人类整体的转变。作为个体而言，现代人的核心，关键在于彰显"人的三性"，即主体性、创造性和文明性。主体性，就是要正确处理人与物的关系，是人支配物，而不是物支配人。在现代化过程中，人会不断地创造物质财富，但人不应该成为物质财富的奴隶，而应该成为物质财富的主人。也就是说，现代化的过程，应该是人的主体性不断彰显的过程。创造性，就是指现代人勇于变革，敢于对传统知识、观念和行为提出挑战。不像传统人那样简单接受以前的知识、技术和生活观念，简单重复前人的生产方式和生活方式，而是具有创造性思维，不断探索新的领域、新的知识，创造新的技术、新的生产和生活方式。文明性，就是指人在物质生活提升的过程中还要不断提升精神境界。现代人不能只追求个人财富的增加，个人物质生活品质的提升，成为极端的利己主义者，而应该关注社会、关注他人，推动整个社会的发展。在现代化的过程中不断提升自身的道德修养和精神境界，使自己成为一个全面发展的文明人。作为一个整体而言，人的现代化还包括人类社会整体由传统向现代的转变，这种转变涵盖人类社会整个生产方式的现代化、生活方式的现代化、价值观念的现代化和国家治理的现代化等内容。

同样的，中国式现代化中人的现代化包括狭义和广义两个方面，既包括每一个中国人个体的现代化，也包括作为一个整体的中国国民的现代化。也就是既要让每一位国民充分彰显现代人的核心素质——主体性、创造性、文明性，掌握现代科学技术、能够从事现代生产、拥有不断革新的观念，又要不断提升全体中国人民的生活水平、身体素质、精神文明素养，不断优化人口结构等。

为何人的现代化能从生产技术、生产方式、生活方式、物质设施等现代化内涵中脱颖而出，作为现代化的本质？这是因为：首先，人的现代化是一切现代化的前提。现代社会的产生，最初就是因为文艺复兴后欧洲思想的解放，带来了现代人的出现，由于一个个具有现代思想的人对科学的探索，科技水平有了巨大突破，由此才带来了生产技术和生产方式的现代化；又由于一个个具有现代思想的人对国家、社会治理模式的探索，才有了现代民主、法治的出现，由此才带来了国家治理方式的现代化。其次，人的现代化也是现代化的目的。推进现代化，从根本上讲是为了提高人的物质生活水平，提升人的精神境界，改变人的生产方式、生活方式、思维方式和行为方式。最后，现代化与人的现代化具有高度的同质性。现代化每一次进步，都会带来人的现代化的进步；科学技术的每一次发展，都会促使更多人的知识水平的提升，由此带来人们生产方式和生活方式的变革；国家治理理念的每一次进步，都会推动人的社会活动参与方式的变革。故此，现代化的过程就是人的现代化的过程，也就是说现代化的本质是人的现代化。

中国式现代化是中国共产党领导的社会主义的现代化，将人的现代化作为其核心。中国共产党就是为中国人民谋幸福、为中华民族谋复兴而诞生。纵观整个现代化的进程，每一个时期的着眼点都是人的现代化。20世纪80年代，邓小平同志在设计中国社会主义初级阶段"三步走"的现代化战略步骤时，每一步的落脚点都是人民生活水平的提升。21世纪初，江泽民同志指出，促进人的全面发展，"是马克思主义关于建设社会主义新社会的本质要求"。胡锦涛同志则在党的十七大报告中强调科学发展观的核心是"以人为本"。2013年12月，习近平总书记在中央城镇化工作会议上指出，现代化的本质是人的现代化，并在党的二十大报告中首次提出了中国式现代化的五个鲜明特色，这五个特色都体现出了"以人民为中心"，是推进人的现代化的底层逻辑。"人口规模巨大的现代化"强调中国式现代化是所有中国人的现代化，不是一部分人的现代化；"全体人民共同富裕的现代化"主要强调的是全体中国人的物质生活的现代化；"物质文明和精神文明相协调的现代化"强调的是人的全面发展；"人与自然和谐共生的现代化"强调的是人与自然关系的现代化；"走和平发展道路的现代化"强调的是中国式现代化不走西方现代化的老路，靠剥削别人、掠夺别人的资源实现现代化，而是通过和平发展、合作共赢，在推进自身现代化的同时推进全世界人民的现代化。

人的现代化的最终目标，是实现人的自由而全面的发展。对于这一点，马克思曾经指出，在人类历史发展过程中，人自身有一个从"人的依赖关系"到"物的依赖关系"、再到人的"自由个性"确立的转变过程，这一过程实际上就是人从传统不断走向现代的过程，也就是人的现代化过程。在原始初民时代，人以群体为本位的族群方式生存，人对族群有高度的依赖关系，人与人之间有严格的等级秩序。在工业时代，人的存在方式重心开始了由群体本位向个体本位的转变，实现了由"人的依赖关系"向"物的依赖关系"的转变。在这种"物的依赖关系"中，人开始成为具有独立实质的人，这在一定意义上实现了人的解放，也就是开启了人的现代化的进程。但这种关系下，避免不了人被金钱、财富等物的支配，人的地位、人在社会各种活动中的参与，都可能由所拥有的财富多寡来决定，因而可能造成人的异化，人无法实现真正的自由独立，所以，这种状态并非人的现代化的理想状态，而只能是人的现代化的过渡形态。人的现代化的最终目标，应该是在摆脱传统的"人的依赖关系"之后，再摆脱"物的依赖关系"，确立"人的自由个性"，最终实现人真正自由而全面的发展。在那样的状态下，生产力已经高度发达，社会产品已经极度丰富，财富已经不再束缚人的任何发展，人完全可以充分发展自己的兴趣爱好，自由地、完全平等地参加一切社会活动。只有到了那个时候，才能说人的现代化已经完全实现。

（西南财经大学马克思主义学院副教授龚松柏）

| 第 5 问 |

和你一起思考这个时代

如何实现人的现代化？

> ▶ 人的现代化的实现，既要发挥人的主观能动性，也要依托国家和社会现代化的发展水平；既要重视经济因素的直接推动作用，也要注重精神力量的引领；既要传承历史文化，又要融合现代文明。

现代化的最终目标是实现人自由而全面的发展。人的现代化的实现是一个历史过程，也是一项系统工程。怎样才能实现人的现代化呢？

马克思认为人类社会的发展经历了对人的依赖、对物的依赖、人的自由而全面的发展三个阶段，可见人的现代化的实现并不是一蹴而就，而是随着社会现代化水平的不断提升而动态发展，在不同的历史时期又有不同的表现。人的现代化的实现是诸多因素共同作用的复合过程，是一项复杂的系统工程，需要从以下三个维度辩证地看待和把握。

人的现代化的实现，既要发挥人的主观能动性，也要依托国家和社会现代化的发展水平。人的现代化是人的主观能动性被不断激发的过程，更与国家现代化进程以及社会现代化的发展水平密切相关，离不开现代政党的正确领导。中国近代以来的现代化是在列强入侵、民族危亡的背景下被迫启动的，五四运动直接促成了人的觉醒。要从封建宗族制度的束缚和帝国主义的压迫中解放出来，没有民族的独立和国家的富强，单个人的现代化是缺乏依托的。所以鲁迅先生才指出易卜生戏剧《玩偶之家》中的主人公娜拉出走以后，要么是堕落，要么是回来。中国共产党以为中国人民谋幸福和为中华民族谋复兴为初心使命，通过艰苦卓绝的斗争，求得民族独立、人民解放，成立了新中国，为推进人的现代化奠定了根本的社会条件，开启了中国式现代化道路的探索。应当看到，中国式现代化道路的探索中一直贯穿着对人的改造和重塑，始终坚守人民至上理念，突出现代化方向的人民性。新中国成立以后，毛泽东强调："社会主义改造有两方面：一方面是制度的改造，一方面是人的改造。"通过推动教科文卫事业的发展，开展识字扫盲、爱国卫生运动等活动，培育德智体全面发展的社会主义新人。同时，中国共产党始终抓住社会主要矛盾这根线来推进人的现代化进程。改革开放时期，邓小平认识到我国社会的主要矛盾是人民日益增长的物质文化需要同落后的社会生产之间的矛盾，他不仅把重心转移到经济建设上来，还提出我们要培养"有理想、有道德、有文化、有纪律"的"四有"新人。在经济的迅速发展下，人的主观能动性被极大地调动和激发，人们的思想道德素质和科学文化素质得到迅速提高，生活水平极大改善。随着中国特色社会主义进入新时代，社会主要矛盾转化为人民日益增长的美好生活需要和不平衡不充分的发展之间的矛盾，人们对公平、正义、环境、生态、文化等的需求不断提升，经济社会的发展更注重均衡和质量，更加注重在"五位一体"总体布局中系统化地推进人的现代化进程，并以社会主义核心价值观为引领，着力培养担当民族复兴大任的时代新人。同时，通过推进国家治理体系和治理能力现代化，为人的现代化提供更坚实的制度保障；着力促进全体人民共同富裕，确立社会公平公正的价值取向；推动绿色发展，促进人与自然和谐共生，为人的现代化提供永续发展的自然空间；实施科教兴国战略，培育德智体美劳全面发展的社会主义建设者和接班人。

  人的现代化的实现，既要重视经济因素的直接推动作用，也要注重精神力量的引领。经济发展为人的现代化提供重要动力，夯实物质基础，我们不能忽视科学技术和生产力的发展对人的现代化的巨大推动作用。改革开放 40 多年来，科学技术作为第一生产力推动经济快速发展，中国确立了社会主义市场经济体制，经济总量跃居全球第二，取得了经济发展的巨大成就。一方面，经济的飞速发展带来了人们生活水平的迅速提高，物质极大丰富，教育医疗事业取得极大进步。截至 2022 年，中国人均预期寿命增长到 78.2 岁；截至 2023 年九年义务教育巩固率达到 95.7%，这一切为人的现代化夯实了物质基础。另一方面，市场经济的发展也推动着思想观念的变迁，人的合理的物质欲望得到了承认，人的主观能动性、自觉性、创造性、创新性被极大激发，竞争意识、效率意识等已普遍为人们所接受。应当看到，在西方现代化的进程中，资本主义工业化大生产的发展极大地解放了生产力，把人从对人的依赖关系中解放出来，理性精神的高扬和物质的极大丰富促进了人的现代化，实现了在物的依赖基础上人的独立，但理性算计的逻辑和商品"拜物教"不断扩张，导致人仅仅被看作现代化的手段而背离了目的，人被异化为庞大社会机器上的零件。中国式现代化则从中国的实际出发，避免资本主义现代化的弊端，把人的现代化放在核心位置，强调物的全面丰富和人的全面发展，指出物质文明和精神文明相协调是中国式现代化的鲜明特色之一，提出物质贫困不是社会主义，精神贫乏也不是社会主义。充分发挥文化对人的塑造功能，以先进文化引领人的现代化进程。加强理想信念教育，用社会主义核心价值观铸魂育人，不断提高人民道德水准和文明素养，用高质量的公共文化服务和文化产品满足人民群众的精神文化需求，丰富人民的精神世界。

人的现代化的实现，既要传承历史文化，又要融合现代文明。人的现代化具有一般现代化的共性，同时，各民族在推动人的现代化进程时都是从自身民族的传统文化、社会现实和国情出发，又具有个性和民族性。因此，人的现代化与传统文化现代化的进程往往是同步的。从传统人走向现代人就是人从落后的生产力和社会关系的束缚中挣脱出来，荡涤传统文化中与现代社会不相适应的因素，推动优秀传统文化创造性转化、创新性发展。客观而言，传统文化建立在小农经济和宗法制基础之上，存在着与现代社会不相适应的部分，人的现代化的实现首先需要与现代社会的一般价值相认同，需要吸收融合世界文明的先进成果。这个过程中值得注意的是，一方面，文化的变迁往往是渐进的而非一蹴而就的。

马克思认为"人们自己创造自己的历史，但是他们并不是随心所欲地创造，并不是在他们自己选定的条件下创造，而是在直接碰到的、既定的、从过去承继下来的条件下创造"。人总是生活在一定的历史文化环境之中并为其所塑造，传统不是一件想脱就可以轻易脱掉的外衣。由于传统文化具有一定的保守性，后发现代化国家往往在现代化初期先强调思想观念的现代化，在现代化中后期才更加客观理性地看待自己的传统。另一方面，成功的现代化不但善于克服传统因素对现代化的阻滞，也善于利用传统因素作为现代化的助力。传统并不只等于过去，而是现代创造性的一个不可缺少的框架。一个丢掉了自己优秀传统文化的民族将会丧失民族精神的独立性，丧失自己的根脉，在世界现代化的进程中也终将行之不远。在中国式现代化道路的探索中，随着国力的增强，文化自觉被唤醒，文化自信更加坚定。我们不忘本来，吸收外来，面向未来，推动中华优秀传统文化创造性转化和创新性发展，传承中华文明，推动马克思主义基本原理同中国具体实际、同中华优秀传统文化相结合，把中华优秀传统文化中跨越了时空、与现代社会相适应的文化基因充分激活，为中国式现代化进程中人的现代化进程注入了丰富的文化内涵，彰显民族个性和中国特色。

总而言之，人的自由而全面的发展是现代化的最终目标，如果说人的现代化的实现就是一辆开往春天的列车向着目标前进的过程，那么经济技术的发展是直接的发动机；文化的发展则把握了列车行进的正确方向，历史文化的传承彰显了列车的民族特色，与现代文明的融合使列车在行进中保持了开放的格局；生态和社会的发展为列车的行驶提供了良好的自然和人文环境；中国共产党的领导则是列车行驶的总调度，在以人民为中心的价值取向下为每个人的全面发展提供综合保障。

（中共四川省委党校社会和文化教研部主任、教授陈叙）

导问

科学内涵·本质认识

科学内涵

本质认识

中国方案·重大创新

自信自立·系统工程

强国建设·战略支撑

国家治理·发展与安全

立足四川·谱写新篇章

中国式现代化100问

第6问—第20问

| 第 6 问 |

如何理解必须把中国式现代化作为最大的政治？

> ▶ 把中国式现代化作为最大的政治，是强国建设、民族复兴的康庄大道，是解决新时代我国社会主要矛盾、满足人民日益增长的美好生活需要的现实要求，是建设中华民族现代文明、创造人类文明新形态的关键路径。

以中国式现代化全面推进强国建设、民族复兴伟业，是新时代新征程党和国家的中心任务，是新时代最大的政治。如何理解必须把中国式现代化作为最大的政治？

将中国式现代化上升为党和国家事业发展"最大的政治"的战略高度，是党和国家工作重心的直接反映，是对中国式现代化建设规律的精准把握，体现了中国共产党高度的理论自觉、历史自觉和实践自觉，为新时代新征程上继续以中国式现代化全面推进强国建设、民族复兴伟业提供科学指引和根本遵循。

从历史维度上看，"最大的政治"在不同的历史条件下呈现出不同的理论形态与实践样态，以此达到统一思想、凝聚共识、汇聚力量的目的。在新民主主义革命时期，我们党就曾使用"总的政治的任务""最中心的政治任务""极大的政治任务"来强调党的工作重心和核心任务，这些话语概念尽管在表述上具有差异，但其目的都是为了凸显党和国家当前工作的重要性。在社会主义革命和建设时期，党基于"政治任务"

系列话语提炼出"最大的政治"。改革开放以来,"最大的政治"的话语内涵逐渐清晰,其显著特征在于将发展经济、提高社会生产力置于首要位置,将改善人民生活作为党和国家一切工作的出发点和落脚点,反映了党对中国社会发展的客观现状和趋势走向的精准判断。进入新时代,以习近平同志为核心的党中央科学统筹国际国内"两个大局",不断总结中国特色社会主义建设的历史经验,将中国式现代化上升为党和国家事业发展"最大的政治"的战略高度。这一重要论断是理论演进和实践发展的应然结果,既推动了"最大的政治"话语内涵的守正创新,也为正确处理政治与经济的关系提供了基本准则。

丰富中国式现代化作为最大的政治的内涵,追求中国特色社会主义伟大事业的目标导向、深厚的人民立场、展现现代化模式新图景,共同标注中国式现代化这一"最大的政治"的思想聚焦。

把中国式现代化作为最大的政治,是强国建设、民族复兴的康庄大道。建设社会主义现代化强国,实现中华民族伟大复兴,是近代以来中国人民最伟大的梦想,是中华民族的最高利益和根本利益。中华民族伟大复兴需建立在国家现代化的基础之上,贯穿于中国特色社会主义经济建设、政治建设、文化建设、社会建设和生态文明建设之中。在新中国成立特别是改革开放以来长期探索和实践的基础上,经过党的十八大以来在理论和实践上的创新突破,成功推进和拓展了中国式现代化,中华民族伟大复兴展现出前所未有的光明前景。这是党在新时代实现国家富强、民族振兴的头等大事、最大的政治。

把中国式现代化作为最大的政治,是解决新时代我国社会主要矛盾、满足人民日益增长的美好生活需要的现实要求。党的百余年奋斗史就是为人民谋幸福的历史,随着中国特色社会主义进入新时代,我国社会主要矛盾已经由人民日益增长的物质文化需要同落后的社会生产之间的矛盾,转化为人民日益增长的美好生活需要和不平衡不充分的发展之间的矛盾。中国式现代化的本质是人的现代化,就是要坚持把实现人民对美好生活的向往作为现代化建设的出发点和落脚点,着力维护和促进社会公平正义，着力促进全体人民共同富裕，顺民所需、为民造福。这是党在新时代践行人民至上，实现人民幸福的初心使命、最大的政治。

把中国式现代化作为最大的政治，是建设中华民族现代文明、创造人类文明新形态的关键路径。"在各国前途命运紧密相连的今天，不同文明包容共存、交流互鉴，在推动人类社会现代化进程、繁荣世界文明百花园中具有不可替代的作用。"实现现代化是世界各国人民的共同追求。中国式现代化的全面推进和展开，既是中华民族伟大复兴的过程，同时也是中国共产党带领中国人民以中国式现代化建设中华民族现代文明、创造人类文明新形态的过程。这是党在新时代为人类谋进步，为世界谋大同的崇高理想、最大的政治。

把中国式现代化作为最大的政治，是践行使命的必然选择。不断开辟马克思主义中国化时代化的新境界，用新的理论指导新的实践，是新时期中国共产党人的历史使命。当前，我们正处在全面建设社会主义现代化国家开局起步的关键时期，要坚定不移推进和拓展中国式现代化，坚定走中国式现代化之路的自信与自觉，不断开辟中国式现代化的新境界。

坚持党的领导与坚持以人民为中心相统一，为中国式现代化提供有力的政治保障。中国式现代化，是中国共产党领导的社会主义现代化。中国共产党人的初心和使命，就是为中国人民谋幸福、为中华民族谋复兴。人民群众是党的力量源泉，人民立场是党的根本政治立场。中国式现代化是人口规模巨大的现代化、全体人民共同富裕的现代化。在推进中国式现代化进程中坚持党的领导，就要把体现人民利益、反映人民愿望、维护人民权益、增进人民福祉落实到现代化建设全过程，使中国式现代化始终得到人民的衷心拥护和坚定支持。

坚持经济建设与高质量发展相统一，为中国式现代化奠定坚实的物质基础。高质量发展是全面建设社会主义现代化国家的首要任务。当前，我国经济已经由高速增长阶段转向高质量发展阶段，经济发展方式已经由规模速度型转向质量效益型，发展正处于时代转换的关键时期。必须把高质量发展放在现代化建设的第一位，着力发展新质生产力，加快构建现代化的经济体系与产业体系，不断探索新的发展模式和发展动能，有效提升和发展各部门经济效能，实现我国现阶段经济水平平稳提升，从而进一步解放和发展生产力。

坚持推动构建人类命运共同体，为人类和平与发展的崇高事业做出重大贡献。构建人类命运共同体是回答和解决当今世界面临的时代之问的中国方案，也是中国式现代化的本质要求。在推进现代化建设中，要坚定不移地推动构建人类命运共同体，通过寻找"最大公约数"，使各国得以和谐共处、互学互鉴，有助于推动各国在平等、尊重、互利共赢的基础上开展合作，推动全球治理体系朝着更加公正合理的方向发展。

〔中国地质大学（武汉）马克思主义学院陈彤彤，华中科技大学马克思主义学院院长、教授岳奎〕

| 第 7 问 |

如何理解人口高质量发展与中国式现代化的关系？

> ▶ 实现人口高质量发展既是中国式现代化的逻辑起点，也是实践基点。人口高质量发展是中国式现代化的天然要义、实然难题和必然方向。

中国式现代化是人口规模巨大的现代化，人口发展是关系中华民族伟大复兴的大事。那么，人口高质量发展与中国式现代化的关系是什么？为什么说要以人口高质量发展支撑中国式现代化？

巨大的人口规模既蕴含了无限的潜力和机遇，也意味着推进中国式现代化仍面临诸多挑战。实现人口高质量发展既是中国式现代化的逻辑起点，也是实践基点。具体可以从天然要义、实然难题和必然方向三个维度把握人口高质量发展与中国式现代化的关系。

人口高质量发展是中国式现代化的天然要义。纵观人类社会现代化的发展规律，现代化的本质是人的现代化，人不仅是现代化推进的核心主体，而且是现代化建设成果的最终受益者，决定了实现中国式现代化必须推动人口高质量发展。

人口高质量发展是实现人口规模巨大的现代化的前置变量。相较于世界其他国家的现代化道路，巨量级的人口规模是我国鲜明的国情特色，使14亿多人口整体迈进全民参与、共同富裕、全面发展的现代化社会未有先例。巨大的人口规模代表着不可估量的先进生产力和强劲创造力潜能，能够为国家发展提供稳定的劳动力，是推进现代化的必要基础和重要动力。这就需要充分激发14亿多人口的强大潜能和磅礴力量，着力提升人口整体素质，将人口规模优势转化为人力资源优势，以人口高质量发展引领经济社会高质量发展。

人口高质量发展是加速形成人才红利的重要基础。人口红利既要看总量，更要看质量；既要看人口数量，更要看人才质量。中国经济发展模式在逐步从劳动力数量依赖型转向人力资本依赖型，这必将促使数量型人口红利向质量型人才红利加速转变。截至2022年5月，我国接受高等教育的人口已达2.4亿，新增劳动力平均受教育年限达13.8年，人才红利正在形成。发展人才红利，这就必须全力推动人口高质量发展，在优化人口结构、提升人才素质方面下功夫、出实招，才能推进经济社会发展不断焕发新活力、迈上新台阶。

人口高质量发展是深度释放经济潜力的关键要素。马克思主义人口理论认为，人既是生产创造者又是消费享用者，其在经济社会发展中扮演双重角色。中国巨大的人口体量蕴含着超大规模市场优势，消费市场潜力巨大且极具韧性，能够形成推动经济社会发展行稳致远的强大内需，为中国式现代化创造广阔空间。加大全社会人力资本投资，推动人口高质量发展以实现更高水平的人力资本积累，不仅有助于提高全要素生产率和人民收入水平，对于内需扩大、消费升级、人力资本再提升也具有明显的拉动作用。

人口高质量发展是中国式现代化面临的实然难题。巨量级的人口规模隐含着人口结构复杂、需求多样和禀赋差异等问题，意味着在中国式现代化进程中实现人口高质量发展面临多重现实挑战。

庞大人口需求与有限资源供给的矛盾客观存在。中国社会主要矛盾已转变为人民日益增长的美好生活需要和不平衡不充分的发展之间的矛盾。一方面，巨大人口体量与基础性资源供给之间存在长期矛盾。尽管现阶段中国已全面建成小康社会，历史性地消除了绝对贫困，但仍有部分人口处于相对贫困的状态，他们对住房安居、教育医疗和就业创业等方面的基础性物质保障依然有很大需求,因此中国人口与资源环境的紧张关系还未根本改变。另一方面,公众对民主、法治、公平、正义等美好生活的需要呈井喷式涌现。随着人民群众生活水平不断提高,对更广泛的政治参与、更完善的社会治理体系、更高层次的社会保障、更丰富的精神文化生活要求也在增加。如何有效缓解日益多元、层次多样的人民诉求与不平衡不充分发展之间的矛盾将成为推进中国式现代化长期存在的难点。

人口结构演化与经济社会发展的张力调和困难。从近年中国人口结构演化呈现的特征来看,一方面,人口增速放缓,生育率持续走低。根据国家披露的最新数据,2022年我国人口出生率为6.77‰,相较于2021年和2020年分别下降0.75‰、1.75‰,人口自然增长率为-0.6‰,首次出现负增长现象。逐年减少的人口增量和低生育率造成的少子化趋势表明,人口红利对我国经济社会发展的支撑作用将持续减弱,劳动力巨量短缺问题将在现代化建设中逐步显现。另一方面,人口老龄化程度加深,劳动抚养比不断扩大。相关数据显示,2010年至2022年中国65岁及以上人口比重由8.9%上升至14.9%,人口总抚养比由34.2%上升至46.4%。老龄化、高龄化趋势加剧和抚养比不断攀升将在更大程度上加重社会和家庭的养老负担,并对生产效率、消费潜力和创新能力等推动经济社会高质量发展的关键要素产生负面影响。

缩小人口收入差距实现共同富裕的目标任务艰巨。共同富裕是在缓解相对贫困和消除两极分化基础上实现的普遍富裕,其核心在于发展性、共享性和可持续性。从人口收入视角分析,一方面,中国贫富差距依然较大。2022年90%的居民人均月收入在5000元以下,年收入在6万元以下,表明相当规模的低收入群体广泛存在,不同社会成员的收入水平存在较大落差。另一方面,区域和城乡收入差异尤为突出。从区域角度看,2021年东部、中部、西部和东北地区居民人均可支配收入分别为44980元、29650元、27798元和30518元,东部同中西部地区的收入差距十分明显;从城乡角度看,2022年城镇居民和农村居民人均可支配收入分别为

49283元和20133元，相比2021年差距在加大。随着乡村振兴战略全面推进，巩固拓展脱贫攻坚成果亟须在各地区各领域探寻平衡协同发展之路，不断增强中国式现代化的高适应性和可持续性。

人口高质量发展是实现中国式现代化的必然方向。对中国这样一个人口大国来说，实现全体人民共同富裕的现代化具有鲜明的探索性、开拓性特征，必须审慎选择推进中国式现代化的路径方式，着力提高人口整体素质，将人口规模优势转换为推进中国式现代化的澎湃动能。

坚持系统谋划、前瞻部署的理念导向。全面提高人口整体素质，推动人口高质量发展，必须坚持以系统观念统筹谋划人口工作。面对当前中国人口发展存在的少子化、老龄化、区域人口增减分化的趋势性特征，必须通盘考虑人口总量存量、结构素质、区域分布等人口系统内的诸多要素，妥善处理好人口压力与资源环境、短期与长期、局部与整体、发展与安全的关系。同时，基于人口发展的内生性、稳定性和周期性特征，必须坚持以前瞻性眼光部署新时代人口发展战略，从减轻家庭生育养育教育负担、推进社会化养老服务体系建设、促进区域教育优质均衡发展等与人口紧密相关的社会系统工程为抓手，实现人口与政治、经济、文化、生态各方面的协调可持续发展。

坚持以人为本、全面发展的价值取向。"济大事者，必以人为本。"推进中国式现代化的最终导向在于不断增进人民福祉、实现人自由而全面的发展，必须坚持以人的自由全面发展为人口工作的出发点和落脚点，不断消解巨大人口规模给中国式现代化带来的约束与风险。在中国式现代化进程中，巨大人口需求与有限资源供给间的矛盾不可避免，这必然要求我们转变发展思路，聚焦人口技能素质和健康水平的整体提升，通过加大教育和健康投资持续为人口赋能，加快塑造全社会高素质人力资本优势，为经济社会高质量发展提供更优质的人力资源支撑。同时，还需全面推进人才强国建设，制定具有国际比较优势的政策，聚天下英才而用之，全方位培养引进用好人才，加快形成世界级人才红利，筑牢教育、科技和人才对中国式现代化的战略性支撑。

坚持人才优先、创新驱动的行动路向。创新驱动的本质是人才驱动，通过激活人才这个"第一资源"进而点燃创新这个"第一动力"，需着重把握以下三点：一是创新人才发展体制机制，着力破除人才发展桎梏。必须走好人才自主培养之路，打好人才"引、育、留、用"组合拳，不断深化人才评价激励机制改革，充分激发各类人才创新创造活力。二是高水平建设创新创业平台，为人才事业发展搭建广阔舞台。青年人才是科技创新的主力军，要加快高端创新发展平台和科技成果转化平台等载体建设，促进更多科技成果向现实生产力转化，真正释放创新驱动发展的原动力。三是优化人才服务保障体系，营造近悦远来的良好人才发展生态。坚持推进世界重要人才中心和创新高地建设，推动人才服务数字化发展，因地制宜打造具有国际影响力的人才安居乐业环境，广泛形成尊才爱才、识才用才的社会氛围。

（四川大学人力资本开发研究所所长、公共管理学院教授罗哲）

| 第 8 问 |

中国式现代化为什么必须是全体人民共同富裕的现代化？

> ▶ 中国式现代化是全体人民共同富裕的现代化。共同富裕是马克思主义的一个基本目标，是中国特色社会主义的根本原则，是中华优秀传统文化的重要特征。

实现全体人民共同富裕是中国式现代化的本质要求之一，也是区别于西方现代化的显著标志。那么，中国式现代化为什么必须是全体人民共同富裕的现代化？

我们可以从"共同富裕"和"全体"两方面来理解其必要性。共同富裕是马克思主义的一个基本目标，是中国特色社会主义的根本原则，体现了中华优秀传统文化的重要特征；同时，共同富裕的对象是全体人民，全体既是共同富裕的基本要求也是实现人口规模巨大的现代化的现实需要。

共同富裕是马克思主义的一个基本目标。在世界历史上，西方国家凭借科技和军事优势，通过对外殖民扩张和对内剥削，率先实现了现代化。西方的现代化道路本质上是以少数人利益为中心，贫富两极分化是其难以克服的痼疾。马克思主义剖析了资本主义现代化固有的弊病，根据生产力和生产关系的矛盾运动规律，提出资本主义必然灭亡和共产主义必然胜利的论断，指出代替剥削、掠夺、贫富两极分化的资本主义社会的将是"每个人自由而全面发展"的"自由人联合体"。马克思主义认为，共产主义社会将实行各尽所能、按需分配，"生产将以所有的人富裕为目的""所有人共同享受大家创造出来的福利"。由此可知，共同富裕是马克思主义的一个基本目标，而中国式现代化理论是马克思主义中国化时代化的重大创新，也必然以追求共同富裕为目标。

共同富裕是中国特色社会主义的根本原则。我们党是以马克思主义为指导的先进政党，在推进中国特色社会主义的进程中朝着实现全体人民共同富裕不断迈进。新中国成立后，毛泽东指出："现在我们实行这么一种制度，这么一种计划，是可以一年一年走向更富更强的，一年一年可以看到更富更强些。而这个富，是共同的富，这个强，是共同的强，大家都有份。"改革开放和社会主义现代化建设新时期，邓小平提出了"中国式的现代化"的小康社会奋斗目标，并强调"一个公有制占主体，一个共同富裕，这是我们所必须坚持的社会主义的根本原则"。中国特色社会主义进入新时代，我们党对为什么要实现共同富裕、实现什么样的共同富裕、怎样实现共同富裕等问题的认识进一步深化。以习近平同志为核心的党中央坚持发展为了人民、发展依靠人民、发展成果由人民共享，在推动全体人民共同富裕上取得全面建成小康社会的历史性成就。党的二十大报告将实现全体人民共同富裕作为中国式现代化的本质要求之一，提出全党坚持把实现人民对美好生活的向往作为现代化建设的出发点和落脚点，着力促进全体人民共同富裕。追求共同富裕贯穿于中国特色社会主义道路形成和拓展的整个历史进程。

共同富裕是中华优秀传统文化的重要特征。中国式现代化，顾名思义是指具有中国特色、中国风格、中国气派的现代化，是饱含着中华优秀传统文化基因的现代化。早在先秦时期，中国的先哲就表达了对安宁富裕的大同社会的向往，孔子强调"不患寡而患不均"，把财富的均平分配视为良好社会秩序的前提；管子则提出"与天下同利者，天下持之"，表达了"与民同利"的民本思想；西汉时期，《史记》记载"治国之道，富民为始"，意思是治理国家首先要消除贫困、改善民生，使百姓富裕起来，这些都表达了中国古人朴素的共同富裕理想。可以说，共同富裕理念深深根植于中华优秀传统文化。而中华优秀传统文化中蕴含的共同富裕理念与马克思主义的基本原理、社会主义的本质高度契合。

中国式现代化要实现的共同富裕，基于人口规模巨大这一基本国情，决定了共同富裕必然具有的"全体"意义，具有前所未有的艰巨性和复杂性，这就体现在三个方面。

"全体"是一个都不能少。中国式现代化以实现全体人民共同富裕为本质要求之一，不是少数人或少数地区的富裕，而是全体人民的富裕，是"一个民族、一个家庭、一个人都不能少"的富裕。党的十八大以来，以习近平同志为核心的党中央把握我国发展阶段新变化，把逐步实现全体人民共同富裕摆在更加重要的位置上，建成世界上规模最大的社会保障体系、医疗卫生体系、教育体系。我国中等收入群体已超过4亿人，基本养老保险参保人数增至10.66亿人，基本医疗保险覆盖13亿多人，高等教育实现从大众化到普及化的历史性跨越，发展成果惠及全体人民，打赢了人类历史上规模最大的脱贫攻坚战，成功实现了小康这个中华民族的千年梦想。

"全体"的内涵是包容差异。共同富裕不是整齐划一的同等富裕，而是承认、包容相对差异的共同富裕。共富路上，要不断缩小个人、城乡、区域间的差距，但并不是完全消除差距，更不是一味抹杀差别。我国疆域辽阔，人口众多，不同区域的资源禀赋、发展起点和发展阶段各不相同，每个人的能力也存在差异，如果忽视具体情况，认为共同富裕就是所有人群、所有区域同等富裕，无疑会陷入"绝对平均主义"的陷阱。在共同富裕的道路上，一方面要补足短板，保障全体人民共享发展成果；另一方面也要承认共同富裕的差别性和相对性，继续鼓励一部分人、一部分地区通过诚实劳动和合法经营先富起来，带后富、帮后富，最终走向共同富裕，这才是符合社会发展规律的共富之路。

"全体"的过程是渐进实现。共同富裕是一个长远目标、长期任务，不可能一蹴而就，要充分估计其长期性、艰巨性、复杂性，既等不得也急不得。回顾改革开放40多年的历史，从解决温饱到摆脱贫困，从总体小康到全面小康，我国现代化建设进程中所取得的伟大成就，无一不是分步骤、分阶段逐步实现的。共同富裕同样是一个循序渐进的过程，必须有计划统筹协调，分步骤持续推进。正如习近平总书记指出的："我们要实现14亿人共同富裕，必须脚踏实地、久久为功，不是所有人都同时富裕，也不是所有地区同时达到一个富裕水准，不同人群不仅实现富裕的程度有高有低，时间上也会有先有后，不同地区富裕程度还会存在一定差异，不可能齐头并进。"我们相信，正如实现小康目标经由"全面建设"而达到"全面建成"的历史过程那样，全体人民共同富裕的目标也将体现出从"全面建设"到"全面建成"的历史特征。

（中共四川省委党校党建教研部讲师曲洛松）

| 第 9 问 |

和你一起思考这个时代

人与自然和谐共生为何是中国式现代化的必由之路？

> ▶ 人与自然和谐共生是马克思主义自然观、生态观的中国化时代化表达，是中华优秀传统生态文化的创造性转化和创新性发展，是中国共产党领导社会主义现代化建设的经验总结。

"人与天调，然后天地之美生。"人与自然和谐共生为何是中国式现代化的必由之路？

党的二十大报告强调，人与自然和谐共生是中国式现代化的重要特征之一，促进人与自然和谐共生是中国式现代化的本质要求之一，美丽中国是中国特色社会主义现代化强国建设的目标之一。由此可见，人与自然和谐共生是中国式现代化的必由之路。

人与自然和谐共生是马克思主义自然观、生态观的中国化时代化表达。马克思主义认为，人靠自然界生活，大自然是人类赖以生存发展的基本条件，自然不仅给人类提供了生活资料来源，而且给人类提供了生产资料来源，人类在同自然的互动中生产、生活、发展。从唯物主义辩证法的角度来看，人类善待自然，自然也会馈赠人类，反之亦然。正如恩格斯所说的，"如果说人靠科学和创造性天才征服了自然力，那么自然力也对人进行报复"。从历史唯物主义的视角来看，人类发展史上"生态兴则文明兴，生态衰则文明衰"的例子不胜枚举。古巴比伦文明的消亡、复活节岛的孤寂、楼兰古城的衰落等都令人扼腕叹息，而工业文明带来的气候变暖、生物多样性丧失等问题更让人触目惊心。当这种人类干预自然带来的不当后果发生得愈多，人们"愈会重新地不仅感受到，而且也认识到自身和自然界的一致"。习近平生态文明思想继承和发展了马克思主义人与自然关系的理论，创造性地提出了"人与自然和谐共生"的理念，强调"人与自然是生命共同体"，对自然的伤害最终会伤及人类自身，因此"保护自然环境就是保护人类，建设生态文明就是造福人类"，这是中国式现代化道路和人类文明新形态的重要内容和重大成果，也是对西方以资本为中心、物质主义膨胀、先污染后治理的现代化发展道路的批判与超越。

人与自然和谐共生是中华优秀传统生态文化的创造性转化和创新性发展。中华民族自古不乏生态智慧，古人在追求永续利用自然资源的过程中形成了以"天人合一"思想为核心的生态文化。一是强调要尊重自然，追求人与自然的协调。管子讲"人与天调，然后天地之美生"，老子主张"人法地，地法天，天法道，道法自然"。董仲舒认为，"天地人，万物之本也。天生之，地养之，人成之……三者相为手足，合以成体，不可一无也"。儒家和道家都把"鸟鹊之巢俯可窥"作为衡量仁政和"至德之世"的重要标准。二是强调顺应自然，实现资源的永续利用。农耕文明谋求永续发展的一个重要经验就是"顺天时、尽地利"。《易经》乾卦中提道："夫'大人'者，与天地合其德，与日月合其明，与四时合其序，与鬼神合其吉凶。先天而天弗违，后天而奉天时。"孟子对此也有经典的论述："不违农时，谷不可胜食也；数罟不入洿池，鱼鳖不可胜食也；斧斤以时入山林，材木不可胜用也。谷与鱼鳖不可胜食，材木不可胜用，是使民养生丧死无憾也。"三是强调保护自然，注重生态的平衡发展。古人基于朴素的唯物辩证法，对滥用自然资源可能带来的后果进行了反思。"竭泽而渔，岂不获得？而明年无鱼；焚薮而田，岂不获得？而明年无兽。"为此，孔子主张"钓而不纲，弋不射宿"，告诫人们钓鱼时不可一网打尽，归巢的鸟不要随意射杀，捕猎不能赶尽杀绝，要给动物以繁衍生息的机会。习近平生态文明思想强调"以自然之道，养万物之生"，让传统的生态智慧在 21 世纪的当代中国焕发出新的生机活力，不仅为中华民族永续发展提供了原则指南，也为人类可持续发展贡献了中国智慧和中国方案。

人与自然和谐共生是中国共产党领导社会主义现代化建设的经验总结。1973 年 8 月，我国第一次全国环境保护会议在北京召开，确定了"全面规划，合理布局，综合利用，化害为利，依靠群众，大家动手，保护环境，造福人民"的 32 字环境保护工作方针。改革开放之后，党和国家日益重视生态环境保护。1979 年，全国人大常委会就制定了《中华人民共和国森林法（试行）》和《中华人民共和国环境保护法（试行）》。1983 年底召开的第二次全国环境保护会议将环境保护确立为基本国策。1987 年 5 月发布施行了我国第一部保护自然资源和自然环境的宏观指导性文件《中国自然保护纲要》。但相比于快速的经济发展，当时的生态环境保护仍然是一个明显短板。

党的十八大以来，以习近平同志为核心的党中央，从中华民族永续发展的战略高度出发，创造性地提出了一系列新理念新思想新战略，逐步走出了一条促进人与自然和谐共生的现代化新道路。党的十八大报告把生态文明建设纳入中国特色社会主义事业"五位一体"总体布局，提出必须树立尊重自然、顺应自然、保护自然的生态文明理念，不仅把生态文明建设放在突出地位，而且要融入经济建设、政治建设、文化建设、社会建设各方面和全过程，推动形成人与自然和谐发展现代化建设新格局。党的十九大把"坚持人与自然和谐共生"作为习近平新时代中国特色社会主义思想的基本方略之一，首次明确提出我国要建设的现代化是人与自然和谐共生的现代化，要提供更多优质生态产品以满足人民日益增长的对优美生态环境的需要。党的二十大报告进一步明确了"人与自然和谐共生"与"中国式现代化"之间的关系，提出"人与自然是生命共同体"，以及要"坚持可持续发展，坚持节约优先、保护优先、自然恢复为主的方针"建设人与自然和谐共生的现代化，最终实现中华民族永续发展。在 2023 年 7 月召开的全国生态环境保护大会上，习近平总书记提出要全面推进美丽中国建设，以高品质生态环境支撑高质量发展，加快推进人与自然和谐共生的现代化。为此，要坚持以习近平生态文明思想为指导，加强党对生态文明建设的全面领导，正确处理五个重大关系、深入实施六项重大任务，奋力谱写新时代生态文明建设的新篇章。

（北京林业大学生态文明智库中心主任、马克思主义学院教授林震）

| 第 10 问 |

和你一起思考这个时代

中国式现代化为什么是物质文明和精神文明相协调的现代化？

▶ 物质文明和精神文明的协调统一是人类文明发展规律的体现，是社会主义现代化的根本要求，是满足人民对美好生活的向往的现实路径。

当高楼大厦在我国大地上遍地林立时，中华民族精神的大厦也应该巍然耸立。中国式现代化为什么是物质文明和精神文明相协调的现代化？

物质文明和精神文明是人类认识、改造世界全部成果的总和与结晶；作为人类文明的两大组成部分，物质文明和精神文明协调一致共同推动着社会的发展进步。同样，实现中华民族伟大复兴，既需要强大的物质力量，也需要强大的精神力量。理解中国式现代化何以是物质文明和精神文明相协调的现代化，可以从人类文明发展规律、社会主义现代化的根本要求和满足人民对美好生活的向往这三个维度来把握。

物质文明和精神文明的协调统一是人类文明发展规律的体现。一方面，物质文明和精神文明的协调统一是人类文明发展的共性规律。从人类文明发生发展的历程看，在人类文明起源的两河流域、尼罗河流域、印度河流域、黄河流域，人类不仅创造了足够自己生存的物质文明成果，也呈现了丰富的精神文明样态，形成了人类古代文明发展的不同样本。在人类文明发展的进程中，每当科学技术发生进步，生产力水平有了提高，人类物质文明水平得到提升，则精神文明水平也会得到相应的提升；同时，精神文明成果的丰富，也为物质文明的发展提供了强劲动力。因而，两者协调一致共同推动着人类文明的发展和进步。反之，若两者不协调，则会出现人类文明的停滞，甚至衰退。另一方面，物质文明和精神文明的协调统一蕴含着中华文明的基因密码。中国古代进入农业文明时期，随着生产力水平的提高，不仅创造了大量的物质财富，创造了发达的物质文明，而且与之相适应，创造了辉煌的精神文明成果，出现了文景之治、贞观之治、康乾盛世等物质文明、精神文明发达的时期，对后世的中国乃至世界产生了积极的影响；新中国成立后，我们党注重发展生产力，厚植物质文明基础，加强精神文明建设，丰富人的精神生活，历经奋斗全面建成了小康社会，踏上了全面建设社会主义现代化国家的新征程。物质文明和精神文明二者相协调，正是中华文明绵延五千年长盛不衰的根源和动力。

物质文明和精神文明的协调统一是社会主义现代化的根本要求。马克思指出："物质生活的生产方式制约着整个社会生活、政治生活和精神生活的过程。"物质文明在整个人类社会文明体系中具有基础性作用，对精神文明起着制约和决定作用；恩格斯则强调："物质生存方式虽然是始因，但是这并不排斥思想领域也反过来对这些物质生存方式起作用"，指明了精神文明作为方向指引对物质文明具有反作用。因而，在物质文明和精神文明的关系上，马克思主义明确物质文明与精神文明是人的物质生产实践活动的产物，其统一于人的实践，且紧密联系、互为条件。因而，马克思、恩格斯设想的未来美好社会既是物质财富极大丰富的社会，也是全体成员具有共产主义觉悟和道德品质的精神文明高度发达的社会。同时，善于总结经验，是党重要的思想和工作方法。新中国成立前夕，党的七届二中全会就提出了把中国从农业国变为工业国的构想；社会主义革命和建设时期，党提出"四个现代化"建设的目标并在推进中不断调整完善。党的八大基于对社会主要矛盾的判断，提出了逐步满足人民日益增长的物质和文化需要的任务，开始注重物质和文化的协调一致。改革开放后，党提出全面建设小康社会的奋斗目标，在大力发展经济的同时鲜明提出坚持物质文明和精神文明两手抓、两手都要硬的主张，得出了物质文明和精神文明两者不可偏废，要协调推进的结论；进入新时代，党以高度的历史主动精神将物质文明和精神文明纳入中华民族现代文明加以整体推进，为实现中华民族伟大复兴注入了强大的物质和精神力量，正如习近平总书记形象地指出，"当高楼大厦在我国大地上遍地林立时，中华民族精神的大厦也应该巍然耸立"。

物质文明和精神文明的协调统一是满足人民对美好生活的向往的现实路径。现代化的最终目标是实现人的自由而全面的发展，中国式现代化是以人民为中心的现代化。中国共产党以为中国人民谋幸福、为中华民族谋复兴作为自己的初心使命，深刻认识到人民向往的美好生活本身及其实现过程需要物质文明和精神文明的协调统一。一方面，人民向往的美好生活本身就是物质生活和精神生活的辩证统一。习近平总书记指出："人民生活显著改善，对美好生活的向往更加强烈，人民群众的需要呈现多样化多层次多方面的特点，期盼有更好的教育、更稳定的工作、更满意的收入、更可靠的社会保障、更高水平的医疗卫生服务、更舒适的居住条件、更优美的环境、更丰富的精神文化生活。"人民向往的美好生活是物质的，需要有强大的经济基础作为保障；人民向往的美好生活也是精神的，需要有丰富的精神文化生活为之充盈；更是物质和精神协调一致的，缺少任何一方或者两者不相匹配都不是人民所追求的美好生活。另一方面，实现人民对美好生活的向往的过程就是物质和精神互相协调的过程。目前，我国作为世界第二大经济体，与新中国成立之初相比，经济实力得到大幅提升，科技实力实现跨越式发展，产业结构不断优化升级，现代基础设施网络持续完善，国家经济实力、科技实力和综合国力显著增强，为推进中国式现代化奠定了坚实的物质基础。同时，全面建成小康社会，人民民主不断扩大，文化更加繁荣发展，民生福祉显著提升，生态环境发生历史性变化，我国建成了世界上规模最大的教育体系、社会保障体系、医疗卫生体系，人民的精神生活得到进一步丰富和保障。推进中国式现代化，还要进一步夯实现代化的物质基础，持续不断地提升经济、科技水平，夯实物质根基，促进物质的全面丰富；

要进一步充实人民的精神生活,继续大力发展社会主义先进文化,加强理想信念教育,传承中华文明,促进人的全面发展。

(中共四川省委党校党建教研部教授潘传辉)

| 第 11 问 |

和你一起思考这个时代

中国式现代化何以能坚持走和平发展道路？

> ▶ 从文明的逻辑看，和平性是中华文明的突出特性之一；从实践的逻辑看，和合共生的中华文化凸显对战争作为恶的摒弃；从价值的逻辑看，团结包容是中华民族共同体中各民族的价值取向。

走和平发展道路，是中国式现代化的鲜明特征和必然选择。中国式现代化何以能坚持走和平发展道路？

中国式现代化是和平发展的现代化，这是世人公认的事实。与西方通过殖民掠夺实现现代化、实现现代化后又不断发起战争不同，中国在实现现代化过程中没有对外掠夺一寸土地，也没有发动一场战争。近代以来，中国被迫转入战争，都是反帝反侵略的正义战争，是地地道道通过和平发展的方式实现现代化的楷模。

为什么中国能走和平发展的现代化道路？

从文明的逻辑看，和平性是中华文明的突出特性之一。《礼记·孔子闲居》曰："天无私覆，地无私载，日月无私照。奉斯三者以劳天下，此之谓三无私。"在斯里兰卡发现的"郑和布施碑"故此写道："天之所覆，地之所载，日月照临，霜露所濡之处，人民老幼，皆欲遂其生业。"郑和将明成祖敕书中的"强不凌弱，众不暴寡，天下共享太平之福"传至亚非，从未殖民一寸土地。中华文明的和平性是天下大同思想的自然呈现。同时，从生产方式讲，作为自给自足的以农耕为主体的中华文明，无论是饮食还是中医都强调就地取材、量入为出，靠山吃山、靠水吃水，天人合一，所以不会像海洋型文明，对外要么通过贸易，要么通过扩张或者战争的方式来解决稀缺性难题。

中国人认为，真正的文明都是强调和平的，关键是文明内部的同质性和不同文明之间的异质性能不能追求大同。在中国古代，儒释道并存，儒家强调人与人的关系，佛家强调人与己（内心）的关系，道家强调人与自然的关系，实现了共生、共业、共天的有机统一，超越了"自我—他者"的二元对立观，费孝通先生概括为"各美其美，美人之美，美美与共，天下大同"。我们强调"一多不分"，即宇宙的一切都是内在相系、相互构成，"一"的特殊性与"多"的整体性相融互通。因此，文明不仅是和平的，还是和谐的，而且是交流互鉴的新的文明观。

从实践的逻辑看，和合共生的中华文化凸显对战争作为恶的摒弃。《孙子兵法》强调"不战而屈人之兵"，杜甫诗句"苟能制侵陵，岂在多杀伤"，这些都体现了"兵者，凶器也"的反战思想。

今天为什么中国还能坚持走和平发展的道路？中国式现代化告诉我们，中国通过自己独有的方式实现了原始积累，而不是掠夺扩张。同时，我们不认为从农耕文明到工业文明是一个简单的线性进化的逻辑，而是以并联的方式实现跨越式发展。工业文明取代了农耕文明重复性体力劳动，数字文明取代了工业文明重复性智力劳动；我们强调对传统文化进行创造性转化和创新性发展，更奠定了中国和平发展道路的自信与自觉；我们坚持人与自然和谐共生，是天人合一、和合共生的新生态文明观，摒弃征服自然带来的零和博弈思维，有助于实现人与人、国与国的和平。

从价值的逻辑看，团结包容是中华民族共同体中各民族的价值取向。中国历史上有许多以武力开疆拓土的强大民族，在中华文明浸润下，都走向了化武崇文之路。即便在国力最鼎盛的时候，中国也从未向外征服扩张，而是靠丝绸之路怀柔远人；中国从不对外传教搞文化霸权，而是靠礼闻来学赢取人心。即使是最挑剔的文明比较学者也承认，相对于同时期的各大古代帝国，中华文明所影响的周边地区极少产生战争。

我们强调文化融合。比如元朝、清朝，尽管经历了不少武装冲突，但最终融入中华文化并以此立国；还有主动推动文化融合、民族融合的北魏孝文帝汉化改革。这是中华文明延绵不绝的根本。中国人自古就懂得"和而不同"，向来主张求同存异、包容共存、互鉴互融，追求"协和万邦""亲仁善邻"。在2023年6月召开的文化传承发展座谈会上，习近平总书记以连续性、创新性、统一性、包容性、和平性五个关键词对中华文明的突出特性作出精准提炼和系统总结。中华文明具有突出的和平性，从根本上决定了中国始终是世界和平的建设者、全球发展的贡献者、国际秩序的维护者，决定了中国不断追求文明交流互鉴而不搞文化霸权，决定了中国不会把自己的价值观念与政治体制强加于人，决定了中国坚持合作、不搞对抗，决不搞"党同伐异"的小圈子。

联合国教科文组织总部大楼前的石碑上用多种语言镌刻着这样一句话："战争起源于人之思想，故务需于人之思想中筑起保卫和平之屏障。"我们要重塑全球化和现代化的生态体系、底层逻辑，我们用文明交流超越文明隔阂，用文明互鉴超越文明冲突，用文明共存超越文明优越，以中国式现代化创造人类文明新形态，这是对人类文明的重要贡献。

（中国人民大学习近平新时代中国特色社会主义思想研究院副院长、欧盟"让-莫内"讲席教授王义桅）

| 第 12 问 |

中国式现代化为什么必须坚持中国共产党的领导？

▶ 党的领导决定了中国式现代化的前途命运。只有毫不动摇坚持党的领导，中国式现代化才能前景光明、繁荣兴盛，否则就会偏离航向、丧失灵魂，甚至犯颠覆性错误。

坚持中国共产党领导是中国式现代化本质要求的首要内容。中国式现代化为什么必须坚持中国共产党的领导？

党的二十大报告指出："中国式现代化，是中国共产党领导的社会主义现代化。"这是因为，中国共产党的领导是中国历史和中国人民的选择，是党和国家的根本所在、命脉所在，是全国各族人民的利益所系、命运所系，直接关系到中国式现代化的根本方向、前途命运、最终成败。坚持中国共产党的领导，是中国式现代化最鲜明的特征和最突出的优势，是推进中国式现代化必须坚持的首要原则。

党的领导决定了中国式现代化的根本方向。中国共产党的百年历程就是中国式现代化的探索史、中华民族伟大复兴的奋斗史。实现中华民族伟大复兴是近代以来中国人民的共同梦想，无数仁人志士为此苦苦求索，进行各种尝试，但都以失败告终。探索我国现代化道路的重任，历史地落在了中国共产党身上。以民族复兴为己任的中国共产党登上历史舞台后，就把实现现代化作为不懈奋斗的伟大目标。

100多年来，中国共产党团结带领中国人民进行的一切奋斗、一切牺牲、一切创造，归结起来就是一个主题：实现中华民族伟大复兴。我们党团结带领中国人民创造了新民主主义革命、社会主义革命和建设、改革开放和社会主义现代化建设、新时代中国特色社会主义四个伟大成就，逐步完成救国、兴国、富国、强国四件大事，书写了中华民族几千年历史上最恢宏的史诗，中华民族伟大复兴进入不可逆转的历史进程。党的二十大报告指出："从现在起，中国共产党的中心任务就是团结带领全国各族人民全面建成社会主义现代化强国、实现第二个百年奋斗目标，以中国式现代化全面推进中华民族伟大复兴。"党的二十大报告还对全面建成社会主义现代化强国作出了战略部署，总的战略安排是分两步走：从2020年到2035年基本实现社会主义现代化；从2035年到21世纪中叶把我国建成富强民主文明和谐美丽的社会主义现代化强国。历史和实践充分证明，只有中国共产党的领导可以确保中国式现代化始终沿着中国特色社会主义方向前进，迎来中华民族伟大复兴的光明前景。

  党的领导决定了中国式现代化的前途命运。习近平总书记指出，中国特色社会主义最本质的特征是中国共产党领导，中国特色社会主义制度的最大优势是中国共产党领导。党的领导决定中国式现代化的前途命运。只有毫不动摇坚持党的领导，中国式现代化才能前景光明、繁荣兴盛，否则就会偏离航向、丧失灵魂，甚至犯颠覆性错误。

  坚持党的领导为中国式现代化提供了更为完善的制度保证、更为坚实的物质基础、更为主动的精神力量。在新中国成立特别是改革开放以来的长期探索和实践基础上，经过党的十八大以来在理论和实践上的创新突破，我们党成功推进和拓展了中国式现代化。我们在认识上不断深化，创立了习近平新时代中国特色社会主义思想，实现了马克思主义中国化时代化新的飞跃，为中国式现代化提供了根本遵循。我们进一步深化对中国式现代化的内涵和本质的认识，概括形成中国式现代化的中国特色、本质要求和重大原则等，初步构建中国式现代化的理论体系，使中国式现代化更加清晰、更加科学、更加可感可行。我们在战略上不断完善，深入实施科教兴国战略、人才强国战略、创新驱动发展战略、乡村振兴战略等一系列重大战略，为中国式现代化提供坚实的战略支撑。我们在实践上不断丰富，推进一系列变革性实践、实现一系列突破性进展、取得一系列标志性成果，特别是消除了绝对贫困问题，全面建成小康社会，推动党和国家事业取得历史性成就、发生历史性变革。只有毫不动摇坚持党的领导，中国式现代化才能锚定奋斗目标行稳致远。

党的十八大以来，面对严峻形势和复杂任务，以习近平同志为核心的党中央，统筹中华民族伟大复兴战略全局和世界百年未有之大变局，顺应时代大势，把握战略主动，成功办好一件件大事要事喜事，坚决战胜前进道路上一个个风险挑战，推动党和国家事业取得历史性成就、发生历史性变革。当前，世界百年未有之大变局加速演进，我国发展进入战略机遇和风险挑战并存、不确定难预料因素增多的时期。在前进道路上，更要坚决维护党中央权威和集中统一领导，把党的领导落实到党和国家事业各领域各方面各环节，使党始终成为风雨来袭时全体人民最可靠的主心骨，确保我国社会主义现代化建设正确方向，确保拥有团结奋斗的强大政治凝聚力、发展自信心，集聚起万众一心、共克时艰的磅礴力量。

坚持党的领导必须把党建设得更加坚强有力。党的二十大报告强调，全面建设社会主义现代化国家、全面推进中华民族伟大复兴，关键在党。在中国这样的大国，要把14亿人民的思想和力量统一起来建设社会主义现代化国家，实现中华民族伟大复兴，不由一个具有高度觉悟、严明纪律和自我牺牲精神、真正代表和团结人民群众的政党来领导，是根本不可能的。党的十八大以来，以习近平同志为核心的党中央把全面从严治党纳入"四个全面"战略布局，以前所未有的勇气和定力推进党风廉政建设和反腐败斗争，刹住了一些多年未刹住的歪风邪气，整治了许多长期没有解决的顽瘴痼疾，清除了党、国家、军队内部存在的严重隐患，管党治党宽松软状况得到根本扭转，风清气正的党内政治生态不断形成和发展，探索出依靠党的自我革命跳出治乱兴衰历史周期率的成功路径，自我净化、自我完善、自我革新、自我提高的能力显著增强。正如习近平总书记指出的，全面从严治党取得了历史性、开创性成就，产生了全方位、深层次影响。但党面临的执政考验、改革开放考验、市场经济考验、外部环境考验将长期存在，精神懈怠危险、能力不足危险、脱离群众危险、消极腐败危险将长期存在。我们党作为世界上最大的马克思主义执政党，要始终赢得人民拥护、巩固长期执政地位，必须时刻保持解决大党独有难题的清醒和坚定。全面从严治党永远在路上，党的自我革命永远在路上，决不能有松劲歇脚、疲劳厌战的情绪，必须持之以恒推进全面从严治党，深入推进新时代党的建设新的伟大工程，以党的自我革命引领社会革命，以中国式现代化全面推进中华民族伟大复兴。

（中共四川省委党校党建教研部主任、教授王凡）

| 第 13 问 |

如何立足中国特色社会主义道路推进中国式现代化？

▶ 明确领导核心，凝聚奋斗合力；明确根本立场，锚定奋斗方向；明确基本国情，坚定道路自信；明确本质要求，保障发展成效。

走自己的路，是党的全部理论和实践立足点，更是党百余年奋斗得出的历史结论。如何立足中国特色社会主义道路推进中国式现代化？

坚持中国特色社会主义道路是以中国式现代化全面推进中华民族伟大复兴必须牢牢把握的重大原则之一。习近平总书记指出："中国特色社会主义道路是党和人民历经千辛万苦、克服千难万险取得的宝贵成果。"根植于中国国情和历史发展的中国特色社会主义道路，为中国特色社会主义理论体系和制度的形成与发展提供了雄厚的实践基础。这一道路，能展现国家富强、民族繁荣、人民幸福的灿烂光景，是确保我们全面建成社会主义现代化强国的光明大道。坚持这一道路，就是要坚持以经济建设为中心，坚持四项基本原则，坚持改革开放，坚持独立自主、自力更生，坚持道不变、志不改，坚持把国家和民族发展放在自己力量的基点上，把中国发展进步的命运牢牢掌握在自己手中。历史雄辩地证明，中国特色社会主义道路完全符合中国社会的发展规律，是立足中国基本国情和人民根本利益推动中国式现代化的必由之路。

明确领导核心，凝聚奋斗合力。办好中国的事情，关键在党。中国共产党是中国特色社会主义道路的领导核心，也是中国式现代化的最鲜明特征和最突出优势，坚持党的全面领导是在中国特色社会主义道路上推进中国式现代化的内在要求。习近平总书记指出："党的领导决定中国式现代化的根本性质，只有毫不动摇坚持党的领导，中国式现代化才能前景光明、繁荣兴盛；否则就会偏离航向、丧失灵魂，甚至犯颠覆性错误。"一方面，在党的坚强领导下，中国式现代化需要科学理论的指导，要把马克思主义基本原理同中国具体实际相结合、同中华优秀传统文化相结合，宏观把握关系党和国家事业发展、党治国理政的一系列重大时代课题，构建系统全面的理论框架，为中国式现代化实践提供根本遵循和行动指南。另一方面，中国作为现代化的后发国家，需要依靠政党的力量来领导、主导和引导国家与社会的建设。强化顶层设计，聚力举国体制，加强党的权威，赋能战略安排，聚焦建设步骤，进而在接续奋斗中不断推进阶段性目标的实现。在具体实践中，充分发挥党总揽全局、协调各方的领导核心作用，为社会主义现代化建设提供坚强的政治保障，以高度的历史自觉统筹兼顾、协调推进中国式现代化各项事业全方位、系统性发展。党的全面领导有利于调动社会各方力量的积极性，发挥集中力量办大事的制度优势，带领全体人民形成建设中国式现代化的主体合力。

明确根本立场，锚定奋斗方向。治国有常，利民为本。以人民为中心的发展理念是中国特色社会主义道路的核心，也是推进中国式现代化的价值旨归。习近平总书记强调："人民对美好生活的向往，就是我们的奋斗目标。"一方面，为了人民而发展，发展才有意义。党的根基在人民，血脉在人民。要坚持人民至上，不断造福人民。想问题、作决策、办事情注重把准人民脉搏、回应人民关切、体现人民愿望、增进人民福祉，推动中国式现代化建设成果更多更公平地惠及全体人民；主动满足人民群众的多样化需求，推进和谐社会建设，打造共享发展的社会格局，积极促进社会公平正义，提高人民群众的获得感、幸福感、安全感。另一方面，依靠人民而发展，发展才有动力。人民是我们党执政的最大底气。要坚持全过程人民民主，积极倾听人民群众的呼声，紧密联系群众，让人民群众成为现代化建设最得力的主力军,以主人翁精神满怀热忱地投入现代化建设,凝聚起全面建设社会主义现代化国家的伟力。坚定以人民为中心的根本立场,就要把人民需求与人民事业作为党和国家工作的出发点及落脚点,始终保持与人民群众的密切联系,坚持走群众路线,实现中国式现代化伟业的主体力量建构。

明确基本国情,坚定道路自信。基本国情对道路选择具有前提性意义,中国特色社会主义道路的选择源自对中国国情的认识,基本国情也是推进中国式现代化的立足点。推进中国式现代化,必须深入调查研判,全面把握国家的特点、优势、矛盾和问题,明确发展定位、战略和路径,把国家和民族发展放在自己力量的基点上,坚定不移走中国特色社会主义道路。换言之,要立足我国人口规模巨大的基本国情,坚持稳中求进、循序渐进、持续推进中国式现代化事业;坚持全体人民共同富裕,在发展中保障和改善民生,提升基本公共服务均等化水平;促进物质文明与精神文明相协调发展,既厚植现代化的物质基础,不断夯实人民幸福生活的物质条件,也大力发展社会主义先进文化,加强理想信念教育,传承中华文明,促进物的全面丰富和人的全面发展;走人与自然和谐共生的现代化道路,践行绿水青山就是金山银山的理念,坚持节约优先、保护优先、自然恢复为主的方针,推动经济社会发展全面绿色转型,推动美丽中国建设;坚持和平发展的中国特色社会主义道路,继承中华民族崇尚和平的文化基因,准确把握我国发展条件和世界大势,根据中国人民根本利益做出有利的战略抉择。

明确本质要求,保障发展成效。高质量发展是中国特色社会主义道路的题中应有之义,也是中国式现代化的底色和重要支撑。以高质量发展推进中国式现代化,要全面贯彻新发展理念,才能有效破解一系列结构性、周期性、体制性问题,明确发展的根本方向和总体思路,明确中国式现代化在经济、政治、文化、社会以及生态各领域的重点要求与战略任务。具体而言,要依靠创新提供发展动力,提高综合创新能力、突破关键核心技术制约、完善科研成果转化机制,加强国际合作、优化创新环境、激发创新活力、强化人才培养、提高科研成果产业转化能力、拓宽科技成果转化渠道；以协调发展解决不平衡不充分的问题，实现居民收入和经济发展同步增长、劳动报酬和生产效率共同提高、新型城镇化和乡村振兴协调发展；以绿色发展回应中国式现代化的内在要求，实现经济增长与环境保护的协同发展，建立健全生态文明体系，倡导绿色低碳、循环经济的生产和消费方式，促进绿色发展和美丽中国建设；以开放发展深化现代化的格局与发展空间，积极参与全球经济合作，吸收和借鉴国外先进技术和管理经验，促进资源配置和产业结构优化，促进投资和贸易自由化、便利化；以共享发展实现现代化的价值追求，坚持公平正义原则，促进资源合理分配和社会公平发展，提高社会保障水平，提高居民收入水平，改善人民生活条件，实现发展成果由人民共享。

（电子科技大学马克思主义学院院长、教授吴满意，电子科技大学马克思主义学院杨荣所）

| 第 14 问 |

如何理解高质量发展是全面建设社会主义现代化国家的首要任务？

▶ 高质量发展是一国迈向现代化的重要关口，关系着现代化建设的全局，是夯实现代化国家物质基础的客观要求，是确保中国式现代化行稳致远的稳定器。

没有坚实的物质技术基础，就不可能全面建成社会主义现代化强国。如何理解高质量发展是全面建设社会主义现代化国家的首要任务？

习近平总书记在党的二十大报告中指出，高质量发展是全面建设社会主义现代化国家的首要任务。理解这一重大论断，既要科学把握高质量发展的内涵要求，也要深刻认识高质量发展的重要意义。从内涵来看，高质量发展坚持以人民为中心，是体现新发展理念的发展，坚持创新发展、协调发展、绿色发展、开放发展、共享发展相统一。从意义来看，把高质量发展作为全面建设社会主义现代化国家的首要任务，源于其是世界各国迈向现代化的重要关口，是我国夯实物质基础的客观要求，是确保中国式现代化进程行稳致远的稳定器。

一是科学把握高质量发展的内涵要求。

高质量发展立足我国经济发展的新形势、新变化和新要求，对经济发展的价值、原则和目标作出重大调整。习近平总书记对高质量发展作出了系统性阐释：高质量发展"是体现新发展理念的发展，是创新成为第一动力、协调成为内生特点、绿色成为普遍形态、开放成为必由之路、共享成为根本目的的发展"。

创新成为第一动力,揭示了新旧动能转换是高质量发展的关键核心。一方面,此前依靠要素和投资驱动的增长方式难以为继。另一方面,就历史经验来看,落入"中等收入陷阱"的国家大多存在科技创新能力明显滞后于经济发展的问题。再一方面,西方对中国的技术封锁持续加大,尤其是一些关键领域的核心技术。为了突破旧有发展模式、跨越"中等收入陷阱"、冲破西方的技术封锁,中国必须把创新放在发展的显要位置。

协调成为内生特点,揭示了推进结构优化是高质量发展的内在要求。在高速增长阶段,快速提升的经济总量易引发结构失衡的问题,而结构失衡又可能成为经济增速急速下降的诱因。由此,促进经济结构的平衡和区域经济的融合,是高质量发展的题中之义。

绿色成为普遍形态,揭示了推动产业转型是高质量发展的必然选择。高污染、高能耗、高排放是经济高速增长初级阶段的一个特征。进入新时代,生态环境在人民生活幸福指数中的地位不断凸显,人民对绿水青山、优质环境的需要愈发强烈。绿色转型意味着中国将生态环境保护、人与环境和谐共生放在了发展的重要位置。

开放成为必由之路,揭示了新发展格局是高质量发展的重要特征。进入新时代,中国发展面临的外部环境发生巨变。逆全球化思潮暗流涌动,增加了世界经济的不确定性和不稳定性。中国要实施更大范围、更宽领域、更深层次的开放,为高质量发展提供持续动力。

共享成为根本目的,揭示了促进公平正义是高质量发展的价值追求。进入新时代,我国社会主要矛盾转化为人民日益增长的美好生活需要和不平衡不充分的发展之间的矛盾。共享经济既能很好满足人民日益增长的美好生活需要,又能有效破解不平衡不充分的问题,是顺应经济社会发展规律、充分体现社会主义本质要求的发展方式。

二是深刻认识高质量发展的重要意义。

高质量发展是一国迈向现代化的重要关口,关系着现代化建设的全局。从世界现代化的发展过程来看，发达国家大多经历了质量提升这一过程，而陷入"中等收入陷阱"的国家都没有实现这一根本性的转变。20世纪60年代以来，全球100多个中等收入经济体中，仅有十几个成功进入高收入经济体。由此可见，推进高质量发展并不简单，各国都存在瓶颈和卡点。习近平总书记强调："高质量发展不只是一个经济要求，而是对经济社会发展方方面面的总要求；不是只对经济发达地区的要求，而是所有地区发展都必须贯彻的要求；不是一时一事的要求，而是必须长期坚持的要求。"在全面建设社会主义现代化国家的进程中，我们要坚持高质量发展方向不动摇，跨越一些常规性和非常规性关口，确保经济平稳运行、质量稳步提升、社会稳定发展。

高质量发展是夯实现代化国家物质基础的客观要求。发展是解决一切问题的总钥匙，是党执政兴国的第一要务。没有坚实的物质技术基础，就不可能全面建成社会主义现代化强国。进入新时代，我们经过接续奋斗，实现了全面小康这个中华民族的千年梦想，经济实力实现了历史性跃升，但要实现14亿多人口整体迈入现代化，实现从高速增长向高质量发展转变并不容易，夯实物质基础仍是关键。党的二十大把高质量发展作为全面建设社会主义现代化国家首要任务鲜明提出来，就是要更加明确发展这个第一要务，着力破解发展面临的突出矛盾，更好统筹经济质的有效提升和量的合理增长。这既是更好满足人民对美好生活需要的根本前提，也是夯实全面建成社会主义现代化强国物质技术基础的客观要求。

高质量发展是确保中国式现代化行稳致远的稳定器。习近平总书记指出，推动高质量发展，是保持经济持续健康发展的必然要求，是适应我国社会主要矛盾变化和全面建成小康社会、全面建设社会主义现代化国家的必然要求，是遵循经济规律发展的必然要求。当前，我国处在工业化中后期，只有实现发展方式从规模速度型转向质量效益型，推动高质量发展，才能顺利完成工业化、实现现代化。在新发展阶段，我国发展中的矛盾和问题集中体现在发展质量上。只有坚持以推动高质量发展为主题，坚持质量第一、效益优先，推动经济发展质量变革、效率变革、动力变革,才能不断壮大经济实力、科技实力、综合国力,全面建成社会主义现代化强国。

(四川省社会科学院经济研究所所长、研究员方茜)

| 第 15 问 |

发展全过程人民民主对中国式现代化有何重要意义？

▶ 发展全过程人民民主确保中国式现代化行稳致远，并以自身卓有成效的民主实践为解决人类政治发展问题、推动人类政治文明进步贡献中国智慧和中国方案。

人民民主是社会主义的生命，是全面建设社会主义现代化国家的题中应有之义。发展全过程人民民主对中国式现代化有何重要意义？

党的二十大报告强调，全过程人民民主是社会主义民主政治的本质属性。推进中国式现代化是一个系统工程，发展全过程人民民主是中国式现代化的本质要求之一，也是中国式现代化蕴含的独特民主观的鲜明体现。发展全过程人民民主确保中国式现代化行稳致远，并以自身卓有成效的民主实践为解决人类政治发展问题、推动人类政治文明进步贡献中国智慧和中国方案。

发展全过程人民民主是中国式现代化的本质要求之一。实现民主是世界各国人民的共同价值追求，民主也是中国共产党和中国人民始终不渝坚持的重要理念。新中国成立以来特别是改革开放以来，我们党主动顺应现代化浪潮，始终高举人民民主的旗帜，发展社会主义民主政治。党的十八大以来，习近平总书记不断深化我们党对民主政治发展规律的认识，对关系我国民主发展的一系列重大理论和实践问题进行了深邃思考和科学判断，正式提出全过程人民民主的重大理念。2019 年 11 月，习近平总书记在上海考察时提出，"我们走的是一条中国特色社会主义政治发展道路，人民民主是一种全过程的民主"；2021年7月，习近平总书记在庆祝中国共产党成立100周年大会上强调，要"践行以人民为中心的发展思想，发展全过程人民民主"；2021年10月，习近平总书记在中央人大工作会议上指出，全过程人民民主"是最广泛、最真实、最管用的社会主义民主"。2021年11月通过的《中共中央关于党的百年奋斗重大成就和历史经验的决议》，将"发展全过程人民民主"列为习近平新时代中国特色社会主义思想"十个明确"的重要内容之一。2022年10月，党的二十大报告明确将"发展全过程人民民主"作为中国式现代化九个方面的本质要求加以强调。这一系列重要论述极大地深化了我们对民主政治发展规律的认识，丰富和发展了马克思主义民主理论，指引新时代我国社会主义民主政治制度化、规范化、程序化全面推进，有效保证了人民当家作主，大大深化了我们党对民主与现代化内在关系的规律性认识。

发展全过程人民民主是中国式现代化蕴含的独特民主观的鲜明体现。我国全过程人民民主实现了过程民主和成果民主、程序民主和实质民主、直接民主和间接民主、人民民主和国家意志相统一，是全链条、全方位、全覆盖的民主，是最广泛、最真实、最管用的社会主义民主。习近平总书记创造性地提出："一个国家民主不民主，关键在于是不是真正做到了人民当家作主，要看人民有没有投票权，更要看人民有没有广泛参与权；要看人民在选举过程中得到了什么口头许诺，更要看选举后这些承诺实现了多少；要看制度和法律规定了什么样的政治程序和政治规则，更要看这些制度和法律是不是真正得到了执行；要看权力运行规则和程序是否民主，更要看权力是否真正受到人民监督和制约。"人民当家作主是社会主义民主政治的本质和核心，中国共产党领导人民实行人民民主就是保证和支持人民当家作主。反观一些西方国家，人民只有在投票时被唤醒、投票后就进入休眠期，只有竞选时聆听天花乱坠的口号、竞选后就毫无发言权，只有拉票时受宠、选举后就被冷落，这不是真正的民主。正因为我们党一以贯之地发展全过程中的人民民主，才能永葆中国式现代化道路以人民为中心的价值底色，才能为中国式现代化持续释放源源不断的主体活力与前进动力，才能为中国式现代化巩固安定团结、和谐稳定的良好政治秩序，才能依靠人民的力量和智慧有效应对中国式现代化进程中面临的一系列风险挑战。

发展全过程人民民主是确保中国式现代化行稳致远的内在要求。在现代化的历史进程中，处理好民主与集中、公平与效率、活力与秩序等关系是一道世界性难题。发展全过程人民民主，正确处理新形势下人民内部矛盾，努力把矛盾纠纷化解在基层、化解在萌芽状态，教育引导人民群众通过理性合法途径表达利益诉求、维护合法权益，把人民对美好生活的现实需要和利益诉求及时反映到中国式现代化的发展战略与政策制定中。2023年11月，习近平总书记在美国友好团体联合欢迎宴会上的演讲中指出，就业、教育、医疗、托幼、养老、住房、环境，这些老百姓的身边事、贴心事、具体事，正不断融入中国国家发展的顶层设计，不断变成老百姓的获得感、幸福感、安全感。我国全过程人民民主不仅有完整的制度程序，而且有完整的参与实践。在中国式现代化的伟大实践中，全体人民依法实行民主选举、民主协商、民主决策、民主管理、民主监督，依法通过各种途径和形式管理国家事务，管理经济和文化事业，管理社会事务。因此，我们有理由相信，中国式现代化应当而且能够实现活而不乱、活跃有序的动态平衡，应当而且能够巩固和发展生动活泼、安定团结的政治局面。

发展全过程人民民主创造了人类政治文明新形态。"民主"一词源自古希腊语，原意是"主权在民""人民统治"。千百年以来，人类对民主的不懈追求推动了整个人类历史进程。然而，在民主化浪潮中自诩"民主样板""民主灯塔"，把民主作为政治工具、以民主名义干涉别国内政有之；机械套用移植别国民主模式导致国家停滞不前、陷入动荡，在民主外衣的掩盖之下大搞"金钱政治"、推行霸权政治的有之……当今世界，形形色色的"民主"光谱令人眼花缭乱，中国式民主却一枝独秀、风景尤好。用单一的标尺衡量世界丰富多彩的政治制度，用单调的眼光审视人类五彩缤纷的政治文明，本身就是不民主的。中国的现代化，没有走西方老路，而是创造了中国式现代化道路；没有照搬照抄西方民主模式，而是创造了中国式民主，为人类民主政治道路和政治文明形态演进提供了全新选择。2023年3月，习近平总书记在出席中国共产党与世界政党高层对话会时指出，中国式现代化作为人类文明新形态，与全球其他文明相互借鉴，必将极大丰富世界文明百花园。面向未来，在中国式现代化新征程中，我们要不断发展全过程人民民主，坚决维护社会公平正义，人民享有更加广泛、更加充分、更加全面的民主权利，以自身卓有成效的民主实践，给世界上那些既希望加快发展又希望保持自身独立性的国家和民族提供全新选择，为解决人类政治发展问题、推动人类政治文明进步贡献中国智慧和中国方案。

（中共中央党校马克思主义学院讲师柳宝军）

| 第 16 问 |

如何在推进中国式现代化历史进程中丰富人民的精神世界？

> ▶ 要把握历史主动，在满足人民物质生活需要的基础上，以更宽广的视野、更深邃的理论思考、更富有成效的实际行动，激发人们的理想信念、价值追求、道德情操和审美享受，积极探索丰富人民精神世界的实践路径。

一个民族的复兴需要强大的物质力量，也需要强大的精神力量。如何在推进中国式现代化历史进程中丰富人民的精神世界？

物质富足、精神富有是社会主义现代化的根本要求，丰富人民精神世界是中国式现代化的本质要求之一。一方面，丰富人民精神世界为推进中国式现代化提供精神动力和精神支撑。不断丰富人民精神世界是确保中国式现代化始终坚持党的领导、坚持社会主义道路的关键所在。另一方面，丰富人民精神世界是中国式现代化不可或缺的实践内容。现代化的最终目标是实现人自由而全面的发展，是否充分满足人民精神需要是衡量社会是否能够促进人的全面发展的文化尺度。因此人民精神世界的丰富度构成一个社会发展水平的现代化刻度，具有鲜明的社会主义实践指向。在推进中国式现代化进程中，我们要把握历史主动，在满足人民物质生活需要的基础上，以更宽广的视野、更深邃的理论思考、更富有成效的实际行动，激发人们的理想信念、价值追求、道德情操和审美享受，积极探索丰富人民精神世界的实践路径。

第一,思想领航。"一个民族的复兴需要强大的物质力量,也需要强大的精神力量。没有先进文化的积极引领,没有人民精神世界的极大丰富,没有民族精神力量的不断增强,一个国家、一个民族不可能屹立于世界民族之林。"在人民精神世界中,思想理论具有精神奠基和方向统领作用。习近平文化思想的提出丰富和发展了马克思主义文化理论,激发了中华文化生命力和创造力,是新时代党领导文化建设的经验总结和理论升华,为丰富人民的精神世界提供了"指南针"。习近平文化思想坚持"以人民为中心"的文化发展理念,着力满足人民精神文化需求,增强人民精神力量,充分彰显了马克思主义人民性的鲜明品格。一方面,要加强理论武装。以习近平文化思想武装头脑,要深入把握其基本内涵,广泛阐释其理论意义,将其蕴含的立场、观点、方法运用到丰富人民精神世界的全过程,使其充分发挥武装全党、教育人民的实践价值。另一方面,要创新传播方式。符合时代特征的传播方式能有效引领社会思潮、凝聚社会力量、丰富人民精神世界。只有不断创新传播方式、丰富传播手段,才能实现党的创新理论"飞入寻常百姓家",使广大人民群众形成正确、健康、积极向上的文化观,掌握自主、自觉创造美好生活的思想武器和行动指南。

第二,价值引领。中国式现代化是以人民为中心的现代化,人民既是现代化的主体,也是精神世界的主体,而价值观决定了一个人的精神指向。社会主义核心价值观是中国特色社会主义文化最深层的内核,决定着文化的性质和方向,也是推进中国式现代化的精神力量和丰富人民精神世界的重要支撑。习近平总书记强调,"以社会主义核心价值观为引领,发展社会主义先进文化,弘扬革命文化,传承中华优秀传统文化,满足人民日益增长的精神文化需求",以社会主义核心价值观凝聚共识。通过大力宣传社会主义核心价值观的价值意蕴,系统阐释"建设什么样的国家、建设什么样的社会、培育什么样的公民"的整体问题,从国家层面的价值目标,凝聚实现丰富人民精神世界的共识;从社会层面的价值追求,增强人民群众的精神内驱;从个人层面的价值准则,扣紧人民群众的精神阀门。在社会主义核心价值观引领下，促使人们正确认识和处理物质与精神、个人与集体之间的辩证关系，广泛凝聚全社会的"最大公约数"，形成积极进取、团结奋斗的精神状态，将人民群众的情感认同和行为习惯转化为全面推进中华民族伟大复兴的内生动力。

第三，文化浸润。中华优秀传统文化是中国式现代化重要的文化养料，也是丰富人民群众精神世界的根脉。我们既要不断推动中华优秀传统文化创造性转化和创新性发展，又要不断在以文铸魂、以文润心上下更大功夫，发挥出以文化人的实效。一是坚持在"两个结合"中守正创新。"两个结合"是推进马克思主义中国化时代化的根本途径，中国式现代化形成于"两个结合"，中华优秀传统文化是我们党创新理论的"根"。丰富人民精神世界不能失了"魂"，更不能丢了"根"。通过"两个结合"不断推进"真理本土化""传统时代化"，才能促进马克思主义同我国优秀历史文化和广大人民日用而不觉的价值观念相融通，开创出文化繁荣的新局面。二是全面挖掘中华文明宝库，如持续做好考古发掘和研究阐释工作。习近平总书记多次强调考古工作的重要意义，深化中华文明的探源工程，加强对中华优秀传统文化创造性的挖掘和阐发，从而进一步提升中华优秀传统文化的吸引力与感召力。三是打造传统文化精品活动。中华优秀传统文化内蕴独特的思想理念和丰富的道德资源，留下了浩如烟海的文化精品，不断滋养和丰富人们的精神世界。如推动"三苏"优良家风走进千家万户等，将群众身边的家庭美事、家风美德、家教美育与中华优秀传统文化相结合，激发人们建设家庭文明的内生动力。

第四，基础保障。发展文化事业是满足人民精神文化需求、保障人民文化权益的基本途径。面对人民群众日益增长的多样化、多层次、多方面的精神文化需要，我们要增强公共文化建设能力，增强优质文化产品供给能力，提高全社会文明程度。一方面，推进社会主义文化强国建设。解决我国文化供给的结构性矛盾是当前推进社会主义文化强国建设的重点难点，要把高质量作为文艺作品的生命线，担当中华优秀文化传承发展的用心挖掘者、创新表达者、现代传播者，打造更多精品力作，使人民在领略文化之美中感悟心灵之美、向上之力。另一方面，坚持以人民为中心的文化供给。不断满足人民对美好生活的新期待，为人民群众提供高品质、高质量的精神食粮，努力推动形成适应新时代要求的思想观念、精神面貌、文明风尚、行为规范，培厚人民内生精神力量生长土壤。坚持以文塑旅、以旅彰文，加快推进生态文明和文旅深度融合发展，使人们在领略自然之美中享受生活之美。营造风清气正的文艺生态。加强宣传教育和思想引领，用党的光辉历史启迪人民，用中华民族的宏伟目标激励人民，用火热的社会实践鼓舞人民，挖掘提取"四史"素材进行文艺创作，讲好革命红色故事、先进模范故事、新时代奋斗故事，激发全社会奋斗意志、必胜信念，使之转化为干事创业、实现中国式现代化的实际行动。同时，坚持党管互联网，不断提升网络内容建设和管理工作的能力水平，不断增强网络内容建设和管理工作的动力活力，全面推进网络空间法治化建设，为文化供给高质量发展提供坚强保证。

（四川省中国特色社会主义理论体系研究中心专家成员、西华大学马克思主义学院党委书记、教授万远英）

| 第 17 问 |

和你一起思考这个时代

为什么推动构建人类命运共同体是中国式现代化的本质要求？

科学内涵·本质认识

▶ 推动构建人类命运共同体是传承中华文明基因的必然要求，是应对世界百年未有之大变局的必然选择，是创造人类文明新形态的必由之路。

面对"世界向何处去、人类怎么办"这一世界之问，"人类命运共同体"理念应运而生。那么，为什么推动构建人类命运共同体是中国式现代化的本质要求？

2013年3月，习近平总书记提出了"人类命运共同体"这一重大理念，代表新时代中国共产党人和广大中国人民为世界之问给出了中国方案，充分彰显了中国特色、中国风格、中国气派、中国智慧和中国担当。党的二十大报告把推动构建人类命运共同体作为中国式现代化的本质要求之一，以中国式现代化为桥梁和纽带，把中华民族伟大复兴与全人类的前途命运紧密联结起来，赋予了中国式现代化崇高的时代使命。中国式现代化肩负这一崇高使命，是传承中华文明基因、应对世界百年未有之大变局、开创人类文明新形态的历史必然。

党的十八大以来，习近平总书记在多个重要场合发表主旨演讲，持续全面系统阐述人类命运共同体这一重大理念，形成了一个立意高远、思想深邃、内涵丰富的理论体系。这一理论体系以推动建设"五个世界"为总目标，以打造全球伙伴关系为新起点，以构建新型国际关系为路径，以全人类共同价值为遵循，以主权平等、沟通协商、法治正义、开放包容等为基本原则，以"一带一路"为实践平台，以全球发展倡议、全球安全倡议和全球文明倡议为重要依托，为人类文明发展指明了历史方向，照亮了光明坦途。构建人类命运共同体，既是中国特色社会主义现代化建设的经验总结与理念提升，更是中国式现代化新征程上必须承担的崇高使命和必须遵循的本质要求。

推动构建人类命运共同体是传承中华文明基因的必然要求。在广阔而富饶的中华大地上，我们的先民不假外求，凭着自己的勤劳智慧，与自然万物和谐共生、世代繁衍、生生不息，由此造就了顽强自立、坚韧不拔、勇毅担当而又崇尚自然、敬畏生命、爱好和平、祈求大同的民族性格与文化基因。中华民族始终坚信生存智慧和人间正道，在于团结包容，在于和合共生，在于天下大同。在悠久的文明传承中，中华民族始终奉行以文化人、以德服人、迩安远怀的对外策略；即使在国力最强盛的时候，也从未向外征服扩张，不得已而用武时，也旨在"止戈"，旨在维护统一、反对分裂、反抗侵略。

我们始终奉行和平共处五项原则，始终坚守合作共赢发展理念，取得了举世瞩目的伟大成就，走出了一条独具中国特色的现代化新道路。在以中国式现代化全面推进中华民族伟大复兴这一历史征程上，我们必将一如既往地坚持和平发展，坚持合作共赢，坚持推动构建人类命运共同体，绝不走对抗、扩张、称霸的资本主义现代化老路，否则，我们的现代化就会因为断了中华文明爱好和平的基因传承而不再成为"中国式现代化"。

推动构建人类命运共同体是应对世界百年未有之大变局的必然选择。环顾全球，人类正处于大发展、大变革、大调整时期，世界正经历百年未有之大变局。一方面，世界多极化、经济全球化深入发展，社会信息化、文化多样化持续推进，各国相互联系、相互依存、相互影响更加密切，和平、发展、合作、共赢的时代潮流更加强劲；但另一方面，人类面临的风险和挑战也日益增多，世界经济增长乏力，金融危机阴云不散，发展鸿沟日益突出，冷战思维和强权政治抬头，战乱和冲突仍在持续。人类再次面临何去何从的历史当口，是敌视对立还是相互尊重？是封闭脱钩还是开放合作？是零和博弈还是互利共赢？

人类是一个整体，地球是一个家园。面对共同挑战，谁都无法独善其身，敌视对抗、封闭脱钩、零和博弈只会加剧冲突、扩大风险，唯有和衷共济、和合共生、合作共赢，文明才能不断进步，人类才有美好未来。中国式现代化之所以为"中国式"，之所以从根本上区别于资本主义现代化，就在于它始终秉持和衷共济的发展理念，矢志不渝地致力于推动构建人类命运共同体。在以中国式现代化全面推进中华民族伟大复兴这一历史征程上，我们仍将继续秉承和合共生、合作共赢的发展理念，仍将不遗余力地推动构建人类命运共同体。唯其如此，才能应对危机挑战，才能抓住发展机遇，才能为我们的现代化建设创造一个和平稳定的外部环境，才能让中国式现代化行稳致远，才能既发展自身又造福世界。

推动构建人类命运共同体是创造人类文明新形态的必由之路。人类历史既是一部血泪苦难史，也是一部文明发展史。为了争夺生存资源、拓展生存空间，人们彼此征战、竞相残杀，因此矛盾、隔阂、仇恨也不断累积、加深。但与此同时，随着生产力的不断发展和人类力量的不断壮大，随着生存资源的不断增多和生存空间的不断扩大，随着交往的不断扩大和交流的不断深化，随着理性反思能力的不断提升，人们相互之间由生存资源争夺引发的"存亡"冲突日益减少，解决矛盾的方式日益温和。人类文明史不是单调的直线进步，而是复调的辩证发展。当今世界，机遇交织着挑战，文明孕育着野蛮，和平伴随着战争，文明的新生与毁灭可能同时并存。科技革命和经济全球化，事实上已将人类整合为一个你中有我、我中有你的命运共同体。人类若是顺应历史潮流，本着和衷共济、和合共生、互利共赢的原则，精诚合作，共同应对挑战，则必将开创一种全新的文明形态。如若逆历史潮流而动，仍然固守冷战和霸权思维，将人类掌握的强大力量用于对抗、破坏，则必将导致人类的大灾难、文明的大倒退，甚至大毁灭。客观条件和物质力量已经具备，方向与后果已经明确，是迎来文明的新生，还是等待文明的毁灭？选择就在我们手中，责任就在我们肩上。

（西南财经大学马克思主义学院教授邹平林）

| 第 18 问 |

中国式现代化如何体现以人民为中心的发展思想？

▶ 坚持以人民为中心的根本立场；秉承以人民为中心的发展；以实现全体人民共同富裕为目标，把以人民为中心落到实处；物质富足、精神富有，满足人的现代化需求；凝聚主人翁的历史主动精神。

现代化的本质是人的现代化。中国式现代化如何体现以人民为中心的发展思想？

党的二十大报告把"坚持以人民为中心的发展思想"界定为我们应对各种风险和重大考验、全面建设社会主义现代化国家必须牢牢把握的重大原则之一。实现人民对美好生活的向往是党领导人民进行现代化建设的出发点和落脚点。中国式现代化的中国特色建立在人民至上的价值立场、世界观和方法论上，即坚持以人民为中心的发展思想，把促进高质量的发展作为全面建设社会主义现代化国家的首要任务，发展全过程人民民主，丰富人民精神世界，实现全体人民共同富裕，促进人与自然和谐共生，推动构建人类命运共同体，创造人类文明新形态。中国式现代化作为新形态的文明，其中国价值、中国精神的坚实支撑就是坚持以人民为中心的发展思想。

坚持以人民为中心的根本立场。我们都耳熟能详的一句话"江山就是人民，人民就是江山"，明示了人民立场是党的根本政治立场。马克思主义是为人民立言、为人民代言的理论，是为改变人民命运而创立、在人民求解放的实践中丰富和发展的。中国共产党自建立之日起,就树立了"为中国人民谋幸福,为中华民族谋复兴"的初心使命,把全心全意为人民服务镌刻在自己鲜红的党旗上,逐渐形成了以伟大建党精神为源头的中国共产党人精神谱系。实现中华民族伟大复兴是近代以来中国人民的共同梦想,中国式现代化是中国共产党从根本上改写中国现代史的重大创举。中国式现代化的社会主义本质,表明了社会主义的生产就是为了提高人民的物质生活和精神文化水平,为了满足人民对美好生活的需要,以人的发展为生产目的。让人民生活幸福是"国之大者"。

秉承以人民为中心的发展。中国式现代化是人口规模巨大的现代化,如此巨量的现代化规模,在资源、环境、条件等方面会有极大的约束,挑战前所未有,不能照搬部分国家已有的现代化发展途径和推进方式,而是有自己的特点。党的十八大以来,近1亿农村贫困人口实现脱贫,提高了生活质量,改善了社会结构,增强了发展动力,精神面貌也为之一新,使得基本公共服务实现均等化,提高了人的选择的可能性,生动诠释了以人民为中心的发展原则:维护人民根本利益,增进民生福祉,不断实现发展为了人民、发展依靠人民、发展成果由人民共享,让现代化建设成果更多更公平惠及全体人民。

以实现全体人民共同富裕为目标,把以人民为中心落到实处。中国式现代化是全体人民共同富裕的现代化,这既由党的性质和宗旨所决定,也是由中国特色社会主义制度的本质所决定的。"共同富裕是社会主义的本质要求,是中国式现代化的重要特征",这个过程会极大促进社会进步、改善社会结构,是一场广泛而深刻的社会变革、伟大的社会革命。人是社会关系的总和,社会关系实际上决定着一个人能够发展到什么程度。以人民为中心的发展,鲜明地体现出马克思主义的人民观。人民是具体、历史的观念,关心人民、以人民为本不是说教,尊重人民的权利和主体地位也不是抽象口号,而是实实在在地落到实处。努力实现好、维护好、发展好最广大人民根本利益,紧紧抓住人民最关心、最直接、最现实的利益问题,研究解决好发展所需、改革所急、基层所盼、民心所向的突出问题，在发展中保障和改善民生。

物质富足、精神富有，满足人的现代化需求。马克思主义揭示了在社会主义条件下，社会应该"给所有的人提供健康而有益的工作，给所有的人提供充裕的物质生活和闲暇时间，给所有的人提供真正的充分的自由"，这就要求社会主义的根本任务是解放和发展社会生产力，推动实现物的不断丰富和人的全面发展的统一，把共产主义远大理想同中国特色社会主义共同理想统一起来、同我们正在做的事情统一起来。因此，中国式现代化要以人民为中心，实现物质文明和精神文明相协调。这要求我们不断厚植现代化的物质基础，不断夯实人民幸福生活的物质条件，同时大力发展社会主义先进文化，推动理想信念教育常态化制度化，用社会主义核心价值观铸魂育人，传承中华文明，促进物的全面丰富和人的全面发展，推进文化自信自强，建设中华民族现代文明。这是克服和超越了此前一些国家现代化道路上物质主义过度膨胀、"现代性的真正问题是信仰问题"（丹尼尔·贝尔语）的状况，展现了不同于西方现代化的新图景，是一种全新的人类文明新形态。

凝聚主人翁的历史主动精神。习近平总书记强调："现代化不会从天上掉下来，而是要通过发扬历史主动精神干出来。"以人民为中心的发展，充分体现出文化主体性和道路自信、理论自信、制度自信、文化自信。站稳人民立场、把握人民愿望、尊重人民创造、集中人民智慧，是马克思主义世界观与方法论的要求，是我们的理论基础和指导思想。维护人民根本利益，增进民生福祉，不断实现发展为了人民、发展依靠人民、发展成果由人民共享，实现幼有所育、学有所教、劳有所得、病有所医、老有所养、住有所居、弱有所扶。这充分体现、激活了中华优秀传统文化中的大道之行、天下为公、民为邦本等理念，是马克思主义的思想精髓同中华优秀传统文化精华的贯通、是同人民群众日用而不觉的共同价值观念的融通。共同富裕要靠勤劳智慧来创造，幸福生活都是奋斗出来的，要在以人民为中心的价值理念中涵养人民情怀，发挥人民主体性、自觉性，激发历史主动精神，投身社会主义现代化建设事业，实现精神上的独立自主，凝聚起建设中国式现代化的中国力量和主人翁的历史主动精神。

（复旦大学马克思主义学院教授高国希）

| 第 19 问 |

和你一起思考这个时代

科学内涵·本质认识

坚持深化改革开放在中国式现代化中有何新意蕴？

▶ 前进路上，改革开放始终是我们战胜风险挑战、打开崭新局面的关键一招。全面深化改革是推进中国式现代化的根本动力，以高水平对外开放拓展中国式现代化发展空间。

改革开放是决定当代中国前途命运的关键一招。坚持深化改革开放在中国式现代化中有何新意蕴？

"没有改革开放，就没有中国的今天，也就没有中国的明天。"党的二十大报告把"坚持深化改革开放"作为全面建设社会主义现代化国家必须牢牢把握的五个重大原则之一；2023 年中央经济工作会议将"必须坚持依靠改革开放增强发展内生动力"作为新时代做好经济工作的规律性认识之一……坚持深化改革开放在中国式现代化建设背景下的新意蕴可从以下方面来理解。

前进路上，改革开放始终是我们战胜风险挑战、打开崭新局面的关键一招。改革开放 45 年来，我们党立足社会主义初级阶段的基本国情，坚持解放思想、实事求是、与时俱进、求真务实，推动我国迈上了以中国式现代化全面推进强国建设、民族复兴伟业的新征程，经济实力实现历史性跃升，社会主义民主政治制度化、规范化、程序化全面推进，文化软实力和中华文化影响力不断提升，改革发展成果更多更公平惠及全体人民，生态文明建设发生了历史性、转折性、全局性变化。2013 年，党的十八届三中全会首次提出了全面深化改革的总目标，开启了全面深化改革、系统整体设计推进改革的新时代。在体制机制上全面深化改革、加强顶层设计，中国特色社会主义制度更加成熟更加定型，国家治理体系和治理能力现代化水平明显提高。在经济发展上，提出并贯彻新发展理念，着力推动高质量发展，构建新发展格局，实施供给侧结构性改革，经济总量不断攀升，国内生产总值从2013年的58.8万亿元增长到2022年超过120.5万亿元，稳居世界第二位。积极参与国际贸易事务，不仅加速了自身经济发展，也为世界带来了广阔的市场。这一系列成就是党中央以改革开放为动力，不断突破发展新领域、塑造发展新动能、把握发展新机遇的有力印证。

全面深化改革是推进中国式现代化的根本动力。"我们的现代化既是最难的，也是最伟大的。"当前，世界正处于百年未有之大变局，包括经济地理格局、全球贸易体制、科技创新引领、全球秩序治理等领域都发生了深刻变化，为应对日益严峻的国际形势以及国内经济结构转型发展的多重考验，改革已经进入攻坚期和深水区。二十届中央全面深化改革委员会第一次会议上，习近平总书记强调："实现新时代新征程的目标任务，要把全面深化改革作为推进中国式现代化的根本动力，作为稳大局、应变局、开新局的重要抓手。"一是必须坚定政治方向。"我们的改革开放是有方向、有立场、有原则的。"改革是在中国特色社会主义道路上不断前进的改革，既不走封闭僵化的老路，也不走改旗易帜的邪路；改革必须坚持中国共产党领导和我国社会主义制度不动摇；改革要以促进社会公平正义、增进人民福祉为出发点和落脚点。二是要以深层次改革持续推进关键领域的改革创新。经济建设方面，以新质生产力为发展注入新动力。我国由于过往学习借鉴了以比较优势为核心的外向型经济发展模式，注重短期经济的"量增长"，忽视以产业升级为核心的"质增长"，科技创新能力还不强，经济发展"两头在外"，抵御外在风险能力较弱。要在高端产业领域不断创造出新的比较优势，通过创新动能为传统产业和高新技术产业注入新的活力，突破"卡脖子"关键技术，推进现代化产业体系建设向更高水平前进，解放和发展社会生产力。同时，要以供需两侧协同管理为突破口，加快构建以国内大循环为主体、国内国际双循环相互促进的新发展格局，坚定实施扩大内需战略，培育完整内需体系。体制机制方面，针对各地区、各部门实际工作情况，推进政府服务标准化，消除不透明现象，降低制度成本、政府服务成本，推动体制机制改革向深向细开展落实，不断增强社会主义现代化建设的动力和活力，把我国制度优势更好转化为国家治理效能。三是要坚定改革的人民立场。习近平总书记明确要求："老百姓关心什么、期盼什么，改革就要抓住什么、推进什么，通过改革给人民群众带来更多获得感。"坚持以人民为中心的发展思想，为中国人民谋幸福、为中华民族谋复兴，是中国共产党人的初心和使命，是改革开放的初心使命与根本动力。改革开放的实践已充分证明：为了人民而发展，发展才有意义；依靠人民而发展，发展才有动力。

以高水平对外开放拓展中国式现代化发展空间。"只有开放的中国，才会成为现代化的中国。"不断扩大高水平对外开放是推进中国式现代化的必然要求。习近平总书记指出："要不断扩大高水平对外开放，深度参与全球产业分工和合作，用好国内国际两种资源，拓展中国式现代化的发展空间。"党的二十大报告提出的"高水平对外开放"，不仅要求以国内大循环吸引全球资源要素进一步深化对外开放，稳固现有进出口规模，更在于推进高端产业和先进技术的开放与合作，通过引进高质量的外资、先进产业及技术，以弥补本国产业链中的短板，提高本国产业链的位势，体现高质量的开放；同时，还要积极参与全球贸易体制改革，特别是自身要稳步扩大规则、规制、管理、标准等制度型开放，营造市场化、法治化、国际化一流营商环境，加快建设贸易强国，这就要求形成以开放促改革和以改革促开放的统筹推进格局。

高水平对外开放通过与国际社会的资源互动、要素配置赢得发展动力，为中国式现代化创造有利的外部环境。我国一般产品制造能力虽居世界首位，但作为一个发展中国家，所需的技术，特别是核心技术，许多还依赖国外进口，产业链存在着诸多短板和不足，亟待完善和优化。高质量的开放，可以带来先进的技术与管理理念，完善和增强我国的产业链，通过吸收借鉴国外先进的管理经验和科学技术，不只是作为简单依附全球价值链的"加工工厂"，增强发展稳定性。进一步扩大高水平对外开放，就要顺应新趋势，推动对外开放由商品和要素流动型开放向规则、规制、管理、标准等制度型开放转变。新形势下，我们要以推进合作共赢的开放体系建设为抓手，积极优化营商环境，创造更多投资机遇、增长机遇。同时，要促进高水平开放与深层次改革良性互动、密切结合。当前，在国内经济转型发展的新阶段，出口导向的外需驱动型拉动效应减弱，加强深层次改革对高水平开放的推动作用更加迫切。需要调整固有发展观念，围绕技术创新、技术引进和内需培育，而非传统的要素参与国际分工模式，弱化开放初期带来的比较优势低水平锁定效应，深度参与全球产业分工和合作，进而用好国内国际两种资源。

（西南财经大学中国西部经济研究院研究员方行明，西南财经大学中国西部经济研究院许辰迪）

| 第 20 问 |

和你一起思考这个时代

科学内涵·本质认识

怎样依靠顽强斗争打开中国式现代化发展新天地？

▶ 确定斗争对象，回答好"与谁斗争"的根本问题；坚定斗争目标，回答好"为谁斗争"的根本问题；把握斗争的领导力量和主体力量，回答好"靠谁斗争"的根本问题；讲究斗争策略，回答好"如何斗争"的根本问题。

我们党依靠斗争走到今天，也必然要依靠斗争赢得未来。怎样依靠顽强斗争打开中国式现代化发展新天地？

唯物辩证法认为，事物是在矛盾运动中发展的，矛盾无处不在、无时不有，有矛盾就会有斗争。党的二十大报告把"敢于斗争、善于斗争"作为"三个务必"中的重要内容，把"坚持发扬斗争精神"作为前进道路上必须牢牢把握的重大原则之一。诸多重要论述既是理论概括，也是实践要求。面向未来，怎样坚定斗争意志、增强斗争本领、依靠顽强斗争打开中国式现代化发展新天地？关键在于从理论和实践上回答好"与谁斗争""为谁斗争""靠谁斗争""如何斗争"这一系列根本问题。

确定斗争对象，回答好"与谁斗争"的根本问题。推进中国式现代化，是一项前无古人的开创性事业，必然会遇到各种可以预料和难以预料的风险挑战、艰难险阻，甚至惊涛骇浪，因而有必要全面把握斗争的对象，做到有的放矢，这是进行顽强斗争的首要前提。习近平总书记指出："当前和今后一个时期，我国发展进入各种风险挑战不断积累甚至集中显露的时期，面临的重大斗争不会少，经济、政治、文化、社会、生态文明建设和国防和军队建设、港澳台工作、外交工作、党的建设等方面都有，而且越来越复杂。"从斗争对象的范围来看，凡是危害阻碍中国式现代化进程向前发展的各类矛盾问题、风险挑战都应当被视为主要斗争对象，其范围涵盖经济、政治、文化、社会、生态、国防等经济社会发展的全领域、各方面；不仅体现在与敌对势力的国际斗争上，还体现在国内人民内部矛盾的斗争上；不仅体现在衣食住行等物质层面的发展不平衡不充分，还体现在意识形态等精神文化层面的显著对立，等等。依靠顽强斗争打开中国式现代化发展新天地，首先就是要立足新时代中国和世界发展大势，着眼于国内外错综复杂的严峻形势，既树立忧患意识又保持战略主动，精准识别中国式现代化进程中可能出现的各种斗争对象并保持高度警惕，做到胸中有数、应对有方、行动有力；既要打好防范和抵御风险的有准备之战，也要打好化险为夷、转危为机的战略主动战，积极营造良好的发展环境。

　　坚定斗争目标，回答好"为谁斗争"的根本问题。有了坚定的斗争目标，才能明确斗争任务、找准斗争方向。习近平总书记强调："我们讲的斗争，不是为了斗争而斗争，也不是为了一己私利而斗争，而是为了实现人民对美好生活的向往、实现中华民族伟大复兴知重负重、苦干实干、攻坚克难。"这一重要论述既是具体的推进过程，也是总体的发展目标，为我们回答好前进征程中"为谁而斗争、为了什么而斗争、围绕什么目的而斗争"等问题提供了目标指引和价值取向，彰显出鲜明的人民性意蕴。与西方现代化根本不同的是，中国式现代化是中国共产党领导的社会主义现代化，始终坚持人民至上的价值导向，贯穿着为人民谋幸福的初心使命，体现着强国建设民族复兴的价值追求。依靠顽强斗争打开中国式现代化发展新天地必须毫不动摇地坚持和巩固以人民为中心的根本立场，要把实现好、维护好、发展好最广大人民根本利益作为一切工作的出发点和落脚点，不断实现人民对美好生活的向往，实现全体人民共同富裕的现代化，用新的伟大奋斗创造新的伟业。

把握斗争的领导力量和主体力量，回答好"靠谁斗争"的根本问题。系统把握斗争的主体力量，这是进行伟大斗争的决定性因素和动力源泉。回望历史，我们党团结带领中国人民成功推进和拓展了中国式现代化新道路，创造了人类文明新形态，这实际上内在规定了我们推进中国式现代化的领导力量和主体力量。展望未来，继续依靠顽强斗争打开中国式现代化发展新天地，仍然需要发挥好中国共产党的领导力量和人民群众的主体作用。一方面，办好中国的事情，关键在党。要把中国共产党作为中国式现代化的领导主体，既要使党成为推进新时代伟大斗争、进行社会革命的"领路人""主心骨"，又要在中国式现代化的进程中勇于"刀刃向内"，坚定不移地加强新时代党的建设，把全面从严治党向纵深推进，开辟党的自我革命新境界，以自我革命引领伟大社会革命，不断提升斗争水平。另一方面，人民是历史的创造者，是推动社会发展的重要力量。要把人民群众作为中国式现代化的创造主体，既尊重人民首创精神，从人民那里获得应对风险挑战、不断开创事业发展新局面的智慧和力量，又紧紧围绕中国式现代化的总体目标，团结一切可以团结的力量，调动一切积极因素，在斗争中争取团结，在斗争中谋求合作，在斗争中争取共赢，汇聚起创造中国式现代化发展新天地的斗争合力，走好人民创造历史伟业的必由之路。

讲究斗争策略，回答好"如何斗争"的根本问题。工欲善其事，必先利其器。斗争是一种勇气，更是一门艺术。习近平总书记指出，"斗争是一门艺术，要善于斗争""要注重策略方法，讲求斗争艺术"。依靠顽强斗争打开中国式现代化发展新天地，光有勇气是不够的，盲打莽撞、逞强好胜、争勇斗狠是不可能取得胜利的，而是要注重策略方法，在大力推进中国式现代化的实践中把握斗争规律、讲究斗争艺术。一方面，斗争要分清主次、统筹兼顾。既抓影响中国式现代化进程中的主要矛盾、矛盾的主要方面，又坚持系统思维，从战略全局统筹兼顾。既讲两点论，又讲重点论。既面向整体规划，又要注重各个击破，切实增强斗争的针对性、成效性。另一方面，斗争要坚持有理有利有节。斗争是有理的，强调依靠顽强斗争打开中国式现代化发展新天地不是毫无科学理论支撑的胡斗、乱斗，而是建立在科学理论基础之上的，是以马克思主义基本原理立场观点方法为指导进行的。有利，则是要通过顽强斗争，把中国式现代化进程中的不利因素转化为有利因素，化险为夷、转危为机，转化为敢于斗争、敢于胜利的显著优势。有节，则是指中国式现代化不是一朝一夕、轻轻松松、敲锣打鼓就能实现的，而是要根据形势需要，把握时、度、效，及时调整斗争策略，既不能好高骛远、盲目出击，也不能因循守旧、墨守成规，做到稳中求进、循序渐进、持续推进，牢牢掌握斗争主动权。

（电子科技大学马克思主义学院赵媛媛，四川省中国特色社会主义理论体系研究中心特约研究员、电子科技大学马克思主义学院教授叶本乾）

中国方案 重大创新

导问

科学内涵·本质认识

中国方案·重大创新

自信自立·系统工程

强国建设·战略支撑

国家治理·发展与安全

立足四川·谱写新篇章

中国式现代化100问

第21问—第35问

| 第 21 问 |

怎样看待中国式现代化的理论价值？

▶ 为全面建设社会主义现代化国家提供了理论支撑，为广大发展中国家独立自主迈向现代化提供了参照，为破解人类现代化难题提供了新思路。

概括提出并深入阐述中国式现代化理论，是党的二十大的一个重大理论创新，是科学社会主义的最新重大成果。怎样看待中国式现代化的理论价值？

中国式现代化是当代中国最为宏大而独特的实践创新，也是正在生成的理论命题。中国式现代化理论"是党深刻总结我国和世界其他国家现代化建设的历史经验，对我国这样一个东方大国如何加快实现现代化在认识上不断深入、战略上不断完善、实践上不断丰富而形成的思想理论结晶"。

中国式现代化的理论体系集中呈现了党对现代化的规律性认识，回答了建设什么样的社会主义现代化强国、怎样建设社会主义现代化强国这一重大时代课题，明确了是什么、干什么、怎么看、怎么干的问题，使中国式现代化更加清晰、更加科学、更加可感可行；擘画了新的目标蓝图，即到 21 世纪中叶，把我国建成富强民主文明和谐美丽的社会主义现代化强国；明确了物质文明、政治文明、精神文明、社会文明、生态文明发展新要求，以"五位一体"总体布局构成社会主义现代化的四梁八柱，任何一个领域的缺失或不足都将使强国建设质量大打折扣；厘清了推进和拓展中国式现代化的历史沿革，贯穿其中的大历史观厚植了道路根基，强化了道路自信。在理论体系中，党的领导决定中国式现代化的根本性质，五个方面的鲜明特色揭示了中国式现代化的科学内涵，二者从属性特质层面标明了全面建设社会主义现代化国家的根本规定；中国式现代化的九条本质要求兼具现实指导性和未来指向性，明确了全面建设社会主义现代化国家的着力点；中国式现代化蕴含的独特世界观、价值观、历史观、文明观、民主观、生态观区别并超越西方现代化理念，塑造出全新的现代文明图景；中国式现代化的规模效应及价值追求，使其展现出强大外溢效应，在回答"中国之问"时也回应了"世界之问"；五条重大原则明确了领导力量、方向道路、根本立场、发展动力和精神状态；推进中国式现代化需要正确处理好的六对重大关系，从方法论层面指明了如何全面建设社会主义现代化国家，等等。

中国式现代化理论为全面建设社会主义现代化国家提供了理论支撑。"中国式现代化，是我们为如何唤醒'睡狮'、实现民族复兴这个重大历史课题所给出的答案。"社会历史发展呈现出鲜明的地域性特色和阶段性特征，社会主义和现代化的结合必须深入考量所处的社会环境。中国的现代化是在960多万平方公里土地上、56个民族中、14亿多人口中、5000多年文明积淀基础上，在世界之变、时代之变、历史之变中展开的，这一复杂性和特殊性决定了不能简单套用既有的现代化理论。全面建设社会主义现代化国家面临的是独特且全新的环境形势。一方面，大国现代化不同于小国现代化，10亿级人口的现代化在发展途径和推进方式上必然不同于千万级或亿级人口的现代化；另一方面，不同制度属性的现代化有不同的发展逻辑，建设社会主义现代化强国必须坚定不移守好本和源、根和魂。因此，在中国这样一个东方大国，全面建设社会主义现代化国家是一项探索性事业，他者经验有限，理论本身有其时代局限性，要使中国实现现代化就必须使现代化理论中国化时代化，"两个结合"解答了中国在现代化进程中的时代课题，是筑牢道路根基、打开创新空间的有效方法。源自中国历史和实践的中国式现代化理论是强国建设、民族复兴的科学指南。

中国式现代化理论为广大发展中国家独立自主迈向现代化提供了参照。在历史的进程中，西方首先启动现代化并长期处于现代文明高地，随后发展中国家在历次现代化浪潮中或早或晚拉开现代化序幕，先发示范叠加后发追赶，路径依赖成为后发国家自觉或不自觉的选择。世界上没有放之四海而皆准的发展道路和发展模式，也没有一成不变的发展道路和发展模式。现代化是人类共同追求，是历史的必然，具有一般性规律，呈现出普遍性特征，但普遍不等于同质。各国实践探索证明，移植嫁接现代文明、机械照搬他国模式、简单套用理论模板行不通，各种再版、翻版在具体实践中都存在水土不服。中国共产党立足中国历史和现实需要独立自主启动现代化，探索出契合中国又关联于世界的现代化道路。新中国成立特别是改革开放以来，中国用几十年时间走完西方发达国家几百年走过的工业化历程，创造了经济快速发展和社会长期稳定的奇迹。中国式现代化的成功推进和拓展表明不存在定于一尊的现代化模式，走自己的路是历史通则。中国式现代化证明了走自己的路的必然性和可行性，其实践及理论对广大发展中国家更具借鉴意义。

中国式现代化理论为破解人类现代化难题提供了新思路。"中国式现代化理论是基于中国国情、中国现实的重大理论创新，体现了我国现代化发展方向，是对全球现代化理论的重大创新。"经典现代化理论推动了人类文明现代转型，但在资本逻辑驱动下，野蛮与文明相伴而生，造成一系列躲不开、绕不过的深层次矛盾问题。如两极分化还是共同富裕？物质至上还是物质精神协调发展？竭泽而渔还是人与自然和谐共生？零和博弈还是合作共赢？照抄照搬别国模式还是立足自身国情自主发展？我们究竟需要什么样的现代化？怎样才能实现现代化……站在历史的十字路口，推动人类文明安全可持续发展需回答好上述"现代化之问"。中国式现代化深深植根于中华优秀传统文化，体现科学社会主义的先进本质，借鉴吸收一切人类优秀文明成果，转换发展逻辑，坚守人民至上理念，秉持独立自主原则，坚持守正创新意识，弘扬立己达人精神。中国式现代化最大限度地降低发展代价，缓和了人与人、人与社会、人与自然、国与国之间的紧张关系，是对既有现代化的内在超越。中国式现代化是面向世界、面向未来，站在历史正确的一边、站在人类进步的一边作出的筹划，打破了"现代化＝西方化"的迷思，为破解所谓现代化悖论、为人类对更好社会制度的探索提供了新方案。

（天津大学马克思主义学院院长、教授颜晓峰，天津大学马克思主义学院韩淑慧）

| 第 22 问 |

中国式现代化的世界观独特在哪里？

▶ 中国式现代化是共享发展的现代化、和平发展的现代化、可持续发展的现代化，以独具中国特色的世界观对世界现代化理论进行了丰富和发展。

现代化是一个世界性潮流，实现现代化是各国人民的共同向往。中国式现代化蕴含的世界观独特在哪里？

世界观是指人们对整个世界的根本看法，主要说明世界"是什么"的问题。在现代化问题上，人与物、人与人、人与自然的矛盾关系是带有根本性的问题，也是构成世界观的基本方面。对这三对矛盾关系的独特认识，是中国式现代化独特世界观的集中体现。

一是在人与物的关系问题上，中国式现代化蕴含着以人为本、共同富裕的共享发展理念。现代化不仅是物的现代化，更是人的现代化。原发性现代化或者说西方现代化是伴随着西方工业革命而来的。18世纪以蒸汽机的广泛应用和机器大生产的推广为标志的工业革命，使社会生产力发生了质的飞跃。正如马克思指出的那样："资产阶级在它的不到100年的阶级统治中创造的生产力，比过去一切世代创造的全部生产力还要多，还要大。"以工业化为标志的工业社会使其与传统社会区分开来，因此，不少人都把现代化等同于工业化。马克思、恩格斯也认为，工业化是推动传统社会向现代社会发展的动力，是现代化的首要内容。但是，他们还认为，现代化不仅是工业化或者说是物的现代化，而且还是人的现代化。而现实情况是，在资本主义条件下，一方面工业化的推进使物质财富成倍地增长，另一方面贫富差距却日益扩大。也就是说，西方现代化最大的问题就是见物不见人。马克思主义认为，要改变这种状况就必须进行无产阶级革命，用社会主义、共产主义去代替资本主义，把人彻底解放出来，使每个人都能获得自由而全面的发展。为了实现马克思主义理想中的现代化，世界无产阶级及其政党进行了不懈的探索。时至今日，只有中国无产阶级及其政党——中国共产党才找到一条马克思主义理想中的现代化之路，即中国式现代化。

中国的思想家们历来强调以人为本。比如，孔子就十分重视人的价值。"厩焚。子退朝，曰：'伤人乎？'不问马。"意思是，马厩失火，孔子退朝赶回来第一时间关心的是人是否受伤。这表明在他的价值观中，人比物（如马）贵。关于物质财富的分配，孔子更关注公平问题。"丘也闻有国有家者，不患寡而患不均，不患贫而患不安。""均贫富"也是中国古代起义农民军的主要诉求之一。尽管这一思想具有浓厚的平均主义色彩，但其中也蕴含了对共同富裕目标的追求，上述这些思想深深地影响了中华民族的世界观。

中国共产党创造的中国式现代化新道路，不仅注重物的现代化，而且更关注人的现代化。它始终将共同富裕作为社会主义现代化的一个重要目标，从而使共同富裕成为中国式现代化的重要特征。从中国的具体实际来看，中国式现代化是人口规模巨大的现代化。人口规模巨大是我国的基本国情之一，要使十多亿人同步实现现代化，在世界上没有先例，任务十分艰巨。对中国共产党来说，并不能因为人口规模巨大就忘记了自己的初心和使命，就忘记了对共同富裕目标的追求。于是，就有了全面建成小康社会"一个都不能少"的要求，并接续"着力促进全体人民共同富裕，坚决防止两极分化"。中国共产党坚持以人民为中心，始终把共同富裕放在突出位置，就是中国式现代化独特世界观最突出的表现。

二是在人与人的关系问题上，中国式现代化蕴含着以和为贵、立己达人的和平发展理念。历史地看，西方现代化是在资本主义条件下发生和不断推进的，深深地打上了资本的烙印。因而其过程大多与扩张主义、霸权主义联系在一起，伴随着殖民统治和侵略战争等。后发国家很难通过简单模仿而走上现代化之路。在这方面，中国式现代化创造了一条有别于西方现代化之路，其中也蕴含着中华民族独特的世界观。正如习近平总书记所指出的那样，中华民族的血液中没有侵略他人、称王称霸的基因。

以和为贵、立己达人是我们自古以来的为人之道。如"有子曰：礼之用，和为贵。"意思是说，礼的作用，使人的关系变得和谐最为可贵。推而广之，处理国与国之间关系也要以和为贵。孔子还说："夫仁者，己欲立而立人，己欲达而达人。"即仁爱之人，应该不断地提升自己，让自己具备帮助他人的能力，并且乐于帮助需要帮助的人。不仅如此，"大道之行也，天下为公"的大同理想与马克思主义主张的共产主义理想深度契合，从而为中国共产党加以创造性转化、创新性发展。党的二十大报告就深刻指出："中国共产党是为中国人民谋幸福、为中华民族谋复兴的党，也是为人类谋进步、为世界谋大同的党。"

中国共产党在推进现代化的过程中，始终秉持以和为贵、立己达人的理念，坚持以和平共处五项原则为基本遵循，广泛同其他国家友好交往，坚持走和平发展道路，从而创造了中国式现代化这条新路。因此，中国式现代化深刻地蕴含着独特的以和为贵、立己达人的和平发展理念。

三是在人与自然的关系问题上，中国式现代化蕴含着独特的天人合一、道法自然的可持续发展理念。人与自然的关系问题是一个古老的问题。恩格斯早就注意到，人类因为贪婪向大自然无度索求而遭到自然界报复的事实。他曾说："我们不要过分陶醉于我们人类对自然界的胜利。对于每一次这样的胜利，自然界都对我们进行报复。每一次胜利，起初确实取得了我们预期的结果，但是往后和再往后却发生完全不同的、出乎意料的影响，常常把最初的结果又消除了。"以工业化为主要内容的现代化，其实就是人类大力改造自然的实践活动。由于资本的贪婪本性，西方工业化之初在使生产力获得巨大发展的同时，对人所赖以生存和发展的自然环境造成了更为严重的破坏。其结果就是：环境污染严重、资源约束日趋紧张、生态系统严重退化、生态灾难时有发生等。后来当人们认识到这一严重后果而不得不加以治理时，同样由于资本的贪婪本性，使得西方现代化难以根本解决这一问题。

中国式现代化则不然，它植根于中华文化的深厚沃土，传统文化中天人合一、道法自然的理念早已植入中华民族的基因之中。正如习近平总书记所指出："中华文明历来崇尚天人合一、道法自然，追求人与自然和谐共生。"这里天人合一、道法自然的人与自然和谐共生理念，集中体现了中华民族的世界观中，对人与自然关系的根本看法。中国共产党在探索中国的现代化道路时，很早就关注了人与自然的关系问题。土地革命时期，毛泽东在福建上杭才溪乡（今福建上杭才溪镇）就提出了资源利用要从长期出发的期望，并建议当地老百姓合理使用树林资源。在新中国成立之后一段时间里，毛泽东还向全国人民发出了"植树造林、绿化祖国"的号召。改革开放以来，邓小平积极倡导全民义务植树，认为植树造林可以保护环境、造福后代，并提出要依靠法制来保护环境、解决生态问题。江泽民从我国国情出发，明确提出中国的现代化决不能走先污染、后治理的老路。胡锦涛明确将"可持续"作为科学发展观的基本要求之一。习近平总书记强调："要深入贯彻新时代中国特色社会主义生态文明思想，坚持以人民为中心，牢固树立和践行绿水青山就是金山银山的理念，把建设美丽中国摆在强国建设、民族复兴的突出位置，推动城乡人居环境明显改善、美丽中国建设取得显著成效，以高品质生态环境支撑高质量发展，加快推进人与自然和谐共生的现代化。"不难看出，中国式现代化深深地打上了中华文化中天人合一、道法自然的烙印，这是其世界观的又一显著特征。

因此，中国式现代化是共享发展的现代化、和平发展的现代化、可持续发展的现代化，它克服了西方现代化自身难以克服的内在矛盾，在实践中探索出一条有别于西方的现代化之路，并以独具中国特色的世界观对世界现代化理论进行了丰富和发展。

（四川省社会科学院副院长、编审胡学举）

| 第 23 问 |

中国式现代化的价值观有何独特之处？

▶ 中国式现代化的价值主体是全体人民，其价值观植根于中华优秀传统文化，立足于中国特色社会主义伟大实践，体现了全人类共同价值。

现代化具有鲜明的价值目标导向。西方的"普适价值"和西方现代化蕴含的资本至上的价值观已经落后于这个时代。中国式现代化的价值观有何独特之处？

价值观是指一个人、一个集体或一个民族的精神指向，决定了个人、民族和国家的利益取舍和行为原则。中国式现代化蕴含的独特价值观，体现了科学社会主义的民主内核，继承了中华优秀传统文化的基因，回答了我们在推进中国式现代化的实践中为谁发展、依靠谁发展、发展成果由谁享有等问题。具体可以从四个方面来把握。

中国式现代化的价值主体是全体人民。中国式现代化与西方现代化在价值层面的根本区别是人民至上超越了资本至上。实现人的自由全面发展，是马克思主义追求的最高价值目标。西方的现代化在价值取向上，首先强调资本至上逻辑，坚持以资本为中心，追求资本利益最大化。而中国式现代化坚持人民至上，以人民为中心。中国共产党坚持"发展为了人民、发展依靠人民、发展成果由人民共享"的价值理念，始终坚持把实现人民对美好生活的向往作为现代化建设的出发点和落脚点，既促进物的全面丰富，也促进人的全面发展，体现了"增进人民福祉、推动人的全面发展"的价值旨归。现代化的推进，不仅是一个发展成果的创造和积累过程,也是一个分配发展成果的过程。中国式现代化是以人民为中心、防止两极分化、实现共同富裕的现代化,而不是以资本为中心、缺少公平正义的现代化。这与西方遵循资本逻辑、放任两极分化、物质主义膨胀、对外扩张掠夺的发展模式有本质区别。中国式现代化以实现全体人民共同富裕为目标,从制度层面解决了资本主义社会无法解决的财富异化问题,在价值取向上显示出超越资本主义的优势。

中国式现代化的价值观植根于中华优秀传统文化。中华文明绵延发展几千年而从未中断,中华优秀传统文化为中国式现代化提供养分,是其文化基因和精神命脉。从个体看,中华优秀传统文化植根在中国人民的内心,潜移默化影响着我们的思维和行为方式。我们讲仁爱、重民本、守诚信、崇正义、尚和合、求大同,中国人民具有革故鼎新、与时俱进的奋斗精神,道法自然、天人合一的生存理念,孝悌忠信、礼义廉耻的道德操守,这些广大人民日用而不觉的价值观念,对助力中国经济社会发展、推动文明交流互鉴、促进人类文明进步,都发挥着不可替代的重要作用。从群体看,与西方价值观不同,中华文化的价值观强调责任先于自由、义务先于权利、群体高于个人、和谐高于冲突。从国家治理看,我们秉承民贵君轻、政在养民的民本思想,惠民利民、安民富民的价值导向,亲仁善邻、协和万邦的处世之道,德主刑辅、以德化人的德治主张,等贵贱均贫富、损有余补不足的平等观念。这些价值理念,传承了几千年中华民族的精神气质,已经融入中华民族的血脉。党的十八大以来,我们牢固树立马克思主义的指导地位,同时重视继承和创新优秀传统文化,善于从世界的其他文化中吸取精华,使中国式现代化超越西方现代化的困境,为世界现代化提供一条新道路。

中国式现代化的价值观立足于中国特色社会主义伟大实践。中国式现代化立足人口众多、区域发展不平衡的中国国情,坚持"从国情出发想问题、作决策、办事情,既不好高骛远,也不因循守旧",坚持理论与实践的高度统一,打破了"现代化=西方化"的迷思,新型工业化、信息化、城镇化、农业现代化同步发展。过去10年来,我们后来居上,中国式现代化取得了举世瞩目的成就。近1亿农村贫困人口全部脱贫，全球创新指数排名上升到第12位，中国之治稳定、有序、有效，避免了西方民主政治的民主赤字、自由透支、政治失能、社会失序、治理失效等方面的困境。我国对世界经济增长的贡献率持续保持在30%左右，是世界经济增长的最大引擎。我们倡导绿水青山就是金山银山，人与自然和谐共生，碳排放强度下降了34.4%，累计完成造林9.6亿亩，占全球人工造林的四分之一，成为全球"增绿"主力。这些成就充分证明，中国式现代化道路不仅是一条经济、政治、文化、社会和生态全面发展的道路，也是一条中国式价值观的实践、创新、实现的道路。

中国式现代化的价值观体现了全人类共同价值，超越了西方现代化。西方现代化奉行扩张主义、霸权主义。比如西方国家一方面治理国内环境，另一方面则把国内污染向其他国家，尤其是向发展中国家转移；设置绿色贸易壁垒，限制第三世界国家的外贸出口；在气候谈判中拒绝承担历史责任等。而中国式现代化的价值观体现了全人类共同价值，不仅致力于实现中国自身发展，而且注重加强与世界各国合作共赢。中国提出新安全观、新发展观、和谐世界、人类命运共同体等，蕴含着普遍安全、持久和平、共同繁荣、开放包容、清洁美丽等价值观念。习近平总书记在阐释"和平、发展、公平、正义、民主、自由"的全人类共同价值时指出："和平与发展是我们的共同事业，公平正义是我们的共同理想，民主自由是我们的共同追求。"中国积极参与联合国等多边国际合作和国际热点问题的处理，倡导以和平方式解决争端，促进区域合作和繁荣稳定。我们在包容不同中寻求共同，在尊重差异中谋求大同。我们践行共商共建共享的全球治理观，坚持真正的多边主义，尊重不同民族的文化差异和不同国家的发展选择，以文明交流互鉴打破"西方中心论"，为人类文明新形态指引了正确的价值方向。

（西南石油大学马克思主义学院党委副书记、纪委书记、教授林莉，西南石油大学马克思主义学院宋永伟）

| 第 24 问 |

中国式现代化蕴含着怎样独特的历史观？

▶ 中国式现代化蕴含着"前后内外"四维历史观：即尊重历史，秉承马克思主义的扬弃观；顺应历史，拥有把握历史主动的大势观；驱动历史，拥有推动社会发展的动力观；互鉴历史，要有包容发展的开放观。

实现现代化是一个长期的历史过程。那么，中国式现代化蕴含着怎样的独特历史观呢？

历史观，就是指以什么样的立场观点方法"观历史"。历史观的意义重大，不仅影响着未来的历史，而且决定着历史的未来。科学的历史观赢得将来，错误的历史观葬送明天，独特的历史观决定着独有的发展道路。科学历史观中的历史不仅仅停留在对过去这样一个狭义的理解，而是指一个发展着的时空概念、立体化的动态范畴。从这个角度来观察中国式现代化，其独特性在于，它蕴含着"前后里外"四维历史观。

"往前看"意即尊重历史，秉承马克思主义的扬弃观。"扬弃观"就是要取其精华去其糟粕，实质就是要守正创新，这可以从两个方面来加以把握：一方面，中国式现代化是植根于中华优秀传统文化的现代化。中华文明是世界上唯一一个没有被中断的文明，其智慧结晶就是中华优秀传统文化。中华优秀传统文化与马克思主义基本原理、中国具体实际相结合而得到创造性转化、创新性发展，融入并成为中国化时代化的马克思主义成果的重要组成部分，彰显了"周虽旧邦，其命维新"的独有特质，这种独有特质构成了中国式现代化永恒不变的中国基因。另一方面，中国式现代化是与时俱进的现代化。马克思早就说过："人们自己创造自己的历史，但是他们并不是随心所欲地创造，并不是在他们自己选定的条件下创造，而是在直接碰到的、既定的、从过去承继下来的条件下创造。"否定历史就没有根基，故步自封就没有未来。从中国式现代化的历史演进来看，我们经历了从提出实现"四个现代化"到"以经济建设为中心"再到"两手都要抓、两手都要硬"，从"三位一体"到"四位一体"再到经济建设、政治建设、文化建设、社会建设、生态文明建设"五位一体"总体布局，从追求物质文明和精神文明"两个文明"协调发展到包括物质文明、精神文明、政治文明、社会文明和生态文明等"五个文明"协调发展。因此，中国式现代化本身就是守正创新的结晶，不仅创造了不同于西方现代化模式的新图景，而且创造了人类文明新形态。这种全新的人类文明形态不但是对"文明冲突论""定于一尊论""零和博弈论"等论调的超越，而且为文明理论做出了新贡献。

"往后看"意即顺应历史，拥有把握历史主动的大势观。历史潮流浩浩荡荡，势不可当。把握历史主动的大势观可以从两个方面加以把握：一方面，中国式现代化是顺势而为的现代化。习近平总书记指出："没有任何力量能够阻挡历史前进的车轮。"历史表明，开历史的倒车，必然会受到历史的惩罚。中国式现代化始终站在历史正确的一边，站在人类进步的一边，是掌握历史规律、把握历史主动、顺应历史潮流的现代化。另一方面，中国式现代化是追求高远目标的现代化。中国式现代化是在马克思主义尤其是中国化时代化的马克思主义指导下的现代化。马克思主义深刻揭示了人类社会发展规律，其最高目标就是建立每个人自由而全面发展的"自由人联合体"，这就站在了真理和道义的制高点上。中国式现代化的终极目标就在于此。

"往内看"意即驱动历史，拥有推动社会发展的动力观。人类历史发展到今天，不再是自发地、被动地形成史，而更多地体现为自觉地、主动地建构史，这是人类文明进步的重要标志。推动社会发展的动力观同样可以从两个方面去把握：一方面，中国式现代化是遵循社会发展根本动力的现代化。唯物史观认为，生产力和生产关系、经济基础和上层建筑的基本矛盾运动是社会发展的根本动力。中国式现代化始终坚持发展是党执政兴国的第一要务、科技是第一生产力、人才是第一资源、创新是第一动力，这些理论和实践本身就是对唯物史观的创造性应用和发展。另一方面，中国式现代化是坚持中国共产党领导为引擎的现代化。历史和现实表明，中国共产党的领导不仅是中国式现代化的最大特色，而且是首要本质要求，更是进一步推进中国式现代化必须坚持的首要原则。从改革开放之后我们党提出"三步走"的战略目标到党的二十大提出的全面建成社会主义现代化强国分两步走的总的战略安排，都是我们党在团结带领全国各族人民有计划、分阶段、有步骤地完成阶段性任务，书写并建构着中国式现代化的历史。可以说，以中国共产党全面领导为引擎的超强动力系统，中国特有、世界独有。

"往外看"意即互鉴历史，要有包容发展的开放观。历史因多元而精彩，文明因互鉴而提升。封闭必然落后，开放带来进步。中国式现代化的开放观同样可以从两个方面去把握：一方面，中国式现代化是追赶式发展的现代化。中国式现代化是后发国家的现代化，在底子薄、起步晚的基础上进行现代化，跟跑状态尤其明显。实际上，现代化本身就意味着要突破传统、保守、封闭和狭隘，可以说，40多年的中国改革开放史，就是一部中国式现代化的追赶史、建构史。中国式现代化从一开始就是大胆而积极吸收借鉴人类文明优秀成果的现代化。另一方面，中国式现代化是包容式发展的现代化。中国主张全球化的现代化，倡导"和平、发展、公平、正义、民主、自由"的全人类的共同价值，积极推动构建人类命运共同体，在任何时候都反对霸权霸道霸凌行径，始终尊重世界文明的多样性，尊重各国对于社会制度和现代化道路的选择。中国共产党领导人民成功走出中国式现代化道路，不但拓展了发展中国家走向现代化的途径，而且打破了现代化就是西方化的迷思；中国从不输出什么"模式"，而是为世界各国提供更多更好的发展机遇。

打一个比方，如果说，"往之前看"的扬弃观是"根"，"往之后看"的大势观是"干","往之内看"的动力观是"脉","往之外看"的开放观是"叶",那么,"前后内外"之"四面八方"则共同构建了中国式现代化历史之树。这棵树必将盛开出中国式现代化特有的绚烂之花,也必将结出中国式现代化特有的累累硕果!它长在中国,香飘世界,造福全人类!

(中共四川省委党校马克思主义学院教授陈仲)

| 第 25 问 |

和你一起思考这个时代

中国式现代化蕴含着怎样独特的文明观？

> ▶ 以文明交流超越文明隔阂，以文明互鉴超越文明冲突，以文明共存超越文明优越，尊重不同国家人民对自身发展道路的探索。

不同的文明观决定着不同国家不同民族的发展道路。那么，我们探索并不断推进的中国式现代化蕴含的文明观独特在哪里呢？

在漫长的历史长河中，人类创造和发展了多姿多彩的文明，每一种文明都在传承、演变、竞争与融合，在这个过程中，个人、民族、国家就会形成关于自身文明和其他文明认知的文明观。中国式现代化蕴含的文明观把马克思主义基本原理同中国具体实际相结合、同中华优秀传统文化相结合，形成了自己的鲜明特色，其独特性可以概括为"和""美""与""共"，核心要义是以文明交流超越文明隔阂，以文明互鉴超越文明冲突，以文明共存超越文明优越，尊重不同国家人民对自身发展道路的探索。

文明之"和"在于平等。人类文明百花园中的每一枝花朵，都有自己独特的魅力，对人类的文明发展都做出过贡献。所以我们常说，不同地域、不同民族的文明没有高低之分、优劣之分，只有姹紫嫣红之别，都是平等的，都应该得到尊重。历史和现实一再表明，平等和尊重是文明相处之道，傲慢和偏见是最大的障碍。人为贬损、拒绝和排斥不属于自身母体文明的另一种文明，执意改造，甚至取代其他文明，只会导致灾难性后果。中国式现代化基本的价值遵循是和平发展，奉行独立自主的和平外交政策,向世界作出了永远不称霸、永远不扩张的庄严承诺,体现了中华民族协和万邦、天下一家的大同理想,有别于西方国家在走现代化道路中的对外扩张和"国强必霸"的固有思维。资本主义现代化道路,并不是人类社会可持续发展之路,更不是真正的文明之路。回望当今欧美发达国家,它们在走向现代化的进程中,几乎都有对外侵略和殖民的历史。资本主义现代化意味着整个社会不可避免地日益分化和对立。中国式现代化彻底颠覆了这种零和博弈的思维,走出了一条秉承增量思维、在做大蛋糕的同时分好蛋糕的现代化新道路。

文明之"美"在于包容。"各美其美,美人之美,美美与共,天下大同",延绵不息、历久弥新的文明必然是包容的。习近平总书记指出:"中华文明自古就以开放包容闻名于世,在同其他文明的交流互鉴中不断焕发新的生命力。"历史上,中华文明不仅从西方吸纳音乐、绘画、文学等文明精华,也有"西学东渐",近代欧洲先进的天文学、医学、数学、几何学、地理学等科学知识传入中国,开阔中国人的视野,这中间有冲突、矛盾、疑惑,但更多的是学习、消化、融合、创新。不同文明在取长补短中共同进步,在包容交流中促进世界和平与发展。中国式现代化道路从来没有偏离过人类文明进步的轨道,它既传承了中华文明的思想精华,又在开放交流中广泛借鉴包容世界优秀文明成果;它是在马克思主义指导下,中国历史积淀与人民现实创造相结合的建设性产物,在扬弃西方现代化的基础上开创了人类文明发展的新形态。

文明之"与"在于互鉴。"一花独放不是春,百花齐放春满园。"文明因多样而交流,因交流而互鉴,因互鉴而发展。交流互鉴是文明发展的本质要求,世界上没有完全相同的文明,每一种文明都是一个国家和民族的集体记忆。人类历史是一幅不同文明相互交流、彼此借鉴、和合融通的宏伟画卷。中国式现代化蕴含的文明观倡导文明差异不应成为世界冲突的根源,而应成为人类文明进步的动力,有别于完全以西方制度模式为归宿的单线式文明观。西方的一些理论家试图把历史上产生于西方社会的特殊价值观和制度"普遍化",因此"现代化"成了"西方化"

的代名词，这就造成了独鉴、唯鉴。中国式现代化，继承和发展了马克思主义文明观的整体结构论，追求物质文明、政治文明、精神文明、社会文明和生态文明的协调发展，打破了对西方式现代化的路径依赖，在充分吸收世界其他国家现代化发展的经验基础上结合中国自身文明特色，在交流互鉴基础上守正创新，走出了一条发展新道路：既顺应经济全球化的潮流，积极参与和推动全球化，同时掌握发展主动权，保持发展的独立自主性。

文明之"共"在于对话。"万物并育而不相害，道并行而不相悖。"解决人类在发展中面临的问题，需要尊重文明多样性，推动不同文明交流对话，以对话代替冲突，以共赢代替零和，不能唯我独尊，不能搞强制和压迫。人类历史告诉我们，企图建立单一文明的一统天下，只是一种不切实际的幻想。20世纪80年代末，美国学者福山提出"历史终结论"，意思是说，资本主义道路、西方模式是人类社会的最终选择。在具体实践中，有的西方国家总是喜欢把自己的发展模式强加给别人，向其他国家强行输出自己的价值观；有的发展中国家亦企图通过依附实现自己现代化发展目标。事实证明，这些都是行不通的。人类历史上，没有一个民族、没有一个国家可以通过依赖外部力量、跟在他人后面亦步亦趋实现强大和振兴。对话，意味着中国式现代化蕴含的独特文明观倡导在创造更加美好生活、建设更加美好世界的共同愿景下，应当尊重各国自主探索符合本国国情现代化道路的努力，加强现代化建设经验的交流。它拓展了发展中国家走向现代化的途径，给世界上那些既希望加快发展又希望保持自身独立性的国家和民族，走符合本国国情的道路提供了经验和借鉴。

（共青团中央中国特色社会主义理论体系研究中心特约研究员、四川农业大学马克思主义学院副教授陈从楷）

| 第 26 问 |

和你一起思考这个时代

中国式现代化的民主观独特在哪里？

> ▶ 中国式现代化的独特民主观是马克思主义民主观、社会主义民主观的中国化时代化，其核心是全过程人民民主，其全过程性和人民性是超越西方当代民主的集中表现。

中国方案·重大创新

民主是不可阻挡的历史潮流，实现民主是现代化一个极其重要的方面。中国式现代化蕴含的民主观独特在哪里？

理解中国式现代化的民主观的独特性，要从三个维度来把握：第一，中国式现代化独特的民主观是马克思主义民主观、社会主义民主观的中国化时代化；第二，全过程人民民主是中国式现代化独特民主观的核心；第三，中国式现代化的独特民主观是对当代西方民主的超越。

中国式现代化的独特民主观是马克思主义民主观、社会主义民主观的中国化时代化。民主是现代化的前提，没有民主就没有现代化。什么是民主？归根结底就是人民当家作主。什么是民主观？就是指通过怎样的理念、政策和制度实现人民当家作主。近代以来，英法把国王送上了断头台，把国家权力转移到了议会手中；美国爆发南北战争，解放了黑人奴隶；日本君主立宪，国家权力不再为皇室所垄断；中国的辛亥革命推翻了 2000 多年的封建帝制，使民主共和观念深入人心。总之，这波源于西欧、波及世界的长达三个世纪的民主化浪潮确认了人民权利和法治原则，推动了生产力的大发展，为各国现代化历程奠定了根本社会历史条件，进步意义空前。但是，资产阶级民主并不完善、并不彻底。

马克思主义的民主观彻底颠覆了资本主义的民主观。首先，马克思主义的民主观否定了资本主义民主少数人对多数人的统治。马克思主义认为民主就是占人口绝大多数的民众的统治。只要不是大多数人的当家作主就不是民主国家；其次，明确反对资本主义以资本多寡为依据进行的权利分配，认为公民应当平等地享有参政权利。中国共产党将马克思主义民主观同中国具体实际相结合、同中华优秀传统文化相结合，创造了中国式现代化的独特的民主观。一方面，近代中国的历史发展逻辑和中国的现实国情决定了中国的民主只能是以中国共产党为最高政治领导力量的社会主义民主。另一方面，中华优秀传统文化中天下为公、民为邦本、任人唯贤等价值观念与马克思主义民主观的精髓要义高度契合，为社会主义民主在中国落地生根、枝繁叶茂提供了丰沛土壤。

全过程人民民主是中国式现代化独特的民主观的核心。党的二十大报告提出，发展全过程人民民主是中国式现代化的本质要求之一。因此，提到中国式现代化的独特民主观，首先想到的就是全过程人民民主。2019年11月，习近平总书记在上海考察时首次提出"人民民主是一种全过程的民主"的重要论述，创造性地提出了"全过程人民民主"的概念。全过程人民民主之所以是当代中国民主观的核心，是因为它是我们党领导人民探索民主政治、发展民主政治的百年理论和实践的升华总结，是我们党百年来领导人民推进马克思主义民主观、社会主义民主观中国化时代化的最新成果。之所以说是理论、实践的升华，是最新成果，是因为我们党是一个从诞生至今始终践行民主的党。我们党诞生于近代民族民主革命的大潮中，对外推翻帝国主义的压迫争得自由，对内解决封建主义同人民大众的矛盾、实现民主是党领导新民主主义革命的两大任务。从建党之初和大革命时期所倡导的革命队伍一律平等，到土地革命战争时期工农兵代表大会制度；从抗日战争和解放战争时期的"三三制"政权，到社会主义革命和建设时期确立的人民代表大会制度，再到改革开放和社会主义现代化建设新时期"发展社会主义民主政治"，这些民主的实践都充分显示了我们党百余年来所积累的践行民主的智慧和经验。

百余年来，党领导人民发展社会主义民主的成就和经验归结到一点，就是全过程人民民主。

中国式现代化的独特民主观是对西方民主的超越。由于现代意义上的民主思想和民主实践起源于西方，因此在相当长一段时期内西方在民主问题上始终存在强烈的优越感。他们垄断对民主的解释权，以为民主"只此一家、别无分店"，在"宪政""轮流执政""三权鼎立""司法独立"与民主之间画等号，拿着臆想的标尺将世界划分为民主国家和非民主国家。然而伴随着欧美策动的民主输出，不仅照搬照抄西方党争民主的非洲、西亚和拉美国家在21世纪出现了无效治理甚至沦为失败国家，而且长期以来以"自由灯塔""山巅之城"自矜的美国和欧洲也出现了解不开的治理死结。与此形成鲜明对比的是，以全过程人民民主为核心的中国民主维护了大局稳定，释放了社会活力，凝聚了力量人心，成为中国式现代化的"减震器""压舱石"和"助推剂"。

概括来说，全过程人民民主对西方当代民主的超越集中表现在两方面：一是全过程性。全过程人民民主无处不在、无时不在，包括了民主选举、民主协商、民主决策、民主管理、民主监督等所有民主环节，贯穿了我国公众政治生活的全议题、全时段、全领域、全过程。反观西方民主，人民只在投票环节的一刹那享有所谓的民主权利。一旦投票结束，民主权利就被没收，民主意识就被泯灭。二是人民性。中国的民主是最广大人民的民主，全过程人民民主是发展为了人民、发展依靠人民的民主，是真正致力于让人民群众分享实惠，获得幸福感、满足感、安全感的民主。全过程人民民主致力于每一个公民都能依法平等培养民主意识、参与民主过程、行使民主权利，表达民主诉求。反观西方民主，对富人和资本家是天堂，对穷人和被剥削者是陷阱，就连民众表面仅有的投票权利也被资本逻辑扭曲变形。简而言之，全过程人民民主是以人为本的民主，当代西方民主是金钱至上的民主。不仅如此，全过程人民民主也批判吸收了资本主义民主的具体有益做法，例如分权制和社会舆论监督等，克服了传统社会主义国家政治民主建设过程中的弊端。这不仅代表了社会主义民主的最高水准，更是人类民主类型和民主实践的集大成者。习近平总书记对全过程人民民主的作用意义和历史方位有过精彩的论述："我国全过程人民民主实现了过程民主和成果民主、程序民主和实质民主、直接民主和间接民主、人民民主和国家意志相统一，是全链条、全方位、全覆盖的民主，是最广泛、最真实、最管用的社会主义民主。"

（中国人民大学马克思主义学院副教授路克利）

第 27 问

中国式现代化的生态观有何独特之处？

> ▶ 尊重自然、顺应自然、保护自然是内在统一的，三者不但是"为什么、是什么、怎么做"的逻辑贯通，而且是构成中国式现代化生态观——人与自然和谐共生的三重维度。

中国式现代化蕴含的生态观及其实践，在认识和处理经济发展与生态保护、人与自然关系等重大问题上体现出怎样的独特性？

生态观就是人们对生态问题的总体认识和观点。中国式现代化生态观的内核是始终坚持人与自然和谐共生，其独特性就在于尊重自然、顺应自然、保护自然。

生态观的意义重大，不仅影响着地球的未来，而且决定着人类的命运。人类工业化的进程使地球越来越不堪重负。已经或正在工业化的地区及更大的地域范围内，出现了酸雨、雾霾等一系列极端天气，生态环境问题、生态失衡，甚至生态危机严重影响到了人们的生产生活。习近平总书记强调，如果不抓紧扭转生态环境恶化趋势，必将付出极其沉重的代价。虽然地球生态病是一种综合征，病源复杂，但归根结底是人类社会的发展方式和生活方式问题，这就意味着更多的不是天灾而是人祸。在中国式现代化蕴含的独特世界观、价值观、历史观、文明观、民主观、生态观中，生态观独有对应的习近平生态文明思想，并通过学习纲要的形式系统全面阐释，这彰显出中国式现代化蕴含的生态观的重要地位。

中国式现代化是尊重自然的现代化。一方面，中国式现代化蕴含的生态观是马克思主义生态理论的创新与发展。马克思主义认为,人本身就是自然界的一部分,同时,自然界为人类提供了生产和生活资料,但"如果说人靠科学和创造性天才征服了自然力,那么自然力也对人进行报复",这就要求人们必须尊重自然。习近平生态文明思想作为马克思主义中国化时代化最新成果,其中关于"绿水青山就是金山银山"等主张,就深化了马克思主义关于人与自然、生产生活、生态的关系理论。另一方面,中国式现代化蕴含的生态观植根于中华优秀传统文化。中国自古以来就倡导"天地与我并生,而万物与我为一"的天人合一观念,形成了热爱自然、尊重自然的良好生态文化传统,并在新时代得到了创造性转化和创新性发展,不仅为中华文明永续发展提供了根本遵循,而且为人类可持续发展贡献了中国智慧。坚持"两个结合"所创立的生态理论认为,只有抑制人们的过度行为、尊重自然,才是推进现代化的康庄大道。这些对于生态问题的新论断绝不是危言耸听,而是对于人类社会发展前瞻性、战略性的考量和呐喊,与西方发达国家对于生态问题置之不理、不合作,甚至"退群"的做法形成鲜明对比,彰显其独特性。

  中国式现代化是顺应自然的现代化。寒来暑往、冬去春来,自然界有其自身的运行规律。遵循自然规律、造福人类,违背自然规律、必遭惩罚。自然界是一个大系统,其中某一个系统或者元素出现问题,都会或早或迟、或大或小地影响整个系统的良性运行。历史和现实表明,自然资源的有限性与人的需要的无限性之间的矛盾是生态文明建设的基本矛盾。同时,人与自然界、生产工具等都是生产力的构成要素,只有各个要素相互依存、相辅相成、协同推进,才能促进经济和社会稳定、快速、可持续地向前发展。"人不负青山,青山定不负人""以自然之道,养万物之生"等就是揭示自然规律、顺应自然规律的新论断。这种新论断在超越"人类中心主义"理论中彰显其独特性。其次,如果说,"万物并育而不相害,道并行而不相悖"是对自然界这一大系统的共性化描述,那么"山水林田湖草沙是生命共同体"则是中国式现代化对于地球生态系统的个性化表达,是对地球生态规律的深刻揭示。因此,中国式现代化蕴含的生态观不仅是在总结世界现代化历史经验和教训的基础上建构起来的科学观，而且是顺应自然规律并指引生态文明建设的行动观；不仅是对片面、孤立、静止的形而上学观念的否定，而且是对马克思主义全面、联系、运动观点在生态领域的创造性运用，在创造性运用中彰显独特性。

中国式现代化是保护自然的现代化。尊重自然是对自然的敬畏，顺应自然是对自然的合理利用，那么，保护自然则是对自然的维护与修复，是更高层面的尊重自然和顺应自然。在大自然面前，人是何等的渺小，但因为人有理性而可以选择积极、主动、有为，在怎么做的问题上，坚持理念和实践层面双管齐下，彰显其独特性。

一是坚持绿色发展的理念。绿色是永续发展的必要条件和人民对美好生活追求的重要体现，绿色发展的实质是以保护自然为前提的发展。而"保护自然就是保护生产力"，也是在保护全人类。习近平总书记强调，"像保护眼睛一样保护生态环境，像对待生命一样对待生态环境"，"良好生态环境是最公平的公共产品，是最普惠的民生福祉"。为此，需要加快推进实现生产生活方式低碳化、绿色化，构建资源节约型、环境友好型社会。这种绿色 GDP 观念是对唯 GDP 论的超越。

二是坚持合力发展的实践。一方面，面对国内的生态问题，我们更加注重环境的综合治理、系统治理、源头治理。从《中国共产党章程》规定"中国共产党领导人民建设社会主义生态文明"到《中华人民共和国宪法》规定要加强"生态文明建设"，从《关于加快推进生态文明建设的意见》到《生态文明体制改革总体方案》，从《长江保护法》到《黄河保护法》，从建立自然保护区、国家森林公园到建立生态文明试验区，从提出打好蓝天、碧水、净土保卫战到实现"双碳"目标等，这种从全方位、广领域、多维度、全手段进行的生态治理既不同于过去，又不同于其他国家的做法，本身就体现了独特性。另一方面，面对全球的生态环境挑战，我们更强调协同应对。习近平总书记指出，保护生态环境是全球面临的共同挑战和共同责任。面对生态环境挑战，人类是一荣俱荣、一损俱损的命运共同体，没有哪个国家能够独善其身。中国始终坚定践行多边主义，积极参与全球气候治理、合力推进生物多样性治理、共同打造绿色"一带一路"，已经成为全球生态文明建设的重要参与者、贡献者、引领者，展现出坚持走绿色现代化之路的大国担当和大国风范。中国式现代化的生态文明实践是对一些发达国家转嫁生态矛盾、不管不顾全球生态问题的西方中心主义的超越。

尊重自然、顺应自然、保护自然是内在统一的，三者不但是"为什么、是什么、怎么做"的逻辑贯通，而且是构成中国式现代化生态观——人与自然和谐共生的三重维度。其中，尊重自然是顺应自然和保护自然的前提，顺应自然是尊重自然和保护自然之间的链接，保护自然是尊重自然和顺应自然的具体体现。这种特有的生态观是中国式现代化理论在生态领域的集中体现。这不但是现代化理论和实践的重大创新，而且构成了人类文明新形态的重要内容。

（中共四川省委党校马克思主义学院教授陈仲）

| 第 28 问 |

全球化与中国式现代化有何内在关系？

> ▶ 现代化与全球化的发展进程相互交织、同频共振。从探索起步到创新推进，中国式现代化离不开全球化提供的机遇；中国式现代化实现自身发展的同时，亦成为推动全球化、拓展世界市场的重要力量。

中国式现代化新道路越走越宽广，将更好发展自身、造福世界。全球化与中国式现代化有何内在关系？

总体而言，现代化与全球化的发展进程相互交织、同频共振，任何国家要实现现代化的发展，均无法脱离全球化的影响。从探索起步到创新推进，中国式现代化离不开全球化提供的机遇，即在不断融入世界市场和主动参与国际交往中吸收可资利用的经验、资金、技术等资源。中国式现代化实现自身发展的同时，亦成为推动全球化、拓展世界市场的重要力量。

全球化蕴含着中国式现代化发展的巨大潜能。

中国式现代化在顺应全球化趋势中起步。自从以西欧为代表的西方国家率先迈上现代化道路并取得耀眼的发展成果，一场现代化的浪潮开始席卷全球。1840年以前，封建闭锁的中国尚无法主动开启现代化进程。后受西方殖民势力强迫卷入资本主义世界市场，中国早期为抵抗外来侵略而引发对现代化的初步探索，但在一段时期内停留在被动模仿外部传入的现代化模式阶段。中国共产党在实现国家独立和民族解放的基础上，更为强调独立自主地探索现代化建设。20世纪70年代末，伴随着第三次科技革命的兴起,各国的发展已离不开世界范围的大市场,和平与发展成为国际环境的鲜明主题。中国也走上改革开放的现代化道路,将现代化发展目标置于全球化的时代背景下,在各领域深度融入全球化,发展社会主义市场经济,吸引全球资源要素,使中国经济实现高速发展,成为全球化的主要受益者,进而为中国式现代化的行稳致远奠定基础。

中国式现代化在应对全球化挑战中创新。全球化最初由西方国家率先发起并在世界范围内推动,作为发展资本主义的手段。长期以来,其发展进程由西方发达国家主导,资本逻辑成为全球化的主要逻辑。因此,全球化是一把双刃剑,给发展中国家带来机遇的同时,也使其面临挑战。对中国而言,不仅要应对全球化带来的负面问题,也要坚持维护国家政治安全。由此决定中国的现代化不能跟在西方国家后面亦步亦趋地走资本主义现代化道路,必须在汲取西方现代化的经验教训上,克服全球化带来的负面影响,开创符合中国实际、带有中国特色的社会主义现代化道路。中国式现代化打破了"现代化=西方化"的迷思,实现了对西方现代化的超越和扬弃,是中国共产党领导全国各族人民长期探索和实践的重大成果,是中国应对全球化挑战的基本方案。

中国式现代化在推进全球化潮流中发展。全球化过程中,资本主义生产方式内部固有的矛盾延伸至全球范围,使由资本作为动力的全球化陷入困境。当发现全球化的演变无法实现利益的最大化,曾经主导和引领全球化潮流的西方国家开始出现明显的逆全球化思潮。然而,全球化的世界历史发展趋势不会因此而逆转,以中国为代表的新兴市场国家在全球化中扮演着越来越重要的角色。这就决定了中国式现代化不仅需要在国内深入推进,也需要通过国际维度的实践来改变以资本逻辑为主导的全球化,进而助力构建一种"新型全球化"。全球化的调整为中国式现代化提供了发展空间,彰显了中国式现代化在解决全球面临的共同问题上的科学可行,激发了中国式现代化的内生动力与辐射力量。

中国式现代化成为推动全球化的重要力量。

人口规模巨大的现代化为扩大全球化的覆盖规模和经济收益提供新

机遇。人口规模巨大不仅是中国式现代化面临的基本国情，也是中国式现代化实现的力量所在。据统计，全球 200 多个国家和地区、总计 80 亿人口，迄今为止实现现代化的国家和地区不超过 30 个、总人口不到 10 亿人。中国式现代化将实现 14 亿多人口整体迈入现代化，其规模超过现有发达经济体人口的总和，意味着现代化的世界版图彻底改写，世界发展格局发生巨变。中国式现代化解决超大规模人口发展难题，释放出超大规模的生产力、创造力，形成超大规模市场和超大规模经济体；同时，不断培养与现代化要求相适应的高素质劳动人口，将会拥有最庞大的生产消费群体和技术管理人才，进而为全球化提供广阔的市场空间、丰富的人力资源、强劲的发展动能。

全体人民共同富裕的现代化为解决全球化中的不平等问题提供中国方案。全球化过程中全球生产和分配体系必将带来全球不平等的问题，即一国内部社会各阶层之间财富分配不均和国家之间的贫富差距较大。尽管一些发达国家通过资本主义现代化实现国家整体上的富裕，但囿于社会制度的限制，贫富悬殊问题越来越严重。中国式现代化是全体人民共同富裕的现代化，坚持以人民为中心，不仅致力于实现国家整体上的富裕，还注重将现代化成果惠及全体人民，以提高人民的生活水平作为现代化发展的出发点和落脚点。改革开放以来，中国减贫人口占同期全球减贫人口 70% 以上，提前 10 年实现联合国《2030 年可持续发展议程》减贫目标。共同富裕的中国式现代化新道路，在缩小中国国内贫富差距的同时，也将为缓解全球贫富差距做出贡献。

物质文明和精神文明相协调的现代化为全球化可持续发展开辟广阔路径。中国式现代化的最终目标是实现人的自由而全面的发展，意味着物质上富足和精神上富有相辅相成、协同共进。中国在实现现代化的过程中，超越了物质至上的西方现代化模式，注重物质文明与精神文明协调发展，使 5000 年文化、3000 年诗韵的中华文明焕发出新的生机活力。同时，中国式现代化与全球化的良性互动不仅体现在互利共赢的经济层面，也体现在文明观、价值观等精神层面。中国式现代化将为中华文明与世界文明的交流互鉴搭建桥梁。中华文明所蕴含的对精神价值的追求将推动世界文明发展繁荣，助力构建人类物质文明和精神文明群星闪耀的世界图景。

人与自然和谐共生的现代化为缓解全球化伴生的生态问题贡献中国经验。全球化的发展加剧了资源的利用和消耗，也对全球环境造成负面影响。中国式现代化摒弃西方工业化所走的"先污染后治理"的老路，强调妥善处理人与自然间的关系，将发展经济与保护生态有机结合，着力解决以生态环境为代价发展生产力的难题。党的十八大以来，在以习近平同志为核心的党中央掌舵领航下，在习近平生态文明思想的科学指引下，我们把建设美丽中国摆在强国建设、民族复兴的突出位置，以高品质生态环境支撑高质量发展，加快推进人与自然和谐共生的现代化。从成功举办《生物多样性公约》《湿地公约》缔约方大会到发起"一带一路"绿色发展伙伴关系倡议，中国式现代化所倡导的人与自然和谐共生不仅造福中国，也为世界生态保护和环境治理提供了可行性方案。

走和平发展道路的现代化以人类命运共同体的构建书写全球化的新篇章。和平稳定的国际环境是全球化深入发展的基础。区别于先发国家通过殖民掠夺和侵略战争实现现代化的道路，中国的现代化选择通过合作共赢实现和平发展，打破了西方国家"国强必霸""零和博弈"的大国崛起模式，确立了以和平崛起为特点的后发国家现代化新范式。作为世界第二大经济体、140多个国家和地区的主要贸易伙伴，中国将构建人类命运共同体作为现代化的本质要求，提出共建"一带一路"倡议、全球发展倡议、全球安全倡议、全球文明倡议，努力建立一个由相互促进的共同体组成的全球化社会，全球化将获得新的发展动力、迎来更多机遇。

（四川省中国特色社会主义理论体系研究中心特约研究员、四川大学马克思主义学院教授冯兵）

| 第 29 问 |

为什么说中国式现代化是"并联式"发展过程？

▶ "并联式"发展肇始于外源性的现代化动力，是赶超型现代化发展的必然要求；"并联式"发展把潜在的后发优势转化为现实的发展动能，生动诠释了世界上没有放之四海而皆准的单一的现代化模式。

中国式现代化要超越西方发达国家的"串联式"现代化，把"失去的二百年"找回来，决定了其必然是一个工业化、信息化、城镇化、农业现代化叠加发展的"并联式"过程。如何理解这样的"并联式"现代化过程？与西方发达国家现代化"串联式"发展有何不同？

要读懂中国式现代化，必须先全面审视西方现代化。习近平总书记从世界现代化的多样性出发，创造性地提出了"并联式"与"串联式"这对概念，鲜明指出中国式现代化呈现出中国独有的"并联式"而非西方发达国家"串联式"的发展特征，凸显了中国式现代化发展的道路特色。基于此，可以从现代化发展缘起、发展战略、发展优势、发展路径四个维度来分析，全面认识和准确把握中国式现代化"并联式"的发展过程。

"并联式"发展肇始于外源性的现代化动力。西方发达国家属于先发内源性现代化模式，其现代化发展到现阶段耗时约 300 年，线性依序渐次完成了工业化、城镇化、农业现代化、信息化，各个阶段串联发展、边界清晰、相互衔接，每个发展阶段任务单一、目标明确。而我国的现代化发轫于民族生存危机，并在遭受了帝国主义国家经济、政治等多方面的压迫后，被迫卷入、模仿西方现代化道路，从整体而言属于后发外源性现代化。无论是先发内源性现代化国家，还是后发外源性现代化国家，通过工业化驱动现代化都是必然的路径选择。从新中国成立初期优先发展重工业的初步探索，到农业、工业、国防和科学技术"四个现代化"的明确提出，我国第一次现代化的"并联式"发展主要是以工业现代化和农业现代化为底色。改革开放和建设现代化新时期，受到世界信息技术革命浪潮的影响，信息化的出现加快了我国现代化建设的步伐。信息化深刻改变了工业的发展逻辑、农业的运行方式、城镇化的演进趋势，使得信息化与工业化深度融合、工业化与城镇化良性互动、城镇化与农业现代化相互协调。新时代，中国式现代化发展是同步式规划、"并联式"部署和叠加式推进的一体化道路，其中"并联式"发展就是新型工业化、信息化、城镇化、农业现代化"四化同步"叠加发展。工业化处于主导地位，是发展的动力；农业现代化是重要基础，是发展的根基；信息化具有后发优势，为发展注入新的活力；城镇化是载体和平台，拓展工业化和信息化发展空间，带动农业现代化加快发展。为此，我国走出了一条"四化同步"并联叠加发展的现代化道路。

"并联式"发展是赶超型现代化发展的必然要求。落后就要挨打是近代中国百年的苦痛教训。奋起直追，实现中华民族伟大复兴是每一个中国人的美好愿景。中国共产党义不容辞地承担起后发赶超的使命担当，把中国人民强烈的赶超意识真正转化为现实的发展动能，使我国成功实现了在现代世界体系版图中由边缘到中心的位移，比历史上任何时期都更加接近世界舞台的中央。要完成西方发达国家几百年实现的现代化任务，中国式现代化的发展须采取"并联"发展的形式，发展周期缩短，发展任务叠加，发展目标多重。党的十八大报告提出坚持走中国特色新型工业化、信息化、城镇化、农业现代化道路，推动信息化和工业化深度融合、工业化和城镇化良性互动、城镇化和农业现代化相互协调，促进工业化、信息化、城镇化、农业现代化同步发展。"四化同步"的新表述，无疑是中国共产党立足全局、着眼长远、与时俱进的重大战略决策，也是中国在探索现代化道路历程中对现阶段突出矛盾的一次精确解答。当下，新型工业化战略拓展升级，全面转向高质量发展和创新驱动发展新阶段；信息化进入数字中国战略引领下的数智化转型新阶段；城镇化进入提质增效新阶段；农业现代化发展进入建设农业强国引领下的加快推进乡村振兴和农业农村现代化新阶段。到21世纪中叶，中华人民共和国成立100年之际，我们要建成社会主义现代化强国，其发展道路所用时间只是英国的1/3、法国的7/10、美国的3/5。我国是在"时空压缩"中推动"四化"叠加发展，既要完成传统工业化、城镇化、农业现代化的"第一次现代化"，又要完成以信息化引领且全方位渗透赋能的"第二次现代化"。

"并联式"发展把潜在的后发优势转化为现实的发展动能。中国自鸦片战争以后就被迫从传统的农业社会向现代工业社会转型。其间多次试图走向以现代化为取向的发展道路，但有的夭折，有的中道崩殂，都以失败告终。中国共产党以历史自觉精神和主动担当，领导中国人民走上了社会主义现代化建设道路，充分利用社会主义制度集中力量办大事的优势和超大经济体的人力资源优势、市场优势，后发赶超，推动工业化、信息化、城镇化、农业现代化叠加发展。信息化赋能工业化、城镇化、农业现代化快速结构转型，大量劳动力和资本从低效率的农业部门转移到了效率更高的工业部门或城市部门，即生产要素向高效率部门流动，提高了效率；与此同时中国作为后发国家，在先发国家的前车之鉴下，紧紧抓住和平与发展的历史机遇，拥抱全球化浪潮，积极参与国际分工，高质量利用外资，学习先进的技术和管理经验。我国既学习借鉴人类社会创造的一切先进文明成果，又从先发国家曾经的失误中吸取教训，从而少走弯路。中国用较短的时间就走过了发达国家几百年的工业化历程，创造了世界发展史上的"中国奇迹"。中国共产党既重视汲取其他国家现代化过程中优秀的经验和做法，同时也始终秉持实事求是的作风，将先发国家的经验与中国的具体国情结合起来，有效规避了现代化过程中的后发劣势与发展陷阱，成功地将潜在的后发优势转化为现实的后发优势，为中国式现代化的平稳发展把稳了方向。

"并联式"发展过程生动诠释了世界上没有放之四海而皆准的单一的现代化模式。近代以来，世界上大多数国家为了走上现代化道路，都争相学习模仿西方发达国家的现代化模式，以致形成了"现代化＝西方化""现代化模式＝西方现代化模式"等诸多迷思。事实证明，在西方发达国家先行构建和主导的现代世界政治经济体系中，后发国家靠模仿复制西方发达国家现代化模式实现现代化绝非易事。西方现代化在几百年历史进程中的线性"串联式"现代化发展过程被模式化，将其当成现代化的唯一路径，忽略了世界各国国情的特殊性。我国依据独特的基本国情、独特的文化传统、独特的历史命运，并联叠加安排工业化、信息化、城镇化、农业现代化发展过程，把"失去的二百年"找回来，从落后于时代到赶上时代，再到引领时代，实现了伟大的转变和升华。中国式现代化模式从实践上说明了"并联式"现代化的可行性，为世界现代化发展道路开辟了多样性的样本，为其他国家和民族建设现代化提供了全新选择，超越了西方发达国家线性单一的现代化理论。正如习近平总书记指出："中国式现代化，打破了'现代化＝西方化'的迷思，展现了现代化的另一幅图景，拓展了发展中国家走向现代化的路径选择，为人类对更好社会制度的探索提供了中国方案。"

〔西南财经大学科研处（学术期刊中心）副研究员张鹏〕

| 第 30 问 |

为什么说中国用几十年时间就走完发达国家几百年走过的工业化历程？

▶ 无论采用什么评价标准，在新中国成立以后，我国仅用60—70年时间完成了工业化，与全世界曾经最大、最早的工业化国家上百年的工业化历程相比，减少了30%—40%的时间，与发达国家近300年的工业化历程相比，仅用了1/4的时间。

工业化是人类社会从手工劳动生产走向机器生产的必经过程，是人类社会从不发达走向发达的进步过程。为什么说中国用几十年时间走完发达国家几百年走过的工业化历程？

工业化是一个过程，对这个过程最一致的共识是，工业化过程分为工业化初期、中期、后期和后工业化时期。它有明确的起点，没有一致认同的终点。如英国的工业化起始于18世纪中期的纺织业技术进步，美国的工业化起始于19世纪第一个10年。中国的工业化起始于第一个五年计划。

工业化的实现，传统理论上有几种判断方法。一是以工业在国民经济中的占比来判断，一般以工业占国民经济40%以上、时间10年以上为标准，被认为基本完成工业化。二是以工业从业人员在社会就业中的占比来判断。最新的综合评价方法是：非农产业占比超过90%，工业占比达峰后缓慢下降，城镇化率60%以上，人均GDP10000美元以上。由于GDP核算产生于21世纪30年代，因此要用这个方法与早期工业化国家的实现时间作比较是困难的。还可以从工业化的本质出发进行判断。工业化的本质是什么？是用机器生产机器，是用工业机器装备国民经济的一、二、三产业，即工业装备的成套化、农业生产的机械化、服务业的自动化。完成了这个过程，也就意味着实现了工业化。这个评价方法是最科学的，但目前的统计体系难以支撑这个评价方法。

再来看西方发达国家的工业化历程。世界上第一个实现工业化的国家是英国。英国在1688年取得了资产阶级革命的成功，君主立宪制的确立，为工业革命提供了政治保证。文艺复兴运动对思想的解放，哲学对神学谬论的证伪，自然科学对宗教禁锢的突破，为工业化奠定了思想基础。大多数专家认同英国的工业化始于1776年蒸汽机的发明。但实际上英国的工业化，在18世纪中期以前就从棉纺织业开始了。1733年飞梭织机发明，1764年珍妮纺纱机诞生，1769年水力纺纱机等一系列新技术新机器产生，工场手工业被规模化的机器工厂所代替。马克思说："正是由于创造了工具机，才使蒸汽机的革命成为必要。"蒸汽机的发明给英国工业化增添了新动力，进一步提高了机器效率，降低了生产成本，改进了运输工具动力，使世界市场成为工业化的承接场。在殖民掠夺、炮舰市场的伴随下，英国在19世纪中期完成了工业化并成为世界第一大工业国。随后，电动机的发明使部分欧洲国家、美国乘着第二次技术革命的东风，走上了工业化之路，大体上又用了百余年时间。在这个过程中，美国于1894年超过英国，成为全球制造业"新掌门"。

另外，随着第二次世界大战结束，苏联和一批东欧国家、亚洲国家开启了工业化进程。迄今，全球工业化历时300多年，但被经济合作与发展组织认同的承担碳减排任务的工业化国家仅仅28个。

中国的工业化是在中国共产党的领导下，驱逐了侵略者，取得了民族独立之后才开始的。党的领导也是保证中国工业化的政治基础。回看中国的近代史，是被先期工业化国家侵略与掠夺的历史，中国的资源与市场喂养了先行工业化国家。例如，1894年日本侵略中国，向清朝政府勒索了2.3亿两白银的战争赔款，这笔资金相当于日本当时5年的财政收入。日本正是用此款购买欧洲现代化装备，建设了八幡制铁所（后来的新日铁）等一批现代工业。1945年4月，抗日战争胜利前夕，毛泽东在党的七大上作了《论联合政府》的报告，第一次表露了中国要实行工业化的初心。他说："没有独立、自由、民主和统一，不可能建设真正大规模的工业。没有工业，便没有巩固的国防，便没有人民的福利，便没有国家的富强。1840年鸦片战争以来的105年的历史，特别是国民党当政以来的18年的历史，清楚地把这个要点告诉了中国人民。"这个初心直到1953年我国第一个五年计划才得以实施。"一五"计划中，以总投资196亿元，苏联援助的156项重点工程为代表，奠定了中国现代工业的基础。1957年中国工业总产值的比重第一次超过了农业。此前，1952年中央制定社会主义过渡时期的总路线，第一次提出要在一个相当长的时期内，逐步实现国家的社会主义工业化。之后，1954年第一届全国人大第一次会议提出，实现工业、农业、交通运输业和国防的"四个现代化"。1964年开始，持续15年的三线建设是中国又一轮工业化的高潮，包括四川在内的中西部地区，也迈上了工业化征程。之后，持续40多年的改革开放，不仅使民营经济成长壮大，成为社会主义市场经济的重要组成部分，还吸引外资企业，引领了中国工业化，使中国的工业化融入了世界市场。中国一不掠夺，二不殖民，完全依靠自己的努力，以世界上前所未有的高速度推进工业化。

中国完成工业化的时间，按照中国社会科学院的评价是，2020年基本完成工业化。这实际上是最保守的评价。如果以工业增加值在GDP的占比计算，中国应该在2003年工业增加值在GDP中的占比超过40%并持续10年而实现了工业化。如果再加上常住人口城镇化率超过60%这一指标，那么中国在2019年实现了工业化。如果以工业从业人员占比来评价，则在2012年，中国工业从业人员就已达到全社会就业人员的30%以上。但由于中国超大规模的人口结构，工业从业人员比重始终未占到全社会就业人员第一的位置。如果是以制造业增加值占全球的比重来评价，中国应该在2010年即完成了工业化。因为在这一年中国制造业增加值的份额第一次超过美国，占到全球的22.5%。到2018年这一比例达到近30%，超过世界制造大国美、日、德三国的总和。

无论采用什么评价标准，在新中国成立以后，我国仅用60—70年时间完成了工业化，与全世界曾经最大、最早的工业化国家上百年的工业化历程相比，减少了30%—40%的时间，与发达国家近300年的工业化历程相比，仅用了1/4的时间。而且，中国的工业化，建成了覆盖联合国产业分类目录中的全部41个大类、207个中类、666个小类的产业门类，形成了今天世界上最大、最完整的工业体系，这是迄今为止人类工业化历程中唯一的。因此，我们说中国用几十年时间就走完发达国家几百年走过的工业化历程。

（中共四川省委、四川省人民政府决策咨询委员会副主任王海林）

| 第 31 问 |

中国为什么能用几十年时间走完发达国家几百年走过的工业化历程？

> 我们用解放思想来完成西方国家通过文艺复兴实现的对科学精神的崇尚、对创新的尊重；创造了迄今为止世界上最新型的经济体制——社会主义市场经济体制；通过社会变革和体制改革来实现人的解放；实施计划、规划、产业政策、区域政策和精准的财政政策、货币政策；坚定不移地实施开放国策；始终保持对实体经济的支持和鼓励；坚持用工业化带动城镇化；用城镇化增加工业要素供给；持续不断地进行商事制度改革。

中国仅用 60—70 年的时间完成了发达国家近 300 年的工业化历程，这在全世界具有唯一性。中国为什么能用几十年时间走完发达国家几百年走过的工业化历程？

今天中国工业制成品销往全球每一个角落，中国的工业化正在越来越深刻地改变着全球经济格局和世界传统秩序，也正在改写人类工业化的历程。全世界先期完成工业化的国家称奇：中国为什么会这样？全世界正在进行工业化的国家探秘：中国为什么能这样？

我国工业化经历了走弯路到实现弯道超车的过程。中国的经济总量，兴于盛唐，强于大宋，工场手工业尤其发达。宋代苏轼亦为苏北大规模冶铁场面所震撼，他在《徐州上皇帝书》中写道："州之东北七十余里，即利国监，自古为铁官、商贾所聚，其民富乐，凡三十六冶。冶户皆大家，藏镪巨万……地既产精铁，而民皆善锻。"全汉昇的《中国社会经济通史》载：1078年北宋产铁12.5万吨，600多年后的1700年西欧产铁15.1万—18.5万吨。英国1788年产铁7.6万吨。直到清朝晚期，在强化封建统治、坚守农耕文明、错失工业化机遇并遭受几乎所有西方列强最疯狂的侵略和掠夺之后，1913年中国GDP占世界的份额下降到8.9%。之后，虽然孙中山领导的辛亥革命推翻了清朝的腐朽统治，但并未改变中国半殖民地半封建社会的状况；虽然他亲自制定的《建国方略》中提出了对工业化的重要性认识——"斯密《国富》之书，'出世不满百年，而工业革命作矣。经此革命之后，世界已用机器生产，而有机器者，其财力足以鞭笞天下，宰制四海矣'"，但没有一个坚强的、思想统一的领导集团持之以恒地来实施，结果只能是"为毒之烈，较前尤甚。于是而民愈不聊生矣"。到国民党结束统治，新中国刚成立时，1950年中国GDP在全球的占比，下降到4.5%。

在中国共产党的领导下，我国工业化以异军突起之势迅速崛起。1921年，中国诞生了真正代表最广大人民利益的中国共产党，党的成员以"抛头颅，洒热血"在所不惜的精神，为中国人民的解放事业贡献一切。中国共产党将马克思主义作为我们的指导思想，这个先进思想在中国的实践中得到了丰富和发展。中国选择了"社会主义救中国"，并在实践中创造性地形成了中国特色社会主义道路、理论、制度和文化。在党的领导下，依靠站起来了的中国人民的艰苦奋斗，新中国才能坚定不移地开启"以机器生产"的工业化进程。中国共产党的领导是中国能用几十年时间走完发达国家几百年走过的工业化历程最根本的原因，具体来看——

中国共产党用解放思想来完成西方国家通过文艺复兴实现对科学精神的崇尚、对创新的尊重，从而为改革开放奠定了思想文化基础，为制度创新、机制创新、科技创新、管理创新突破了禁区，打开了闸门。

创造了迄今为止世界上最新型的经济体制——社会主义市场经济体制，走出了一条中国特色的社会主义道路。坚持社会主义公有制，最大限度保证社会的公平、公正，历史性地解决了绝对贫困问题。坚持市场在配置资源中的决定性作用，但又保持政府宏观调控的有力有效，从而减少自由市场价格围绕价值的过度波动对生产力造成的巨大破坏。

通过社会变革和体制改革来实现人的解放，最大限度地调动一切积极因素，在全社会掀起创新创业的热潮；吸引大量出国留学人员回国工作，在核物理、计算机与信息技术、结构生物学、量子物理、化学合成、人工智能等领域，带领中国走到了世界前列。

实施计划、规划、产业政策、区域政策和精准的财政政策、货币政策，加以各领域战略等的组合，坚持试点、扩大、稳中求进的工作方法，确保经济运行不滑出底线，保障弯道超车的时速和路线的精准。

坚定不移地实施开放国策，推进自由贸易试验区建设，成为140多个国家和地区的主要贸易伙伴，货物贸易总额跃居世界第一，吸引外资和对外投资居世界前列。学习发达国家先进的基础技术和管理，实施引进、吸收、消化再创新，缩短追赶发达国家的时间和距离。

始终保持对实体经济的支持和鼓励，实施供给侧结构性改革，不断地、主动地进行结构调整，及时提高供给质量，促进制造业转型升级，减少市场自发调节时的波动。

坚持用工业化带动城镇化，用城镇化增加工业要素供给，用城镇化吸纳工业化的增量，从而实现两化互动、城乡统筹、农村增业、农民增收，实现了全面小康。

持续不断地进行商事制度改革，创建高新区、经开区、自贸区等聚集先进技术、先进管理、先进制度的试验区，推行负面清单管理，保持实体经济的活力和创造力。

中国的工业化，在中华民族发展史上、在社会主义发展史上、在世界工业化史上，都具有里程碑的意义。今天，摆脱了绝对贫困、全面建成小康社会的中国，又乘势迈向了社会主义现代化的新征程。我们坚信，有着领导中国工业化成功经验的中国共产党，有着强大创新能力的中国人民，必将成功实现中国第二个百年奋斗目标，实现中华民族伟大复兴。

（中共四川省委、四川省人民政府决策咨询委员会副主任王海林）

| 第 32 问 |

和你一起思考这个时代

为什么说中国式现代化理论是科学社会主义的最新重大成果？

▶ 中国式现代化理论来自科学社会主义的中国实践，即中国共产党通过社会主义现代化建设以求实现民族复兴的历史进程，可谓"重大"；中国式现代化理论在中国特色社会主义的新时代实践中极大地丰富和发展了科学社会主义基本原则，可谓"最新"。

党的十八大以来，中国共产党初步构建中国式现代化的理论体系，使中国式现代化更加清晰、更加科学、更加可感可行。为什么说中国式现代化理论是科学社会主义的最新重大成果？

概括提出并深入阐述中国式现代化理论，是党的二十大的一个重大理论创新，是科学社会主义的最新重大成果。中国式现代化体现科学社会主义的先进本质，中国式现代化理论体现科学社会主义与中国特色社会主义现代化建设的有机统一，使具备新时代内涵的科学社会主义在21世纪的中国焕发出新的蓬勃生机。为什么说中国式现代化理论是科学社会主义的最新重大成果？必须首要明确二者基本内容，厘清二者辩证关系。

中国式现代化理论是中国共产党带领中国人民在革命、建设、改革伟大实践中逐渐形成并确立的科学理论，系统阐发了中国式现代化的根本性质、根本遵循、鲜明特色、本质要求、目标任务、重大原则、重大关系、世界意义、实现路径和战略举措等。中国式现代化开辟了社会主义现代化新道路，中国式现代化理论是马克思主义中国化时代化的最新理论成果。科学社会主义理论由马克思、恩格斯创立，是马克思主义的重要组成部分之一，是关于社会主义事业科学的理论体系与实践探索，集中体现为以下10条社会主义事业发展规律须遵循的基本原则：资本主义必然灭亡，社会主义必然胜利；无产阶级是最先进最革命的阶级，肩负着推翻资本主义旧世界、建立社会主义和共产主义新世界的历史使命；无产阶级革命是无产阶级进行斗争的最高形式，以建立无产阶级专政的国家政权为目的；要在生产资料公有制基础上组织生产，以满足全体社会成员的需要为生产的根本目的；要对社会生产进行有计划的指导和调节，实行按劳分配原则；要合乎自然规律地改造和利用自然，努力实现人与自然的和谐共生；必须坚持科学的理论指导，大力发展社会主义先进文化；无产阶级政党是无产阶级的先锋队，社会主义事业必须始终坚持无产阶级政党的领导；社会主义社会要大力解放和发展生产力，逐步消灭剥削和消除两极分化，实现共同富裕和社会全面进步，并最终向共产主义社会过渡；共产主义是人类最美好的社会制度，实现共产主义是共产党人的最高理想。

中国式现代化理论来自科学社会主义的中国实践。一方面，中国式现代化理论是中国共产党领导全国各族人民在社会主义革命、建设、改革伟大实践中创造的重大理论成果。鸦片战争以来，国家蒙辱、人民蒙难、文明蒙尘，无数仁人志士艰难探索中国现代化道路；十月革命一声炮响，让中国共产党人开始逐渐了解并接受科学社会主义，将其作为领导人民进行社会主义革命、建设、改革的基本遵循；新中国成立后，确立了社会主义基本制度，奠定了社会主义现代化建设的基础，拉开了社会主义现代化建设的序幕；改革开放以来，中国共产党带领全国各族人民朝着以建立"小康社会"为奋斗目标，提出"三步走"战略目标，社会主义现代化建设稳步推进；新时代以来，党和国家事业取得历史性成就、发生历史性变革，开辟了中国式现代化道路，提出了中国式现代化理论。另一方面，中国式现代化理论遵循科学社会主义基本原则，彰显科学社会主义价值观主张，体现科学社会主义的先进本质。科学社会主义的先进本质蕴含于其基本原则与价值观主张之中。科学社会主义基本原则揭示了资本主义生产方式的基本矛盾，阐明了社会主义代替资本主义的历史必然性，为社会主义现代化建设指明了根本方向。科学社会主义的价值观主张表达了广大人民群众的正义呼声、价值追求、崇高理想，是联结科学社会主义理论与实践的桥梁，给无产阶级和全人类的行动提供既合乎规律性又合乎目的性的指引。这些价值理念是科学社会主义的本质要求，也是中国式现代化所蕴含的价值观的科学基础。中国式现代化充分证明了科学社会主义的真理性，中国共产党带领中国人民走出了中国式现代化道路，创立了中国式现代化理论，实现了人类现代化史上经济快速发展和社会长期稳定两大奇迹，充分展示了社会主义的巨大优越性。

中国式现代化理论丰富和发展了科学社会主义。中国式现代化理论将科学社会主义基本原则与中国现代化建设的具体实践和时代特征相结合，创造性地回答了"什么是社会主义现代化、怎样建设社会主义现代化"这一科学社会主义发展史上的重大问题。中国式现代化从未将科学社会主义基本原则视作一成不变的教条，而是实事求是、守正创新地将科学社会主义的理论内核与中国现代化建设的实际情况有机统一，由此开辟中国式现代化道路，创立中国式现代化理论。当前，世界百年未有之大变局加速演进，我国改革发展的前进道路上荆棘密布，以五大特征、本质要求和重大原则为主体内涵的中国式现代化理论，对科学社会主义十条基本原则实现了创造性转化和创新性发展，为丰富和发展科学社会主义开辟了广阔空间。我们可以从以下五个方面来理解：一是强调坚持和加强党的全面领导，深化了科学社会主义无产阶级专政原则；二是坚持以人民为中心的发展思想，深化了科学社会主义人的自由全面发展原则；三是强调建成全体人民共同富裕的现代化，深化了科学社会主义"解放和发展生产力，实现共同富裕和社会全面进步"原则；四是强调建成物质文明和精神文明相协调的现代化，深化了科学社会主义重视发展社会主义先进文化原则；五是强调建成人与自然和谐共生的现代化，深化了科学社会主义合乎自然规律地改造和利用自然原则。因此，中国式现代化理论绝不是单一推崇工业化、物质化或西方化的片面理论，而是致力于推动物质文明、政治文明、精神文明、社会文明、生态文明协调发展的系统理论。

  总的来看，中国式现代化理论与科学社会主义处于良性互动的辩证关系之中。一方面，社会主义现代化建设必须牢牢遵循科学社会主义基本原则，中国式现代化在理论与实践紧密结合的过程中坚持了科学社会主义基本原则；另一方面，中国式现代化促进了科学社会主义的中国化时代化，证明了科学社会主义的真理性，中国式现代化理论实现了对科学社会主义基本原则的创造性转化和创新性发展。中国式现代化理论来自科学社会主义的中国实践，即中国共产党通过社会主义现代化建设以求实现民族复兴的历史进程，可谓"重大"；中国式现代化理论在中国特色社会主义的新时代实践中极大地丰富和发展了科学社会主义基本原则，可谓"最新"。

  （西华师范大学马克思主义学院院长、教授张晓明，西华师范大学马克思主义学院讲师田茂农）

| 第 33 问 |

和你一起思考这个时代

为什么说中国式现代化是世界发展的重大机遇？

> ▶ 中国式现代化推动高质量发展，为世界经济可持续增长提供了新机遇；中国式现代化追求全体人民共同富裕，为减少世界贫困人口做出重要贡献；中国式现代化倡导人与自然和谐共生，为世界生态文明建设贡献中国经验；中国式现代化坚持走和平发展道路，为世界共建人类命运共同体书写了新篇章。

中国实现了巨大的发展飞跃，全世界都对此产生了浓厚兴趣。为什么说中国式现代化是世界发展的重大机遇？

中国式现代化属于中国也属于世界，蕴含着构建人类命运共同体的丰富智慧与行动方案，不仅包含中国创造、中国经验、中国智慧，而且蕴含人类的共同价值、共同梦想、共同追求。我们可以从经济、减贫、生态、和平四个维度来理解中国为世界提供的重大机遇。

中国式现代化推动高质量发展，为世界经济可持续增长提供了新机遇。党的二十大报告指出：高质量发展是全面建设社会主义现代化国家的首要任务。党的十八大以来，以习近平同志为核心的党中央提出并贯彻新发展理念，着力推进高质量发展，推动构建新发展格局，实施供给侧结构性改革，制定一系列具有全局性意义的区域重大战略，取得显著发展成果。

从国内发展看，我国经济实力实现历史性跃升，成为世界经济增长的主要动力源和稳定器。十年来，国内生产总值从2013年的56.88万亿元增长到2023年的126万亿元，占世界经济的比重从11.4%提高到18%以上，稳居世界第二位。2013年至2021年，我国对世界经济增长的平均贡献率达到38.6%，超过G7国家贡献率的总和，是推动世界经济增长的第一动力。在中国共产党的领导下，我国经济实力、科技实力、综合国力跃上新台阶，经济迈上更高质量、更有效率、更加公平、更可持续、更为安全的发展之路。即便面对全球经济发展不稳定不确定因素持续增多的复杂形势，我国经济韧性强、潜力大、活力足，长期向好的基本面没有变也不会改变，为世界经济发展贡献了稳定性和确定性。从国际合作看，共建"一带一路"已成为中国扩大高水平开放、推进现代化进程的鲜明标识。2023年，我国与共建"一带一路"国家进出口达到19.47万亿元规模，同比增长2.8%，占我国外贸总值的46.6%，规模和占比均为倡议提出以来的最高水平。十年来，共建"一带一路"已经成为深受欢迎的国际公共产品和国际合作平台，为促进世界共同发展注入澎湃动力。再比如，2023年4月初法国总统马克龙对中国进行国事访问，中国船舶集团有限公司与法国达飞海运集团签订了超210亿元人民币大单，空中客车公司也与中国签署了160架飞机的批量采购协议，总价值约200亿美元。在地缘政治冲突持续延宕、贸易保护主义不断抬头、世界经济复苏乏力、全球贸易增长疲软的大背景下，中国式现代化的引领作用对中欧经贸合作乃至世界经济增长具有重要意义和深远影响。

正如在博鳌亚洲论坛2023年年会分论坛"中国式现代化"上剑桥大学高级研究员马丁·雅克所说，中国式现代化独具中国特色，中国下一阶段的创新将向世界提供一种现代化新模式。中国式现代化为全球经济做出了巨大贡献。如果没有中国，全世界增长的图景会非常不同。

中国式现代化追求全体人民共同富裕，为减少世界贫困人口做出重要贡献。党的二十大报告指出：我们坚持把实现人民对美好生活的向往作为现代化建设的出发点和落脚点。作为中国式现代化题中应有之义的共同富裕，就是要解决贫富差距问题。当今中国走出了科学、精准的脱贫攻坚之路。

我国在脱贫攻坚中构建了一整套行之有效的政策体系、工作体系、制度体系，推出了许多行之有效的做法。习近平总书记提出了脱贫攻坚的基本方略，概括起来就是八个字："精准扶贫、精准脱贫"。这就是要做到"六个精准"，实施"五个一批"，解决"四个问题"。在基本方略的引领下，经过持续奋斗，历史性消除了困扰中华民族几千年的绝对贫困问题，实现了全面建成小康社会的第一个百年奋斗目标，提前10年完成联合国2030年可持续发展议程中的减贫目标，赢得国际社会广泛赞誉。近年来，许多国家的政要、学者、记者来到中国实地走访，找寻中国成功脱贫的"秘籍"。尤其是同样面临贫困挑战的其他发展中国家，都希望能从中国获取值得借鉴的经验。中国为世界贡献了中国方案：坚持以人民为中心，主要领导人亲自抓；把减贫摆在治国理政的重要位置，重点安排部署；立足国情确定扶贫标准，推进减贫进程；用发展的办法消除贫困；发挥贫困群众的主体作用；汇集各方力量，形成强大合力。发展中国家可以学习中国在减贫、可持续发展等方面的经验，努力将本国资源转化为发展优势，为实现自身现代化发展摸索出自己的方案。

我国始终秉持"授人以鱼"不如"授人以渔"的理念，在尊重其他国家制度和文化的基础上，尽可能地给予帮扶。到2020年为止，新中国成立70多年来，我国已向166个国家和国际组织派遣60多万名援助人员，提供大量援助。此外，还为广大发展中国家援建多个减贫项目。据不完全统计，2010年以来，中国已与近20个发展中国家开展了数十个减贫援助合作项目。在直接援助的同时，中国长期在国际平台积极呼吁发达国家和国际组织更多关注发展中国家的基础设施建设、脱贫相关基础产业投入，以期从根本上解决贫困问题。

中国式现代化倡导人与自然和谐共生，为世界生态文明建设贡献中国经验。当现代化与工业文明相伴而生，如何在生产力快速发展的同时避免巨大的生态环境代价，是世界现代化史中的一个难题。党的二十大报告指出：尊重自然、顺应自然、保护自然，是全面建设社会主义现代化国家的内在要求。生态文明建设是关系中华民族永续发展的根本大计，也为解决这一世界难题提供了方案。

党的十八大以来，中国共产党深刻回答了为什么建设生态文明、建设什么样的生态文明、怎样建设生态文明等一系列重大理论和实践问题。把"美丽中国"纳入社会主义现代化强国目标，把"生态文明建设"纳入"五位一体"总体布局，把"坚持人与自然和谐共生"纳入新时代坚持和发展中国特色社会主义的基本方略，把"绿色"纳入新发展理念，把"污染防治"纳入三大攻坚战，推动人与自然和谐共生的现代化不断取得实质性进展。党的二十大从建设人与自然和谐共生的中国式现代化的高度，对推动绿色发展、建设美丽中国作出重大战略部署。中国式现代化为世界现代化版图赋予了人与自然和谐共生的新底色。这样的新底色有何展现？据统计，进入 21 世纪以来，全世界的绿化面积不仅没有继续降低，反而还增长了 5%，相当于地球上凭空又出现了一个亚马孙雨林。在新增的绿化面积中，中国贡献居首位。1949 年，中国的森林覆盖率仅有 8.6%；而截至 2022 年，中国的森林覆盖率已经达到了 24.02%。这说明，中国在推进中国式现代化的过程中，不仅没有加剧工业革命以来世界所面临的环境问题，反而在扭转世界环境恶化的状况。

目前，"绿水青山就是金山银山"已成为全社会的共识和行动，中国探索出一条绿色发展之路。放眼国际，中国还与 31 个共建国家共同发起"一带一路"绿色发展伙伴关系倡议，积极推动共建公平合理、合作共赢的全球气候治理体系。乘着高质量共建"一带一路"东风，绿色发展的种子在共建国家生根发芽。由中国企业提供关键设备的意大利首个海上风电项目——贝莱奥利科海上风电项目并网，可满足近两万个家庭的用电需求，助力意大利绿色转型；由中企承建的科威特穆特拉住房基础设施建设项目，在科威特首次引进雨水利用系统，收集的雨水回灌至地下，改善当地生态环境……中国努力推动构建公平合理、合作共赢的全球环境治理体系，凝聚起推进全球生态文明建设的国际合力。

中国式现代化坚持走和平发展道路，为世界共建人类命运共同体书写了新篇章。党的二十大报告指出：我们坚定站在历史正确的一边、站在人类文明进步的一边，高举和平、发展、合作、共赢旗帜，在坚定维护世界和平与发展中谋求自身发展，又以自身发展更好维护世界和平与发展。在走向现代化的过程中，我国不走一些国家通过战争、殖民、掠夺等方式实现现代化的老路，那种损人利己、充满血腥罪恶的老路给广大发展中国家人民带来深重苦难。中国开创的社会主义现代化道路，为广大发展中国家实现现代化提供了有益经验。当今世界正经历百年未有之大变局，新一轮科技革命和产业变革深入发展，国际力量对比深刻调整，但和平与发展仍然是时代主题。中国提出了构建人类命运共同体倡议、共建"一带一路"倡议、全球发展倡议、全球安全倡议、全球文明倡议，顺应和平、发展、合作、共赢的时代潮流，坚持相互尊重、平等协商，坚持走对话而不对抗、结伴而不结盟的新路，走出了一条通过合作共赢实现共同发展、和平发展的现代化道路，打破了"国强必霸"的大国崛起传统模式，提供了通向现代化的新选择。

无论从人类现代化整体进程来看，还是从为当今世界破解难题、开辟光明发展前景来看，中国在实现现代化的道路上坚持与世界各国互利共赢、共同发展，必将不断为世界和平与发展注入强大正能量。

（中共四川省委党校党史教研部主任、教授邱然）

| 第 34 问 |

和西方文明形态相比，中国式现代化创造的人类文明新形态新在哪里？

▶ 人类文明新形态以人类命运共同体为追求，从全人类的视角去看待发展，而西方文明形态的立足点是单边主义的西方中心论，并从西方中心论的视角去看待世界的发展。

中国式现代化创造了人类文明新形态，展现了不同于西方现代化模式的新图景。和西方文明形态相比，人类文明新形态不同在哪里，新在何处？

我们的现代化不是西方以资本为中心的现代化、两极分化的现代化、物质主义膨胀的现代化、对外扩张掠夺的现代化，而是中国共产党领导的社会主义现代化，是人口规模巨大、全体人民共同富裕、物质文明和精神文明相协调、人与自然和谐共生、走和平发展道路的现代化。中国式现代化的本质属性与鲜明特色决定了人类文明新形态具有区别于西方文明形态的本质属性和外在表现。

从本质属性看，中国式现代化创造的人类文明新形态是以社会主义为本质属性，坚持以人为本、以人民为中心，推动经济现代化与人的现代化有机结合；而西方资本主义文明则以资本为本、以资产阶级为中心，在创造物质财富的同时也带来了人的异化、物化。在政治文明上，我们坚持人民当家作主，不断发展全过程人民民主，实现程序民主与实质民主、直接民主与间接民主、人民民主与国家意志相统一；而西方则是党派政治、金钱游戏，把投票选举当作民主的全部。在精神文明上，我们以社会主义核心价值观引领文化建设，强调以集体主义为核心，主张开放包容；而西方则是秉持理性经济人基础上的个人至上。

从外在表现看，以人类命运共同体塑造的人类文明新形态，和西方文明形态有着巨大区别。中国式现代化创造的人类文明新形态以人类命运共同体为追求，从全人类的视角去看待发展，而西方文明形态的立足点则是单边主义的西方中心论，并从西方中心论的视角去看待世界的发展。中国共产党以人类命运共同体塑造人类文明新形态是有着深刻的历史原因的。一方面，中国共产党是马克思主义文明观的忠实继承者、坚定实践者、创新开拓者。在百年奋斗中，我们党不仅从未停止过对社会主义新文明的探索，也从未停止过对西方中心主义文明观的批判和突破。人类是一个整体，地球是一个家园，面对共同挑战，任何人、任何国家都无法独善其身。推动构建人类命运共同体，维护世界和平、促进共同发展，是各国人民的共同期待，也是世界发展的潮流。另一方面，长期以来，中国的文化基因里始终蕴含着兼济天下的文化禀赋与天下大同的美好愿景。"中国式现代化，深深植根于中华优秀传统文化，体现科学社会主义的先进本质，借鉴吸收一切人类优秀文明成果，代表人类文明进步的发展方向，展现了不同于西方现代化模式的新图景，是一种全新的人类文明形态。"习近平总书记从人类文明的高度和广度对中国式现代化作出全面深刻阐释，彰显了大党大国领袖宏阔的文明视野和宽广的世界眼光。

人类命运共同体理念的提出，是中国勇于承担大国的责任与使命，在对人类前途命运的高度关切中，为世界文明发展前景提供的全新选择。这一历史新路也将重新塑造各国现代化文明的发展进程，重新定义人类文明交往的思维存在，重新开启世界文明赓续的前进方向。纵观当今世界上西方发达国家走向文明的进程，无不伴随着野蛮掠夺和殖民统治，给很多第三世界国家带来了深重灾难。这种将自身文明进程建立在牺牲其他国家利益基础上的西方中心论模式，不符合中国文化的精神。中国不走西方资本主义国家的老路，依靠"摸着石头过河"的探索精神，独立自主探索走和平发展道路，始终把和平共处、互利共赢作为处理国际关系的基本准则，倡导共商、共建、共享，坚持多边主义，反对零和博弈、霸权主义、单边主义等，积极推动构建人类命运共同体。这种立己达人的包容性及和平发展道路，既造福中国又惠及世界，为人类文明进步带来了新希望。

总的来说，人类文明新形态的创造与实践，为从整体上消解西方现代化模式的弊端提供了解决路径的示范。具体来看：在整体发展上，人类文明新形态实践将推动我国全体人口整体迈入现代化社会，其规模超过现有发达国家的总和，将彻底改写现代化的世界版图；在发展目标上，人类文明新形态实践坚持以人民为中心的发展思想，自觉主动解决地区差距、城乡差距、收入分配差距，促进社会公平正义，逐步实现全体人民共同富裕，坚决防止两极分化；在精神上，人类文明新形态实践坚持社会主义核心价值观，加强理想信念教育，弘扬中华优秀传统文化，增强人民精神力量，不仅促进物的全面丰富还包括人的全面发展；在生态发展上，人类文明新形态实践注重同步推进物质文明建设和生态文明建设，走出了生产发展、生活富裕、生态良好的文明发展道路。

〔南京大学哲学系（宗教学系）教授 方蔚林〕

| 第 35 问 |

和中华传统文明形态相比，中国式现代化创造的人类文明新形态新在哪里？

> ▶ 和中华传统文明形态比较，中国式现代化创造的人类文明新形态之新主要表现在社会制度新、生产方式新和指导思想新。

中国式现代化创造了人类文明新形态，和中华传统文明形态相比，新在何处？

从建党百年之际首次提出"人类文明新形态"，到《中共中央关于党的百年奋斗重大成就和历史经验的决议》强调"党领导人民成功走出中国式现代化道路，创造了人类文明新形态"，再到党的二十大将"创造人类文明新形态"作为中国式现代化本质要求的一个重要内容，中国共产党对人类文明新形态的认识和理解一以贯之、步步深入。和中华传统文明形态比较，人类文明新形态的新主要表现在三个方面：社会制度新、生产方式新、指导思想新。

一是社会制度新。制度决定方向，方向决定道路，道路关乎文明，制度上的差异是决定文明形态差异的根本。人类文明新形态作为以公有制为基础、以人民为中心的社会主义文明形态，有别于我国古代以私有制为基础的阶级社会文明形态。人类文明新形态是中国共产党领导人民创造的，习近平总书记指出："中国共产党始终代表最广大人民根本利益，与人民休戚与共、生死相依，没有任何自己特殊的利益，从来不代表任何利益集团、任何权势团体、任何特权阶层的利益。"人类文明新形态始终把人民对美好生活的向往作为奋斗目标，始终坚持人民利益至上，推动发展成果更多更公平地惠及全体人民，不断推动人的全面发展和全体人民共同富裕。共同富裕是社会主义的本质要求，是中国式现代化的重要特征，实现共同富裕体现了坚持"以人民为中心"的根本立场，指明了社会主义发展的价值宗旨所在。人类文明新形态所蕴含的人民至上的价值意蕴，对其他国家的社会发展和文明进步，具有重要的借鉴意义。

二是生产方式新。任何文明形态的生成逻辑都基于一定的生产方式，文明形态的发展水平也标志着人类社会生存方式的发展变化。生产方式既包括生产力内容，也包括生产关系内容，以及由此决定的社会结构和上层建筑等各种社会现象。人类文明新形态对应的生产方式基于新型工业化、信息化、农业现代化等技术条件，生产力发展水平也相对高度发达。中国社会传统的文明形态，则是基于当时中国社会农业生产或传统工业生产对应的农业文明形态和工业文明形态等，相比之下彼时的生产方式、生产力发展水平等有着根本上的差异，这是理解文明新形态之新的关键。人类文明新形态是中国式现代化创造和内生出来的，是实践成果，是文明升华。从这个意义上说，现代化道路的特征影响甚至决定着文明形态的特征。

三是指导思想新。人类文明新形态是以马克思主义为指导、基于社会主义核心价值观建构起来的文明形态，有别于中国古代主要基于儒家思想并以礼为核心建构的伦理道德文明形态。中国社会自古以家庭、家族、家乡为单位，深受家族宗法观的影响，这种影响也深深地影响着传统文明形态的形成和构建，形成了家国同构的格局。家国情怀、集体主义、舍己为人、无私奉献是中国人民普遍认同的价值观念。中国共产党坚持以人民为中心的发展思想，将马克思主义基本原理同中国具体实际相结合、同中华优秀传统文化相结合，既弘扬了马克思主义道德观，又继承了中华优秀传统文化，开创了"两个结合"基础之上的中国式现代化，也由此促成了物质文明与精神文明的协调发展。在这个过程中，马克思主义基本原理同中华优秀传统文化相结合实际体现为中国式现代化的实践创造和中华文明的自我更新，中华优秀传统文化为马克思主义所激活，马克思主义的科学性也因中国实践而大放光芒。可以说，人类文明新形态是马克思主义基本原理与中国国情相结合的理论创新成果，是社会主义文明与中华优秀传统文化相结合的当代形态，体现了中华文明发展的新高度。

这种新发生的根本原因是什么？答案很简单，物质决定意识，这种文明形态之新是由伟大实践决定的，人类文明新形态来自中国共产党领导的中国式现代化伟大实践。总之，人类文明新形态之所以新，就在于它不是中华优秀传统文化的简单回归，而是在文明形态上对中华传统文明形态的内在超越。这种超越并不意味着全盘否定或完全抛弃既有文明成果，而是一种继承发展基础上的超越。这种超越本身也不是完成时，而是进行时，随着中国式现代化的逐步向前推进，由其现实建构的人类文明新形态也必将在内容和影响上得到进一步的丰富和发展。

〔南京大学哲学系（宗教学系）教授方蔚林〕

自信自立

系统工程

导问

科学内涵·本质认识

中国方案·重大创新

自信自立·系统工程

强国建设·战略支撑

国家治理·发展与安全

立足四川·谱写新篇章

中国式现代化100问

第36问—第51问

| 第 36 问 |

推进中国式现代化如何处理好顶层设计与实践探索的关系？

▶ 处理好顶层设计与实践探索的关系，重在结合上下功夫。要从理论与实践永不停歇的有机统一中着力，要特别注重以系统观念构筑顶层设计和实践探索统一的正确路径，要牢牢把握人民至上的价值立场。

推进中国式现代化是一个系统工程，顶层设计与实践探索是这项工程的纲领和路径，也是摆在首位要处理好的重大关系。那么该如何处理好顶层设计与实践探索的关系？

习近平总书记强调："推进中国式现代化是一个系统工程，需要统筹兼顾、系统谋划、整体推进，正确处理好一系列重大关系。"习近平总书记重点强调了 6 个方面，一是顶层设计与实践探索的关系，二是战略与策略的关系，三是守正与创新的关系，四是效率与公平的关系，五是活力与秩序的关系，六是自立自强与对外开放的关系。其中，处理好顶层设计与实践探索的关系居于首位，为我们在新时代新征程上坚定不移地推进中国式现代化提供了行动指南和实践遵循。可以从以下三个方面来理解。

正确处理好顶层设计与实践探索的关系，首先要明确顶层设计与实践探索的内涵。"顶层设计"本是工程学概念，指的是自顶向下的设计，后被引申为政治术语。一般而言，它主要是指总体设计，强调从全局视野对相关各方面、各层次、各要素等进行统筹规划；为推动事业发展提供总揽性的指导方案。正如习近平总书记所指出："进行顶层设计，需要深刻洞察世界发展大势，准确把握人民群众的共同愿望，深入探索经济社会发展规律，使制定的规划和政策体系体现时代性、把握规律性、富于创造性，做到远近结合、上下贯通、内容协调。"而实践探索则强调一切从实际出发，在实践中摸索规律、获得真知、积累经验，寻求能有效解决新矛盾新问题的方法路径。顶层设计更注重系统思维和整体战略，为实践探索提供科学指引；实践探索则更注重创新思维和基层实践，为顶层设计提供实践基础。具体而言，中国式现代化的中国特色、本质要求、重大原则等就是顶层设计，作为党的行动指南与根本遵循的习近平新时代中国特色社会主义思想就是顶层设计；而实践探索最根本的一条原则是尊重人民群众主体地位和首创精神，正如习近平总书记指出的："要鼓励地方、基层、群众解放思想、积极探索，鼓励不同区域进行差别化试点，善于从群众关注的焦点、百姓生活的难点中寻找改革切入点，推动顶层设计和基层探索良性互动、有机结合。"中国式现代化的实践探索是党的群众路线的生动写照，是"江山就是人民，人民就是江山"的鲜活体现。

注重顶层设计与实践探索的辩证统一，是中国共产党重要的思想方法和工作方法，具有方法论意义。在革命、建设、改革的各个历史时期，中国共产党将顶层设计与实践探索有机结合，坚持理论源于实践、理论指导实践，注重以科学的顶层设计引领实践探索、以丰富的实践探索完善顶层设计，由此形成了毛泽东思想、邓小平理论、"三个代表"重要思想、科学发展观，使中华民族走上了从站起来到富起来的康庄大道。党的十八大以来，中国特色社会主义进入新时代，中国共产党从新的实际出发，创立了习近平新时代中国特色社会主义思想。中国共产党把制定长期政策目标和广泛的政策实践结合起来，既从全局着眼谋篇布局、做好制度设计，强调从全局角度对相关各方面、各层次、各要素等进行统筹规划，为推动事业发展提供总体性的指导方案，协调各项工作，有力保障发展方向、目标、进度等；又从实践入手笃行不怠，进行敢为人先的大胆探索，鼓励各地区各部门在前沿深水险滩、在未知领域结合具体实际开拓创新，寻求能有效解决新矛盾新问题的思路和办法，努力创造可复制、可推广的新鲜经验，真正做到在战略决策上坚持顶层设计、在战术选择上鼓励实践探索，调动政府、社会、个人积极性，通过试点先行、由点到面，既让改革"蹄疾步稳"，又将地方的创新精神融入中央的政策制定过程中。这充分体现了顶层设计和实践探索的有机结合，既是实践探索的更进一步，又是顶层战略部署的更新阶段，是国家治理体系和治理能力现代化的显著标志，最大限度地激发了推进中国式现代化的磅礴力量。

处理好顶层设计与实践探索的关系，重在结合上下功夫。要从理论与实践永不停歇的有机统一中着力。世界是一个普遍联系的有机整体，马克思主义把事物的普遍联系与变化发展作为自己的世界观和方法论。深刻把握理论和实践的辩证意蕴，是处理好顶层设计与实践探索关系的根本要求。没有顶层设计的实践探索是盲目的，而缺乏实践探索的顶层设计是空洞的。人类社会一切创造都来源于实践，在劳动生产与再生产的实践中产生了理论，又以理论来引导实践。回望中国改革开放的历程，没有小岗村奋力一搏的实践探索，哪有农村改革的顶层设计？没有解放和发展生产力这一社会主义根本任务的顶层设计，哪来经济社会活力的绽放？顶层设计为实践探索提供科学指引和内涵，实践探索又不断丰富顶层设计的经验、材料、视野。二者相互依赖和转化，不可偏废一端。党的十八大以来，面对改革开放进入深水区的挑战，顶层设计显得尤为重要。中国式现代化涉及经济、政治、文化、社会、生态文明等各方面，"五位一体"总体布局和"四个全面"战略布局的顶层设计不仅与具体实践探索高度关联、耦合、互动，更是中国式现代化实践探索的总纲领和行动指南，具有指导性、统筹性和互动性。同时，面对更为复杂多变的转型难题和结构性改革的挑战，更需要以巨大的勇气和宽容的气量鼓励从中央到地方的实践探索。"摸着石头过河"被证明是行之有效的重要经验，那么今天投石问路、大胆试点更是实践探索的有效方式。中国特色社主义的实践没有止境，理论创新就永不停歇。

要特别注重以系统观念构筑顶层设计和实践探索统一的正确路径。必须坚持系统观念是习近平新时代中国特色社会主义思想的世界观和方法论的重要内容之一，同时也是日趋复杂的现代社会治理的必然要求。马克思在《哲学的贫困》中曾提出"社会机体"概念，社会就是"一切关系在其中同时存在而又互相依存的社会机体"，社会并非坚固封闭的单一原子，而是鲜活的、复杂的、具有内生自组织力的生命体。恩格斯在借鉴现代自然科学成果的基础上，正式提出了"系统"这一概念，这是用来标志事物联系和发展特定形式的重要范畴。运用系统观念达到顶层设计和实践探索的协调统一，关键在于从整体视角看待系统与内部诸要素、外部复杂环境之间的动态关系，从中把握内在规律，以实现系统内部的配置协调、优化事物的结构和功能，最大限度地激发系统全要素活力。"不谋万世者，不足谋一时；不谋全局者，不足谋一域。"不仅要在微观上把握具体实践的分析性、差异性，更要体悟到"头疼医头，牙疼补牙"的观点是贫乏的，系统性、整体性才是中国式现代化更加迫切需求的"点金石"。

要牢牢把握人民至上的价值立场。把顶层设计与实践探索相结合不仅是一个理论问题，更是一个相信人民群众、依靠人民群众、为了人民群众的实践问题。党中央的顶层设计具有宏观、全局、方向性特点，不可能事无巨细完全决定基层实践的力度，对于党员干部来说，关键是要找准结合点，也就是要坚持全心全意为人民服务的宗旨和把握基层千差万别的具体实际。中国共产党来自人民，始终以人民群众的所急所需所盼作为工作的出发点和落脚点，既有自信和格局，又有为人民操劳的信念和决心。对于执行中央决策和现实实践中的磨合之处，各级干部应当具备政治家的素质，既要对基层群众各种要求了然于心，又要不折不扣贯彻落实党的方针方略；既要为基层群众办实事，又要不断体会党中央顶层设计的合理性、系统性、协调性。深刻把握现实矛盾的主次关系和矛盾的转化，在改革的深水区中有敏锐的观察力、判断力，在实践治理中具备完善的领悟力、执行力,只有坚持中国共产党的绝对领导、站稳人民立场,才能将顶层设计在实践探索中更好地执行下去,才能将实践探索的宝贵经验上升为党的政策,从而上下同心协调一致地推进中国式现代化的进程。

(中共四川省委党校哲学教研部主任、教授李后卿)

| 第 37 问 |

和你一起思考这个时代

中国式现代化进程中怎样做到战略与策略协调配合？

▶ 推进中国式现代化，需要我们在其科学内涵中把握好战略与策略协调配合的关系。要将战略的全局性与策略的适应性相结合，要将战略的前瞻性与策略的阶段性相结合，要将战略的稳定性与策略的自觉性相结合。

中国共产党在百年奋斗历程中，始终重视战略与策略的协调统一。中国式现代化进程中，应如何正确处理好战略与策略的关系，让两者协调配合？

战略是指政党和国家制定的较长历史时期的全局性路线、方针和任务。策略则是为实现战略任务而采取的阶段性手段。战略确定长远目标和整体规划，策略则体现在具体实施和战术层面。战略具有全局性、前瞻性和稳定性，它为国家的发展提供整体指引，为革命和建设提供方向和指南。策略则具有适应性、阶段性和灵活性，更注重具体问题的解决和行动的实施。它可以根据时机、地域和形势的新变化，灵活调整相应举措，服务并实现战略目标。

战略与策略是相互衔接、相互促进的关系。战略的确定为策略的制定提供了指导，策略的实施为战略目标的实现提供了具体行动方案。只有正确处理战略与策略的关系，才能更好地推进社会主义建设。战略和策略要达到协调配合，才能确保国家在不同发展阶段行动有序、高效，从而取得更大的发展成果。

战略与策略的协调配合是中国共产党成功推进革命、改革、建设的重要法宝。党和国家领导人都强调战略策略的重要性，并进行过相关论述。毛泽东是一位高度重视策略的战略家。在新民主主义革命时期，他提出了一系列重要战略，例如农村包围城市、武装斗争等，这些战略对于中国革命的胜利起到了决定性作用。同时，他也强调要根据具体情况灵活运用策略，以确保战略目标的实现和中国革命的胜利。在改革开放时期，邓小平提出了一系列重要的战略思想，如"三步走""发展才是硬道理""稳定压倒一切"等。这些战略为中国改革开放的整体方向提供了指南。与此同时，邓小平也非常注重策略的灵活性。他提出了著名的"摸着石头过河"，比喻在改革过程中要因地制宜、循序渐进、灵活应对各种情况和挑战。党的十八大以来，习近平总书记多次论述了协调处理战略与策略关系的重要性。他指出："战略和策略是辩证统一的关系，把战略的坚定性和策略的灵活性结合起来，站位要高，做事要实，既要把方向、抓大事、谋长远，又要抓准抓好工作的切入点和着力点，既要算大账总账，又要算小账细账。"因此在解决突出问题中要实现战略突破，在把握战略全局中推进各项工作；同时切合实际的目标任务，保持策略的灵活性。

处理好战略与策略的辩证统一关系对推进中国式现代化至关重要。实施正确的战略策略，且战略与策略协调配合，国家才能有效推进现代化进程，全面发展。党的二十大报告不仅揭示了中国式现代化的科学内涵，还对中国式现代化进行了战略部署。总的战略安排是分两步走：从2020年到2035年基本实现社会主义现代化，从2035年到21世纪中叶把我国建成富强民主文明和谐美丽的社会主义现代化强国。同时也提出了推动高质量发展，实施科教兴国、人才强国、创新驱动发展等战略。这一系列关系国家全局、长远、大势的重大战略布局，相互交织，构建了中国式现代化的综合战略框架，为推动我国全面发展和长远目标的实现提供了根本指南。推进中国式现代化，需要我们在其科学内涵中把握好战略与策略协调配合的关系。

要将战略的全局性与策略的适应性相结合。中国式现代化是人口规模巨大的现代化，其艰巨性和复杂性前所未有。一方面，我们必须提高站位，对党和国家各项工作的战略目标、战略理念和战略部署加深认识，坚持策略服从战略，做到辨清大局、判明大势、守住原则。另一方面，鉴于我国幅员辽阔，城乡差距大、区域发展不平衡，这意味着在国家战略的指引下，各地还需积极探索适合自身特点的发展方式。同时，中国式现代化是一个并联式的叠加发展过程，涉及新型工业化、信息化、城镇化、农业现代化等多个维度，加上当今国际形势复杂多变，因此策略的制定与执行必须根据形势变化适时调整。面对新问题、新情况和新挑战，我们应准确判断和把握形势，实施符合实际的策略。通过把战略的原则性与策略的灵活性有机结合，从而推动超大规模的中国式现代化朝着更加稳定和可持续的方向迈进。

要将战略的前瞻性与策略的阶段性相结合。实现全体人民共同富裕是中国式现代化的本质要求。在战略层面，我们必须坚持以人民为中心的根本立场，通过取得经济的持续增长和高质量发展来实现共同富裕。与此同时，我们要认识到，实现全体人民共同富裕是一个长期目标，具有渐进性的特点。因此在策略层面，必须循序渐进，要根据不同地区特点和重点领域制定相应的发展路径；要不断完善分配制度，通过逐步提高中等收入群体的比重，增加低收入群体的收入，并合理调节高收入来缩小收入差距。

中国式现代化是人与自然和谐共生的现代化。在战略层面，我们确立了绿色发展理念，致力于大力开发清洁和可再生能源，并积极参与全球气候治理。绿色发展体现了"生态兴则文明兴"，蕴含了"绿水青山就是金山银山"、保护环境就是保护生产力的新经济发展观，成为中国式现代化的显著特征。在策略层面，我们将采取分步骤、分区域、分产业的措施，加快发展方式绿色转型，深入推进环境污染防治，提升生态系统多样性、稳定性、持续性，积极稳妥推进碳达峰碳中和。通过战略与策略的有机结合，我们将实现中华民族的永续发展，建设一个拥有优美生态环境的现代化国家。

要将战略的稳定性与策略的自觉性相结合。中国式现代化是物质文明和精神文明相协调的现代化。改革开放以来，我们取得巨大经济成就的同时，也面临精神文明滞后于物质文明的问题。为此，党的二十大报告提出了系列文化发展战略，包括建设具有强大凝聚力和引领力的社会主义意识形态，广泛践行社会主义核心价值观，提高全社会文明程度，繁荣发展文化事业和文化产业，增强中华文明传播力影响力等。与此同时，我们需要灵活实施具体的策略和行动计划，积极探索新形式、新机制、新平台，让精神文明建设更加贴近实际、贴近生活、贴近群众。我们要发展社会主义先进文化，弘扬革命文化，注重中华优秀传统文化的传承和基层文化的建设，积极扶持具有地方和民族特色的文化产业。我们应密切关注社会需求，持续调整和优化文化发展策略，并采取适应新情况的行动计划。通过战略策略的协调配合，以更好地推动中国式现代化，在物质文明和精神文明的协调发展中取得更为显著的成果。

中国式现代化是走和平发展道路的现代化。和平发展是我国的基本国策。当前国际形势的复杂性和多变性导致风险和挑战倍增，这促使新时代中国外交既保持了战略的连续性，又具有策略的灵活性。在战略上，新时代中国特色大国外交以相互尊重、公平正义、合作共赢为理念，旨在维护世界和平和促进共同发展。在策略上，新时代中国外交勇于开拓进取，主动担当作为。中国通过深化拓展全球伙伴关系，积极参与全球治理体系改革和建设，致力于构建人类命运共同体。中国注重促进大国协调合作，努力构建稳定、均衡的大国关系框架，坚定维护以联合国宪章宗旨和原则为核心的国际秩序，切实推进国际关系民主化。中国通过金砖国家新开发银行、上海合作组织等合作机制，增强新兴市场国家和发展中国家在全球事务中的代表性和发言权……这些战略与策略的协调配合，为实现中国式现代化目标创造有利条件，也为全球和平与繁荣做出重要贡献。

（西南财经大学马克思主义学院教授张小波）

| 第 38 问 |

中国式现代化既要守正也要创新，该如何处理好二者的关系？

▶ 守正才能不迷失方向、不犯颠覆性错误，创新才能把握时代、引领时代。在推进中国式现代化这项前无古人的开创性事业中，我们必须正确处理好守正与创新的关系，在守正中把稳舵盘、保持航向，在创新中奋力开拓、扬帆远航。

推进中国式现代化，既要守好本和源、根和魂，又要把创新摆在国家发展的突出位置。那么该如何正确处理守正与创新的关系？

实践没有止境，发展永不停息。推进中国式现代化，唯有守正与创新并重，才能把握发展方向、引领时代脉动。习近平总书记指出："必须坚持守正创新。我们从事的是前无古人的伟大事业，守正才能不迷失方向、不犯颠覆性错误，创新才能把握时代、引领时代。"新时代新征程，只有深刻认识和准确把握守正与创新的关系，才能顺利迈步全面建设社会主义现代化国家新征程，才能全面推进中国式现代化。

"守正"一词最早见于《史记》"循法守正者见侮于世，奢溢僭差者谓之显荣"；"创新"一词出自《魏书》"革弊创新者，先皇之志也"。守正创新，既是中华民族几千年来恪守正道、革故鼎新的文化传承体现，也是中国共产党一以贯之的解放思想、实事求是、与时俱进的政治品格的必然要求。"正"者，大道也，是事物本身的内在规定性，是社会发展的客观规律，是普遍应该遵循的道德操守，是人间正道。守正，就是坚守正道，坚守事物的发展规律，坚守社会的正确发展方向，坚守普遍遵循的道德操守。"新"是指对事物获得新的认识，对社会发展获得的新认知、新理论。创新，就是人类活动中的创新性实践、创造性探索。守正创新，就是遵循事物发展的内在规律，坚守社会正确发展方向，在此基础上进行的新创造、实行的新探索、推动的新进步。

中国式现代化既具有各国现代化的共同特征，更具有显著的中国特色，是扎根中国深厚历史文化的伟大实践，其探索过程就是一个守正创新的历史过程。党的十八大以来，我们党守正不渝，创新不止。在前进道路上，锚定既定目标、保持战略定力，紧跟时代步伐、回应社会关切；在立场、方向、原则、道路等根本性问题上旗帜鲜明、毫不含糊；在发展手段、管理方式、服务路径上勇于创新，以满腔热忱对待新生事物。守正创新给中国式现代化注入了新动能，开辟了新赛道。在推进中国式现代化这项前无古人的开创性事业中，我们必须正确处理好守正与创新的关系，在守正中把稳舵盘、保持航向，在创新中奋力开拓、扬帆远航。

正确处理守正与创新的关系必须坚持党的领导。办好中国的事情，关键在党。中国共产党是最高政治领导力量，是中国特色社会主义最本质的特征，也是中国特色社会主义制度的最大优势。回望百年历史，党的领导是从一穷二白、危机深重的旧中国走出困境、走向独立、走向繁荣、走向富强的关键，也是我们正确处理守正与创新关系的根本保障。正是坚持党的领导，中国才能守住马克思主义精神内核之正，又开辟出马克思主义中国化时代化的理论新境界；正是坚持党的领导，中国才能守住传统文化优秀成分，又发展出社会主义文化新辉煌；正是坚持党的领导，中国才能守住社会主义根本特质，又探索出中国特色社会主义新道路。在推进中国式现代化、实现第二个百年奋斗目标的新征程中，唯有一以贯之地坚持党的领导，才能处理好守正与创新的关系，做到在守正中创新、在创新中守正；才能确保发展方向的正确性，激发创新创造的积极性；才能守住为人民谋幸福的初心，以创新创造推动民生福祉的不断提升；才能在守住社会和谐稳定局面的同时，营造出开拓进取、锐意创新的社会风气。

正确处理守正与创新的关系必须坚持辩证思维。守正与创新是推动社会发展必不可少的两种思维模式、两种行为方式，二者缺一不可、相辅相成、相互促进、相互作用。守正与创新并存，体现了人类社会历史进程中继承与发展、稳定与变化、原则性与创造性的辩证统一。正确处理二者的辩证关系，必须明确守正是创新的前提，唯有守正，才能真正推动创新，才能推动真正的创新。没有守正，创新会成为无本之木、无源之水；创新是守正的结果，真正的守正必然会推动创新，持续不断的创新使得真正的守正成为可能。由此，守正不等于墨守成规，创新不是脱离实际。有守正的创新要求我们有辨别地继承、有远见地求变、有取舍地提升，要求我们不能否定过去的一切，不能割断历史的联系。根深方能叶茂、源远才能流长，只有在守正基础上的创新，才不会偏离方向，才能把握时代、引领时代。只有在创新基础上的守正，才不会故步自封，才能与时俱进、推陈出新。坚持守正与创新的辩证统一，以守正为创新凝心铸魂，以创新为守正注入活力，就能始终沿着正确方向推动中国式现代化行稳致远。

正确处理守正与创新的关系必须坚持以人民为中心。坚持以人民为中心的价值立场是无产阶级政党的本质要求，也是正确处理守正与创新关系的根本要求。守正需要找准守正的本和源、根和魂，创新需要找到创新的目的和动力。只有站在人民的立场，一切为了人民，从人民的需求和利益出发，一切依靠人民，虚心向人民群众请教、学习，广泛征求人民群众的意见建议，集民智、汇民意、凝民心，才能真正认清事物的本和源，认清社会发展的根和魂，做到守正；只有站在人民的立场，一切为了人民，从改善人民的福祉出发，才能找到源源不断持续推动创新的动力；只有站在人民的立场，一切依靠人民，充分调动人民群众中创新的自觉性、积极性和创造性，各种创新活动才会源源不断地涌现。只有坚持以人民为中心的价值立场，才能真正将守正与创新两种思维、两类活动有机统一起来，实现守正中创新、创新中守正。

正确处理守正与创新的关系必须坚持大历史观。党的十八大以来，习近平总书记从历史哲学高度提出大历史观。大历史观是增强各项工作系统性、预见性、创造性的方法论，是正确处理守正与创新关系的最根本的思维方式和思维理念。大历史观是一种打通历史、现实与未来的历史观，就守正创新而言，应着眼于社会历史的整体结构和长远发展，把重大事件、重要活动放在历史长河中去认识和把握，从历史长周期中去判断其是否守正，有何创新，从而有效避免人类在守正创新时的"盲人摸象""一叶障目"。大历史观强调对中华优秀传统文化的创造性转化、创新性发展，强调从时代大潮、全球风云、现实需要中分析判断守正创新的内容；大历史观从党史、新中国史、改革开放史、社会主义发展史中理解守正创新，在广阔的时空情境中深刻把握守正与创新的关系；大历史观注重历史节点，在历史节点中往往会出现重要的制度性创新，以制度创新推进实践创新。

（四川省社会科学院政治学研究所所长、研究员廖冲绪，四川省社会科学院政治学研究所研究员吴翔）

| 第 39 问 |

和你一起思考这个时代

实现人民对美好生活的向往，如何正确处理效率与公平的关系？

> ▶ 只有科学统筹好效率与公平，把人民对美好生活的向往作为目标，把促进全体人民共同富裕作为为人民谋幸福的着力点，在推动经济高质量发展和充分发挥社会主义制度优越性中，更好地破解发展不平衡不充分问题，让发展成果更多更公平地惠及全体人民。

实现人民对美好生活的向往是中国式现代化的出发点和落脚点。这就要求正确处理好效率与公平的重大关系。该如何正确处理二者的关系？

效率与公平内蕴于美好生活的追求中，构成实现人民美好生活两个必需的维度。可以说，没有效率，经济社会就不可能高速发展，没有发展就没有美好的生活；没有公平，社会就会充满不公和不义，同样也不会带来美好的生活。实现人民对美好生活的向往，内在要求实现二者辩证的、历史的和现实的统一，不可偏废。

具体来看，与人民美好生活追求直接相关的"效率"，表现为经济发展效率、资源利用效率、政府治理效率和社会服务效率等方面，是实现人民美好生活的基础与前提；而"公平"，具体表现为收入分配公平、教育公平、医疗卫生公平、基本公共服务均等化和社会保障公平等形式，于当下主要指改革开放以来的发展成果惠及全体人民，共同富裕取得更为明显的实质性进展。这是实现人民美好生活的保障。由此来看，效率与公平互为前提与条件、互镶互嵌，贯穿于人民追求美好生活的始终。

统筹兼顾效率与公平，才能满足人民群众对美好生活的需要。新时代我国社会主要矛盾已经转化为人民日益增长的美好生活需要和不平衡不充分的发展之间的矛盾。当下，我国社会主要矛盾聚焦在效率与公平的双重视域中，不平衡聚焦公平，不充分聚焦效率，不平衡不充分的发展制约着美好生活的实现。如此，只有科学统筹好效率与公平，把人民对美好生活的向往作为目标，把促进全体人民共同富裕作为为人民谋幸福的着力点，在推动经济高质量发展和充分发挥社会主义制度优越性中，更好地破解发展不平衡不充分问题，让发展成果更多更公平地惠及全体人民。一句话，人民群众期盼有更好的教育、更稳定的工作、更满意的收入、更可靠的社会保障、更高水平的医疗卫生服务、更舒适的居住条件、更优美的环境、更丰富的精神文化生活，都内在要求发展更平衡与更充分，要求正确处理效率与公平的关系，使二者协调与统一。

在推动经济高质量发展中，统筹兼顾效率与公平。高质量发展是全面建设社会主义现代化国家的首要任务。高质量发展，即是更高质量、更有效率、更加公平和更可持续的发展，内在要求必须正确处理效率与公平的辩证关系，方能成为满足人民追求美好生活需要的客观条件。其中，更有效率的发展是指以更少要素投入取得更大产出效益，集中表现为提高全要素生产率，从而凸显增长的稳定性、发展的均衡性；更加公平的发展集中体现为坚持以人民为中心的发展思想，坚持发展为了人民、发展依靠人民、发展成果由人民共享，更加公平和平等地获得发展机会、参与市场竞争、全面共享发展成果。因此这就要求我们，一方面，必须推动供给侧结构性改革，发展创新驱动型经济，不断提高经济效率，持续提升经济实力、释放社会活力，为全面建成社会主义现代化强国、为实现人民对美好生活的向往奠定殷实物质基础；另一方面，注重社会分配制度的改革、社会保障体系的建设，提供基本公共服务，确保每个人都有机会分享改革发展成果，参与到现代化建设进程中来，统筹兼顾地处理好效率与公平的关系。当前，中国面临"两个大局"相互交织带来的重大战略机遇和严峻风险挑战，应对这些挑战需要进一步加强改革开放，提升经济发展的质量和效益，加大创新力度，促进产业升级。同时，还需要继续深化社会保障制度改革，加强教育、医疗和就业等领域的公平建设，确保人民共享发展成果。

在推进全体人民共同富裕中，统筹兼顾效率与公平。实现全体人民共同富裕是中国式现代化的本质要求，是人民美好生活的具体表现。"共同富裕"之"富裕"，体现社会发展的效率；"共同"彰显社会的公平。因此不能片面甚至割裂效率与公平的辩证关系，而应该追求在社会发展中实现效率与公平的动态平衡。一方面，实现富裕特别是共同富裕，必须以提高发展效率为基础，可以说，没有效率就没有富裕。中国仍处于并将长期处于社会主义初级阶段的基本国情没有变，是世界最大发展中国家的国际地位没有变，发展始终是第一要务。只讲公平，忽略发展的效率，公平就会丧失其实现的基础和条件，沦为低水平的平均主义，或者掉入福利主义陷阱，进而引发一系列可预见或不可预见的社会矛盾，阻碍社会的发展。另一方面，没有公平，就没有共同富裕。只求效率，不讲公平，效率就会丧失其合理的价值规定，社会发展必将导致两极分化。效率也须以公平为前提才可持续。正确处理好、实现好效率与公平的关系，恰如做大"蛋糕"与分好"蛋糕"一样重要。同时，我们还须注意，既要效率又要公平，并不意味着一个社会时时处处都能保证效率与公平的完美统一，效率与公平的辩证统一具有时间和空间的差异性规定，并非要达到同时、同步、同等富裕，由此要求遵循历史原则和辩证方法，正确地把握和处理好效率与公平的关系，唯有如此，公平方可在高效率、高水平的发展基础上得以实现，同时，人民美好生活的需要才能得到切实的满足。

在充分发挥社会主义制度优越性中，统筹兼顾效率与公平。习近平总书记指出："既要创造比资本主义更高的效率，又要更有效地维护社会公平，更好实现效率与公平相兼顾、相促进、相统一。"中国式现代化是社会主义现代化，与资本主义市场经济遵循资本逻辑、追逐资本利润最大化、丧失实质公平正义相比，社会主义市场经济以公有制为基础的资源配置机制充分展示社会主义生产制度的效率，而且以内蕴公平的社会主义分配制度矫正市场经济的偏失，充分张扬社会公平的价值原则。一方面，社会主义初级阶段的所有制结构以公有制为主体、多种所有制经济共同发展，不断解放和发展社会生产力；另一方面，要构建切实可行的初次分配、再次分配、第三次分配协调配套的分配制度体系，有效推动居民收入增长和经济增长基本同步、劳动报酬提高与劳动生产率提高基本同步，同时促进基本公共服务均等化，健全社会保障体系，推动全体人民共同富裕取得更为明显的实质性进展，从而为人民追求美好生活提供最为现实的保障。总之，"要靠通过不断改革创新，使中国特色社会主义在解放和发展社会生产力、解放和增强社会活力、促进人的全面发展上比资本主义制度更有效率，更能激发全体人民的积极性、主动性、创造性，更能为社会发展提供有利条件，更能在竞争中赢得比较优势，把中国特色社会主义制度的优越性充分体现出来"。

（西南财经大学马克思主义学院教授杨楹）

| 第 40 问 |

和你一起思考这个时代

推进中国式现代化该如何处理活力与秩序的关系？

▶ 正确处理活力与秩序的关系，要坚持和加强党的全面领导，坚持以人民为中心的发展思想，坚持深化改革开放、统筹发展和安全。

中国式现代化既是充满发展活力又是稳定安全的现代化，如何处理好活力与秩序的关系？

活力与秩序是推进中国式现代化要正确处理好的系列重大关系之一。可以从活力与秩序的深刻内涵、内在联系和如何正确处理三个方面进行把握。

精准把握活力与秩序的深刻内涵。所谓活力，要从人的主体性和制度的优越性两个层面来理解。活力直接表现为广大人民群众主动性、创造性与积极性的极大激发，是一种昂扬奋进不屈不挠的精神状态。活力也是中国特色社会主义制度优越性的外在表现。在坚持中国特色社会主义根本制度的前提下，我们明确"五位一体"总体布局和"四个全面"战略布局，各领域基础性制度框架基本建立，中国特色社会主义制度更加定型，国家治理体系和治理能力现代化水平明显提高。可见活力既是作为历史创造主体的生动写照，更是中国特色社会主义制度优势的体现。

没有规矩，不成方圆。秩序代表着社会的协调、稳定与和谐状态，彰显着国家社会安全。中国式现代化建设需要秩序保障才能行稳致远。这里的秩序，也可以从两方面理解。一方面常常是指经济社会结构的稳定有序、社会治理体系的高效有序；另一方面则突出强调的是统筹发展和安全，是现代化建设中国家社会安全格局的强调与重申，是与贯彻总体国家安全观密切关联的理念。

辩证看待活力与秩序的内在关联。坚持活力与秩序的辩证统一，是体现中国式现代化的中国特色与实现本质要求的必然需要。中国式现代化是人口规模巨大的现代化，既需要充分激发人民的创造活力，又要稳妥地实现由人口数量优势向人口素质优势转化；中国式现代化是全体人民共同富裕的现代化，既需要激发全社会创造财富的动力与活力，做大"蛋糕"，也需要在创造财富的同时驾驭好财富分好"蛋糕"，实现人民对美好生活的向往；中国式现代化是物质文明和精神文明相协调的现代化，既要创造出丰厚的物质文明成果，持续解放和发展生产力，又要防止精神堕落良知泯灭的人性危机与社会动荡异化；中国式现代化是人与自然和谐共生的现代化，坚守与践行绿水青山就是金山银山的理念，以新发展理念引领高质量发展，在保证环境安全、能源安全的同时构建人与自然的生命共同体，避免西方现代化先污染后治理、先增长后发展的生态危机；中国式现代化是走和平发展道路的现代化，我们既要建设一个充满活力与创造力的现代化强国，又绝不走西方通过战争、殖民、掠夺等方式实现现代化的老路。

正确处理活力与秩序的关系，要坚持和加强党的全面领导。中国式现代化是中国共产党领导的社会主义现代化。在以中国式现代化全面推进中华民族伟大复兴的进程中，只有坚决维护党中央权威和集中统一领导，才能充分发挥中国特色社会主义的制度优势与活力，把党的领导落实到党和国家事业各领域各环节，增强社会的凝聚力向心力，激发各阶层人民群众创造美好生活的进取心和生命力。同时坚持和加强党的全面领导，才能将高质量发展战略、科教兴国战略、创新驱动发展战略、乡村振兴战略等一系列战略安排落到实处，在行稳致远中实现民族伟大复兴。

正确处理活力与秩序的关系，要坚持以人民为中心的发展思想。中国式现代化是维护人民根本利益、发展成果由人民共享的现代化。活力与秩序的最佳结合点正是人民的根本利益。党的十八大以来，中国共产党持续优化社会结构，不断提升社会治理能力，增强治理效能，以脱贫攻坚消除绝对贫困，以扩大中等收入群体加大对困难群众的关怀保障力度，规范了收入分配秩序。我们实施了就业优先战略，健全社会保障体系以及完善共建共治共享的社会治理体系，在幼有所育、学有所教、劳有所得、病有所医、老有所养、住有所居、弱有所扶上持续用力，从解决人民群众急难愁盼的问题做起，全方位改善了人民生活，这就避免了中国陷入社会结构两极分化、社会对立的陷阱，长期保持着现代化建设的活力与秩序。

正确处理活力与秩序的关系，要坚持深化改革开放。推进中国式现代化，无论是激发创造创新活力、化制度优势为国家治理效能，还是破解体制障碍、保证国家社会长治久安，都必须牢牢抓住改革开放这一关键。党的十八大以来，中国之所以能够进一步取得举世瞩目的伟大成就，最根本的原因仍在于中国共产党以巨大的政治勇气全面深化改革，敢于进入深水区，敢于啃硬骨头，敢于涉险滩，敢于面对新矛盾新挑战，冲破思想观念束缚，突破利益固化藩篱，坚决破除各方面体制机制弊端，使得各领域基础性制度框架基本建立，许多领域实现了历史性变革、系统性重塑、整体性重构。当前，面对世界百年未有之大变局加速演进，中国发展面临新的战略机遇与更加严峻的挑战，唯有继续深化改革开放，才能真正做到经济社会的发展活力与社会秩序的稳定动态平衡。

正确处理活力与秩序的关系，要统筹发展和安全。在推进中国式现代化过程中，一方面，保持活力的聚焦点是要将创造创新的活力与制度的活力注入高质量发展中。高质量发展是全面建设社会主义现代化的首要任务，要完整准确全面贯彻新发展理念，坚持社会主义市场经济改革方向，推进高水平对外开放，构建新发展格局，增强国内大循环的内生动力与可靠性，提升国际循环质量和水平，从而有力保证发展的强劲活力。另一方面，保持良好秩序的侧重点是推进国家安全体系和能力现代化建设，通过维护国家安全和社会稳定为高质量发展的活力提供必不可少的前提条件。安全就是最稳的秩序，安全就是发展活力最可靠的保证。建设更高水平的平安中国，就是以新安全格局保障新发展格局。

（中共四川省委党校哲学教研部副教授吴兵）

| 第 41 问 |

和你一起思考这个时代

推进中国式现代化该怎样处理自立自强与对外开放的关系？

▶ 正确处理自立自强与对外开放的关系需要准确把握世界进步方向，着力构建新发展格局，坚决筑牢安全发展防线，不断促进中国与世界合作共赢。

自立自强是国家强盛之基，对外开放是实现共赢之道。自立自强与对外开放形同两翼共同支撑中国式现代化行稳致远，该如何处理好二者的关系？

中国式现代化既是追求自主，将国家和民族发展放在自己力量基点上的现代化，也是面向世界，保持与各国深度联结和合作的现代化。坚持自立自强，才能不受他者控制，把命运牢牢掌握在自己手中；保持对外开放，才不会走封闭僵化的老路，不断拓展发展空间，促进中国与世界合作共赢。

独立自主是中华民族精神之魂，是我们立党立国的重要原则。作为一个扎根中国大地、立志千秋伟业的政党，中国共产党深知不能依靠外部力量、跟在他人后面亦步亦趋实现强大和振兴，只能依靠自己的力量、开辟自主的道路实现发展。同时，作为一个具有世界眼光和天下情怀的马克思主义政党，中国共产党将为中国人民谋幸福、为中华民族谋复兴、为世界谋大同作为自己的使命担当，始终正确认识和处理中国与世界的关系，在和平发展和开放合作中不断前进。正是坚持了自立自强与对外开放的辩证统一，我们才成功开创、推进和拓展了中国式现代化，使其既具有各国现代化的共同特征又符合本土实际，独具中国特色。

推进中国式现代化，正确处理自立自强与对外开放的关系需要准确把握世界进步方向。习近平总书记指出："认识世界发展大势，跟上时代潮流，是一个极为重要并且常做常新的课题。中国要发展，必须顺应世界发展潮流。"形势判断是政策制定的前提和依据，只有准确把握世界发展大势，才能制定正确的战略，统筹好自立自强与对外开放，推动党和国家事业顺利发展。当前，世界百年未有之大变局加速演进，各种传统安全问题与非传统安全问题层出不穷并相互交织，但人类社会不可能再回到封闭自处的孤岛，唯我独尊、以邻为壑也不是各国相处之道。中国一方面要坚持自立自强，以不断增长的综合国力应对世界的变局和乱局，特别是与外部的遏制打压进行坚决斗争；另一方面则要坚持对外开放，站在历史正确一边、人类进步一边，坚定不移走和平、发展、合作、共赢之路，引领建设开放型世界经济，推动构建人类命运共同体。

推进中国式现代化，正确处理自立自强与对外开放的关系需要着力构建新发展格局。作为一个拥有 14 亿多人口的发展中国家，中国实现现代化有着复杂性和艰巨性，必须立足自身发展，加快构建以国内大循环为主体、国内国际双循环相互促进的新发展格局。这既需要坚持自立自强，依靠技术突破、体制改革和政策创新不断释放内部增长的动力和潜能，夯实中国式现代化的发展根基；又需要保持对外开放，注重对外部市场的对接、融合，在激烈的国际竞争中倒逼内部改革、确立新的比较优势。具体而言，要大力破解制约国内经济循环的堵点和卡点，建立统一、畅通和充盈的国内大市场，推动基于内生驱动的高质量发展。深入推进供给侧结构性改革，以塑造产业竞争力为核心不断提升供给能力，推动现代产业向智能化、数字化、绿色化方向发展。实施扩大内需战略，构建完整内需体系，着力扩大有收入支撑的消费需求、有合理回报的投资需求、有本金和债务约束的金融需求。同时，构建新发展格局也要通过内部循环增强对国际循环的吸引力、推动力。因此必须推进高水平对外开放，用好国内国际两种资源，坚持扩大外贸和吸引外资双轮驱动，深度参与全球产业分工协作，增强全球经济治理话语权，在开放环境中增强战略主动、积蓄前行力量。

推进中国式现代化，正确处理自立自强与对外开放的关系需要坚决筑牢安全发展防线。统筹发展和安全是新时代中国共产党治国理政的重大原则，也是全面建设社会主义现代化国家的应有之义。在世界动荡变革加剧的背景下，尤其需要确保安全发展，这是实现自立自强的基本前提，也是推进对外开放的重要原则。发展是第一要务，如果一个国家长期不发展，维护安全就是无本之木。安全是头等大事，一旦安全全面失守，国家发展取得的成果、积累的财富可能瞬间化为乌有。只有统筹好发展和安全，不断夯实经济发展的根基，增强发展的安全性和稳定性，才能在各种可以预见和难以预见的狂风暴雨、惊涛骇浪中实现自立自强和对外开放。要增强忧患意识，认真评估全面建设社会主义现代化国家面临的安全形势，对各类风险挑战做到心中有数、未雨绸缪。加快科技自立自强的步伐，健全新型举国体制，强化国家战略科技力量，优化配置创新资源，打好关键核心技术主动战、攻坚战，集中精力突破"卡脖子"难题。确保粮食、能源资源安全，提升战略性资源供应保障能力，守住不发生系统性经济金融危机底线。牢牢把握对外开放的原则方向，该开放的坚决开放，不能开放的坚决不开放，同一切危害我国核心利益和重大原则的势力进行坚决斗争。

推进中国式现代化，正确处理自立自强与对外开放的关系需要不断促进中国与世界合作共赢。世界的进步离不开中国，中国的发展也需要世界。中国有着追求"天下大同"理想的文明基因、超越"国强必霸"逻辑的历史自觉，坚定不移走和平发展道路。面对纷繁复杂的世界，中国始终坚持合作共赢思维，自立自强但不封闭保守，开放包容但不迷失自我，在维护世界和平与发展中谋求自身发展，又不断以自身新发展为世界创造新机遇、提供确定性。面向未来，我们要坚持经济全球化正确方向，旗帜鲜明反对"筑墙设垒""脱钩断链"行为，持续深化各类双边、区域和多边合作，高质量建设"一带一路"，持续拓展国际合作新的空间。要坚持以和平方式解决国际争端，反对动辄动用武力或以武力相威胁，反对拱火浇油、乱中牟利，继续在重大安全问题上劝谈促和，促成和平、正义的力量发展壮大。要坚持文明之间交流互鉴，尊重各国主权平等和领土完整，尊重各国选择政治制度和发展道路权利，弘扬全人类共同价值，促进中国与世界的相互理解、彼此融通。只有在与世界的紧密互动和合作共赢中，中国式现代化才能获得源源不断的外部动力。

（四川省中国特色社会主义理论体系研究中心研究员，西南财经大学马克思主义学院副院长、教授刘世强）

| 第 42 问 |

和你一起思考这个时代

怎样守好中国式现代化的"本"和"源"、"根"和"魂"？

> ▶ 毫不动摇坚持中国共产党的领导，守好中国式现代化之"本"；毫不动摇推进中国特色社会主义伟大实践，守好中国式现代化之"源"；毫不动摇扎根中华优秀传统文化，守好中国式现代化之"根"；毫不动摇坚守马克思主义，守好中国式现代化之"魂"。

在日益复杂的国内外形势下，怎样守好中国式现代化的"本"和"源"、"根"和"魂"，确保中国式现代化的正确航向？

中国式现代化的"本"是中国共产党领导的"政治之本"，"源"是中国特色社会主义的"实践之源"，"根"是中华优秀传统文化的"文化之根"，"魂"是马克思主义的"理论之魂"。守好中国式现代化的"本"和"源"、"根"和"魂"，就是要毫不动摇坚持中国共产党全面领导的政治本色，推进中国特色社会主义伟大实践，扎根中华优秀传统文化根基，坚守马克思主义理论魂脉，如此才能确保中国式现代化不偏航、不迷向、不倒退，锚定目标、行稳致远。

中国式现代化既有各国现代化的共同特征，更有基于自己国情的中国特色，展现出不同于西方现代化的独特优势，中国式现代化的鲜明特色和独特优势正是中国式现代化的"本"和"源"、"根"和"魂"赋予的。中国式现代化的"本"和"源"、"根"和"魂"是中国式现代化之所以成为其本身的内在规定，也是中国式现代化之所以取得巨大成就的根本动因。中国共产党的领导是中国式现代化的政治本色，决定着中国式现代化的根本立场。中国式现代化是中国共产党领导的社会主义现代化，党的领导关系到中国式现代化的根本方向和前途命运。作为马克思主义使命型政党，中国共产党始终坚持人民至上，始终践行为人民服务的根本宗旨，这就决定了人民性是中国式现代化的本质属性，坚持以人民为中心是中国式现代化的根本原则和立场。中国特色社会主义是中国式现代化的实践源泉，决定着中国式现代化的发展方向。坚持中国特色社会主义是中国式现代化的本质要求。中国式现代化不是空中楼阁，而是脚踏中华大地、立足中国国情，在中国特色社会主义的伟大实践中创造出来的，这保证了中国式现代化始终在正确轨道上前进。中华优秀传统文化是中国式现代化的文化根基，决定着中国式现代化的民族特色。中国式现代化深深植根于中华优秀传统文化，中华民族有着独特的历史传统和深厚的文化积淀，这赋予了中国式现代化鲜明的文化底色和民族特色。马克思主义是中国式现代化的理论魂脉，决定着中国式现代化的价值旨归。马克思主义是中国式现代化的根本指导思想，中国式现代化是马克思主义中国化时代化的重大创新。习近平总书记指出："马克思主义博大精深，归根到底就是一句话，为人类求解放。"这指引着中国式现代化既要为中国人民谋幸福、为中华民族谋复兴，也要为人类谋进步、为世界谋大同。

  毫不动摇坚持中国共产党的领导，守好中国式现代化之"本"。办好中国的事情，关键在党。坚持中国共产党的领导是中国式现代化的首要本质要求，坚持和加强党的全面领导是中国式现代化的第一重大原则，中国共产党的领导是中国式现代化的本质特征和最大优势。纵观人类历史发展进程，任何一个国家和地区的现代化都离不开一个先进的、坚强的领导核心和组织主体，在中国这样一个地大物博、人口众多的国家尤其如此。毫不动摇坚持中国共产党的领导，就是必须保持高度的思想自觉、政治自觉、行动自觉，切实保证把党的领导落实到党和国家事业各领域各方面各环节，以此确保中国式现代化的正确航向。中国共产党根基在人民、血脉在人民、力量在人民，坚持中国共产党的领导说到底是要坚持人民主体地位，坚守人民立场，发挥人民主体作用，为中国式现代化凝聚起磅礴伟力，不断开辟中国式现代化新局面。

毫不动摇推进中国特色社会主义伟大实践，守好中国式现代化之"源"。习近平总书记指出："中国特色社会主义，是科学社会主义理论逻辑和中国社会发展历史逻辑的辩证统一，是根植于中国大地、反映中国人民意愿、适应中国和时代发展进步要求的科学社会主义。"中国特色社会主义是中国共产党百年奋斗取得的根本成就，是实现中华民族伟大复兴的正确道路，也是中国式现代化的实践路径；中国式现代化不是什么别的现代化，而是中国特色社会主义的现代化。毫不动摇推进中国特色社会主义伟大实践，就是要始终高举中国特色社会主义的伟大旗帜，坚持、捍卫、发展中国特色社会主义，秉持独立自主、自力更生的基本原则，既不走封闭僵化的老路，也不走改旗易帜的邪路，而是走符合中国国情、适合中国特点的现代化发展道路，依靠自身力量建设中国式现代化，才能把中国式现代化和中华民族伟大复兴的前途命运牢牢掌握在自己手中。

毫不动摇扎根中华优秀传统文化，守好中国式现代化之"根"。不忘本来才能开辟未来，善于继承才能更好创新。中国作为世界上的一大文明古国，拥有上下五千多年的悠久历史，它所蕴含的优秀传统文化源远流长、博大精深，积淀着中华民族最深沉的精神追求，代表着中华民族独特的精神标识，是中华民族生生不息、发展壮大的丰厚滋养，是中国特色社会主义植根的文化沃土，是当代中国发展的突出优势，是我们在世界文化激荡中自信自立、站稳脚跟的根基。中华优秀传统文化蕴含着丰富的、独特的、重要的人生智慧、思想理念、价值观念、精神品格和道德规范，这为中国式现代化的形成发展，提供了丰厚文化滋养和强大精神支撑。毫不动摇扎根中华优秀传统文化，就是要坚守中华文化立场，挖掘中华优秀传统文化优质基因，汲取其精华，推动中华优秀传统文化创造性转化、创新性发展，将中华优秀传统文化所蕴含的"宇宙观、天下观、社会观、道德观"融入中国式现代化理论与实践，以涵养和彰显中国式现代化的民族独特性。

毫不动摇坚守马克思主义，守好中国式现代化之"魂"。中国式现代化贯通着马克思主义的思想精髓，体现了科学社会主义的先进本质。党的二十大报告深刻指出："中国共产党为什么能，中国特色社会主义为什么好，归根到底是马克思主义行，是中国化时代化的马克思主义行。"毫不动摇坚守马克思主义，就是要坚定捍卫马克思主义在意识形态领域的指导地位，坚持运用马克思主义的世界观和方法论，切实推动马克思主义同中国具体实际和中华优秀传统文化相结合，始终保持马克思主义的蓬勃生机和旺盛活力。坚持用习近平新时代中国特色社会主义思想这一当代中国马克思主义指导中国式现代化实践，让马克思主义在以中国式现代化全面推进中华民族伟大复兴的伟大实践中充分彰显出更加强大、更有说服力的真理力量。

（四川省中国特色社会主义理论体系研究中心专家委员会成员、西南交通大学马克思主义学院教授林伯海）

| 第 43 问 |

和你一起思考这个时代

如何在团结奋斗中更好谱写中国式现代化新篇章？

> ▶ 必须正确认识团结奋斗所蕴含的事物矛盾的同一性与斗争性的关系原理；必须深刻把握团结奋斗是我们党在100多年奋斗历程中的必由之路及其宝贵经验；必须在中国式现代化新征程上坚持团结奋斗、不断开创未来。

全面建设社会主义现代化国家，必须充分发挥亿万人民的创造伟力。如何在团结奋斗中更好谱写中国式现代化新篇章？

当前，全球正处于变乱交织的动荡期，各种风险挑战正以不确定的方式不期而至，谱写中国式现代化新篇章，我们该如何团结奋斗？这是新时代每一位中华儿女面临的新使命新任务新课题。

党的二十大鲜明指出："团结奋斗是中国人民创造历史伟业的必由之路。"必须正确认识团结奋斗所蕴含的事物矛盾的同一性与斗争性的关系原理。唯物辩证法指出，矛盾是反映事物内部和事物之间对立统一关系的哲学范畴，事物的对立统一反映了矛盾的斗争性与同一性的辩证关系。矛盾的同一性是指矛盾双方相互依存、相互贯通的性质和趋势。团结作为同一性的一种状态，体现为联合、协调。这种状态不是对立的，而是从依赖走向转化，由转化达到统一。一方面，由于矛盾的斗争性在事物内部发展中的决定性作用，反映在现实层面，团结与斗争总是相伴相生、互为条件的。既没有"一帆风顺"的团结，也没有"一团和气"

的团结，所以，我们必须善于团结，在奋斗中团结，在团结中奋斗。只有在奋斗中的团结，才是最牢固的团结；只有在团结中的奋斗，才能不断开创未来。在推进中国式现代化新征程中，唯有坚持发扬斗争精神，千磨万击还坚劲，才能全力战胜前进途中的风险挑战，于危机中育新机。另一方面，由于矛盾的同一性影响着事物内部发展的方向和趋势，反映在现实层面，斗争是手段而不是目的，纷争对立之后总会和谐统一。所以，斗争的目的是团结，在斗争中争取团结、寻求合作才能使中国式现代化焕发新的生机与活力。在百年未有之大变局与中华民族伟大复兴战略全局中，我们如果不能充分认识矛盾的同一性与斗争性在事物发展过程中的辩证关系原理，就会陷入形而上学的、片面的、错误的思维误区，把发扬斗争精神与坚持团结奋斗割裂开来，既不能在斗争中善于斗争，也不能在团结中善于团结，既不能调动一切可以调动的积极因素，也不能团结一切可以团结的积极力量，从而陷入孤立无援的被动境地。

必须深刻把握团结奋斗是我们党在100多年奋斗历程中的必由之路及其宝贵经验。积力之所举，则无不胜也；众智之所为，则无不成也。历史与实践证明，团结奋斗是中国共产党鲜明的政治品格和独特优势，是革命、建设、改革各个时期反复证明了的必由之路和宝贵经验。在新民主主义革命时期，我们党实施"唤起工农千百万，同心干"的政治方针，把中国的最大多数在农村的千百万群众组织成为革命最有力的力量，走出一条农村包围城市的道路。在抗日战争时期，毛泽东指出"应实行一种调节各阶级相互关系的恰当的政策"，只有这样才能团结一心抗日，因此要"团结一切进步势力，团结一切忠心抗日的人""全世界革命力量团结起来"，最终赢得中国革命的胜利。在社会主义革命和建设时期，我们党对农业、手工业、资本主义工商业采取了区别对象、积极引导、逐步过渡的方式，以和平改造维护社会团结稳定，还与各民主党派坚持"长期共存、互相监督"的方针，确立民族区域自治制度，扩大了广泛统一战线，促进了民族大团结和各民族共同繁荣。在改革开放和社会主义现代化建设时期，邓小平强调，"巩固我们党的团结，维护我们党的统一，这不但是我们党的利益,也是全国人民的利益"。后来,江泽民指出,"人民,只有人民,才是我们工作价值的最高裁决者",这是实现牢固团结目标的力量源泉。同时,胡锦涛强调把智慧和力量集中到党和国家建设上来,为实现全面建成小康社会的宏伟目标而团结奋斗。中国特色社会主义进入新时代,习近平总书记指出:"只要全党团结成'一块坚硬的钢铁',就能够把全国各族人民团结起来,形成万众一心、无坚不摧的磅礴力量,战胜一切强大敌人、一切艰难险阻。"这为我们在新时代全面推进中华民族伟大复兴指明了方向、激发了动能。因此,以史为鉴、继往开来,能团结奋斗的民族才有前途,能团结奋斗的政党才能立于不败之地,中国必将以团结奋进的姿态推动中华民族伟大复兴号巨轮扬帆远航。

必须在中国式现代化新征程上坚持团结奋斗、不断开创未来。以中国式现代化全面推进中华民族伟大复兴,是中国共产党在新时代新征程团结带领全国各族人民的中心任务。这一实践诉求,为团结奋斗赋予了新的时代内涵和使命任务。一要在党的建设上贯彻落实新时代党的建设总要求。我们要时刻保持解决大党独有难题的清醒和坚定,健全全面从严治党体系。因为没有全面从严治党的革命性锻造,就不会有高度团结、坚强有力的中国共产党,也就不会有万众一心、众志成城的党群关系。因此,全党必须深入推进新时代党的建设新的伟大工程,上下一齐动手、各方协同联动,发扬党的"团结——批评——团结"的优良传统,与瓦解腐蚀党内团结的消极力量作坚决斗争,着力把党内党外、国内国外各方面优秀人才聚集到党和人民的伟大奋斗中来。二要在政治协商中坚持"长期共存、互相监督、肝胆相照、荣辱与共"基本方针。中国共产党领导的多党合作和政治协商制度是从中国土壤中生长出来的新型政党制度,能够真实、广泛、持久代表全国各族各界根本利益,是实现和巩固团结合作的重要方式,我们必须坚定不移地贯彻落实好。三要在民族关系中坚持全面深入持久开展民族团结进步创建工作的基本原则,即以铸牢中华民族共同体意识为根本方向;以加强各民族交往交流交融为根本途径;以"中华民族一家亲,同心共筑中国梦"为总目标;坚持依法治理民族事务促进民族团结；遵循社会团结规律，坚持正面引导；坚持齐抓共管、形成合力。只有这样，才能增进各民族对中华民族的自觉认同，夯实我国民族关系发展的思想基础，推动中华民族成为认同度更高、凝聚力更强的命运共同体。四要在国际关系中坚持和平共处五项原则。世界好，中国才能好。实现中华民族伟大复兴的中国梦，需要广泛汇聚团结奋斗的正能量。因此，要不断打造覆盖全球的"朋友圈"，积极构建人类命运共同体，推动落实"三大全球倡议"，以团结奋斗为桨推动人类发展航向。也唯有如此，才能找到"最大公约数"，同心共圆中国梦、人民梦、世界梦。

（中共四川省委党校马克思主义学院院长、教授李刚，中共四川省委党校马克思主义学院助理研究员荣瑶）

| 第 44 问 |

和你一起思考这个时代

中国式现代化蕴含了怎样的道路自信？

▶ 中国式现代化蕴含着对我国现代化道路实践的自信、对现代化道路自觉的自信和对现代化道路正义的自信。

中国式现代化是中国特色社会主义道路在现代化领域的具体体现。中国式现代化蕴含了怎样的道路自信？

党的二十大报告庄严宣告以中国式现代化全面推进中华民族伟大复兴，并深刻阐明了中国式现代化的中国特色、本质要求、必须牢牢把握的重大原则，勾画了中国式现代化的宏伟蓝图，体现了对中国式现代化的道路实践、道路自觉、道路正义的高度自信。

现代化是涉及人类思想和行为所有领域的社会变革过程；现代化道路是民族国家为实现现代化所作出的方式和路径选择，它概括了实现现代化的多维要素。除中国之外，人类社会迄今主要有四种现代化道路。一是以科技进步为依托，以地理大发现为突破口，以殖民扩张为原始资本积累的途径。二是效仿原发型现代化国家，实行殖民掠夺和殖民扩张，走上了自由资本主义道路。这两波现代化国家给人类带来了高度发达的生产力，同时也带来了殖民掠夺和殖民扩张的无尽伤害，是部分"成功"的现代化，也是野蛮的现代化。三是农业资本主义现代化道路，这是一种非常典型的依附性现代化。目前走这条道路的大部分国家发展动力不足、社会问题十分严重，是一种"有增长无发展的现代化"。四是传统社会主义现代化道路。第二次世界大战后，苏东社会主义国家力图通过高度集中的计划经济、公有制、优先发展重工业实现现代化，但东欧剧变，导致这种现代化模式失败。在探索现代化道路过程中，我国逐渐找到一条新路，即习近平总书记在庆祝中国共产党成立100周年大会上的讲话中提到的"中国式现代化新道路"。

中国式现代化蕴含着对我国现代化道路实践的自信。鸦片战争以后，西方列强纷至沓来，中华民族处于危亡边缘，各种救国方案轮番出台，但都以失败告终。十月革命一声炮响，送来了马克思列宁主义，中国先进分子从中看到了解决中国问题的出路。其后，在中国共产党带领下，中国人民用社会革命的方式解决了民族危亡，建立起社会主义制度，为我国现代化建设奠定了根本政治前提和制度基础。社会主义建设时期，虽然经历了严重曲折，但取得的独创性理论成果和巨大成就，为我国现代化建设提供了宝贵经验、理论准备和物质基础。改革开放以后，中国特色社会主义使中国大踏步赶上时代，彻底改变了生产力相对落后的状况，奠定了全面推进现代化建设坚实的物质基础。党的十八大以来，中国特色社会主义道路进一步拓展到现代化领域，中华民族实现了由富起来到强起来的飞跃，成功走出了一条中国式现代化新道路。我国现代化探索历程表明，中国式现代化是扎根人民、扎根中华大地、历经千难万险、在中国共产党领导下一步一个脚印探索总结出来的。这条道路用短短几十年时间走完了发达国家几百年走过的工业化历程，使逐渐沦为半殖民地半封建社会的中国一跃成为世界第二大经济体，创造了人类现代化发展史上的奇迹。丰硕的实践成果是中国式现代化道路自信的底气所在。

中国式现代化蕴含着对现代化道路自觉的自信。中国式现代化新路的开辟，既在于实践探索，更在于对现代化规律的科学把握。首先，马克思主义确立了中国式现代化有原则高度的科学性。马克思主义通过哲学革命创立了唯物史观，通过政治经济学批判揭示了现代西方社会结构及其矛盾，阐明了以资本为中心的资本主义现代文明一系列严重弊端，作出了资本主义现代文明必然会被替代的科学判断，形成了符合人类历史发展规律的科学系统的现代性批判理论，为中国式现代化提供了深厚的理论资源和新的探索路径。其次，马克思主义现代化理论的中国化时代化为我国现代化道路抉择提供了直接的科学指导。中国共产党成立后，中国现代化的历史进程就发生了根本性转变。20世纪30年代，中国共产党人开始探索适合自身实际的现代化道路，并逐步形成了适合自身发展的认识取向。新中国成立后，我们党进一步就现代化建设形成系列论述。党的十一届三中全会后，经过持续推进改革开放，形成了中国特色社会主义理论体系，谋划了现代化"三步走"战略。党的十八大以来，我们党把中国特色社会主义道路拓展到现代化领域，坚持现代化的社会主义方向，超越以资本为中心的西方现代化模式，明确了中国式现代化的中国特色和本质要求，进一步深化了对现代化道路的认识。中国式现代化是科学理论指导下的现代化，是现代化道路自觉基础上的现代化。

中国式现代化蕴含着对现代化道路正义的自信。中国式现代化是科学性和价值性的高度统一。建立于现代理性和资本逻辑之上的西方现代化，尽管创造了巨大的生产力，但却日益引发全球现代性危机。20世纪以来，西方学界对此展开了多角度批判，但由于缺乏历史唯物主义立场观点方法，无法构想出现代化新模式。中国式现代化融合社会主义文明观、中华文明观和世界文明观，重塑现代化价值理念，超越西方现代性基本逻辑，构筑了一条现代化新路。首先，中国式现代化超越资本逻辑，彰显以人民为中心的价值理念。资本逻辑虽然生成了快速发展的现代社会，但也产生了经济危机、生态危机、贫富分化，虚无了人类生存的意义与价值，掏空了文明发展潜能。中国式现代化以人民为中心，人民既是发展的主体，也是发展的目的、动力和评判发展好坏的标准，实现了生产力尺度与人的发展尺度的统一。其次，中国式现代化超越西方现代理性逻辑，彰显人自由而全面发展的价值理念。西方现代理性压抑了人自由自觉的劳动创造，人物化为精致的利己主义者，引发了民主危机和全球倦怠危机。中国式现代化以实现人自由而全面发展为基本价值遵循，追求全体人民共同富裕，推动物质文明和精神文明协调发展，实现人和自然、人和人的和谐发展。再次，中国式现代化还超越"东方从属西方"的殖民逻辑，彰显合作共赢、文明互鉴的价值理念。西方现代性自诞生之日起便蕴含一种占有与掌控的殖民文化逻辑，导致现代与传统的时代断裂、国别断裂、族群对抗、文明冲突、个体身心断裂等。中国式现代化遵循和谐共生、文明融合的文明特质，走和平发展道路，弘扬全人类共同价值，推动构建人类命运共同体。中国式现代化是化解现代性危机的新选择，创造了人类文明新形态，既为中国人民谋幸福，为中华民族谋复兴，也为人类谋进步、为世界谋大同，具有崇高的正义性，这是中国式现代化道路自信的正当性所在。

（中共四川省委党校哲学教研部教授陈名财）

| 第 45 问 |

和你一起思考这个时代

中国式现代化蕴含了怎样的理论自信?

▶ 一个"能"、一个"好"、两个"行"的科学论断,深化了对共产党执政规律、社会主义建设规律、人类社会发展规律的认识,为更好推进强国建设、民族复兴伟业提供了强大的理论自信。

思想是行动的先导,理论是实践的指南。中国式现代化蕴含了怎样的理论自信?

没有革命的理论就没有革命的行动,中国式现代化的成功离不开科学理论的指导。坚定的理论自信是党团结带领人民推进中国式现代化的底气所在。弄明白中国式现代化蕴含着怎样的理论自信,就是要分析透、把握准中国式现代化背后蕴含的道理学理哲理,这归根到底就是:中国共产党能,中国特色社会主义好,马克思主义行,中国化时代化的马克思主义行。一个"能"、一个"好"、两个"行"的科学论断,深化了对共产党执政规律、社会主义建设规律、人类社会发展规律的认识,提供了强大的理论自信。

中国共产党能,这是从为中华民族伟大复兴而奋斗的实践中得出的一个最重要的理论认识,是开创中国式现代化道路的根本保证,也是中国式现代化蕴含的最深刻的理论自信。中国式现代化是中国共产党领导的社会主义现代化。从鸦片战争到五四运动这 80 年的奋斗探索,没有任何组织和力量能够带领中国人民找到强国建设、民族复兴这一宏伟目标的实现道路,只有中国共产党,团结带领人民经过 100 多年的英勇奋斗,创造了新民主主义革命、社会主义革命和建设的伟大成就，创造了改革开放和社会主义现代化建设的伟大成就，创造了新时代中国特色社会主义的伟大成就。历史和实践雄辩地证明，中国共产党能。中国共产党之所以能够完成别的政党和力量完不成的使命和任务，之所以能够解决别的政治力量解决不了的矛盾和问题，就在于中国共产党以马克思主义为指导，是一个真理型、使命型、斗争型、人民型的马克思主义政党。一部党史就是不断证明和展示中国共产党能够成功解决中国不同时代社会主要矛盾和重大课题的辉煌历史。没有共产党，就没有新中国，就没有中华民族伟大复兴。推进中国式现代化必须坚持和加强党的全面领导。

中国特色社会主义好，这是从历史和实践的比较中得出的关于中国式现代化道路最根本、最正确的理论认识，是推进中国式现代化举什么旗、走什么路的方向性纲领性理论自信。老路不可走，邪路不能走，中国特色社会主义道路是唯一正确选择。新民主主义革命时期，经过长期浴血奋战，党团结带领中国人民实现了从"东亚病夫"到站起来的伟大飞跃，证明只有社会主义才能救中国；经过改革开放以来的不懈奋斗，实现了从站起来到富起来的伟大飞跃，证明只有中国特色社会主义才能发展中国；党的十八大以来，中国特色社会主义进入新时代，迎来了强起来的伟大飞跃，又以铁一般的事实证明，只有坚持和发展中国特色社会主义才能实现强国建设、民族复兴的宏伟目标。坚持和发展中国特色社会主义，是党成立以来的全部奋斗得出的历史结论。中国特色社会主义既坚持科学社会主义的基本原则，又体现鲜明的中国特色，是植根于中国国情、反映人民愿望、遵循历史规律、体现时代要求的科学社会主义，具有强大的生命力和远大的前途。坚持和发展中国特色社会主义更是坚持理论逻辑、历史逻辑和实践逻辑高度统一而得出的科学论断，是实现中国式现代化的必由之路。

马克思主义行，中国式现代化是以马克思主义为指导的现代化。马克思主义能解决中国的问题，能解决中国人民建设社会主义现代化强国、实现中华民族伟大复兴进程中的重大时代课题。在马克思主义指导下，党团结带领人民反对帝国主义、封建主义、官僚资本主义，争取民族独立、人民解放，成功找到了中国特色革命道路，为推进强国建设、民族复兴伟业创造了根本社会条件；实现从新民主主义到社会主义的转变，成功进行社会主义改造，推进社会主义建设，为推进强国建设、民族复兴伟业奠定了根本政治前提和制度基础。在马克思主义指导下，党团结带领人民解放思想、锐意进取，成功开创了中国特色社会主义道路，解放和发展社会生产力，为推进强国建设、民族复兴伟业提供了充满新的活力的体制保证和快速发展的物质条件；经过新时代的接续奋斗，为强国建设、民族复兴奠定了更为雄厚的物质基础、提供了更为完善的制度保障、铸就了更为主动的精神力量，中国式现代化展现出更为光明的前景。马克思主义成就了中国式现代化的历史伟业，中国式现代化的历史伟业也成就了马克思主义，马克思主义在当代中国大地焕发出蓬勃生机。近代以来的历史已经表明，马克思主义是立党立国之本，是中国式现代化的理论旗帜，是党员领导干部必须掌握的看家本领。新时代新征程必须继续坚持用马克思主义的立场、观点、方法不断推进中国式现代化。

中国化时代化的马克思主义行。中国式现代化的历程，也是马克思主义基本原理同中国具体实际相结合、同中华优秀传统文化相结合的过程，即马克思主义中国化时代化的过程。中国式现代化的伟大实践孕育诞生了中国化时代化的马克思主义，中国化时代化的马克思主义更有针对性操作性有效性地指导了中国式现代化的不断发展。中国式现代化道路的成功开辟，彻底打破了"现代化＝西方化"的迷思，证明了中国化时代化的马克思主义行。从党100多年的奋斗实践看，中国化时代化的马克思主义行，就是毛泽东思想、邓小平理论、"三个代表"重要思想、科学发展观、习近平新时代中国特色社会主义思想行，聚焦到中国特色社会主义新时代就是习近平新时代中国特色社会主义思想行。习近平新时代中国特色社会主义思想这一原创性理论，科学回答中国之问，为当代和未来的中国举什么旗、走什么路指明了前进方向；科学回答世界之问，为构建人类命运共同体提供了中国方案；科学回答人民之问，为满足人民对美好生活的向往提供了基本遵循；科学回答时代之问，为破解时代课题贡献了中国智慧。对"四问"的科学回答，为党和人民统揽"两个大局"、更好推进中国式现代化拓宽了大视野、展现了大思路、构建了大格局、贡献了大智慧。思想照亮现实，理论指引未来。新时代新征程推进强国建设、民族复兴伟业，必须以更加坚定的思想自觉政治自觉行动自觉，坚决把习近平新时代中国特色社会主义思想学习好贯彻好，不断开辟中国式现代化更加光明的未来。

（中共四川省委党校党建教研部副主任、教授韩宏亮）

| 第 46 问 |

和你一起思考这个时代

中国式现代化蕴含了怎样的制度自信？

▶ 中国式现代化蕴含了中国共产党集中统一领导的制度自信，集中力量办大事的制度自信，保障人民利益的制度自信，与时俱进活力的制度自信。

制度优势是一个政党、一个国家的最大优势。中国式现代化蕴含了怎样的制度自信？

制度是关系党和国家事业发展的根本性、全局性、稳定性、长期性问题。中国式现代化的制度自信蕴含在党领导人民不断探索符合中国国情，适应时代发展，有力有效、确保人民利益的中国特色社会主义制度中。中国特色社会主义制度是由根本制度、基本制度和重要制度组成的科学制度体系，为全面建设社会主义现代化国家提供了有效的制度保障，彰显了强烈的制度自信。具体可从以下四个方面来理解。

中国式现代化蕴含了中国共产党集中统一领导的制度自信。党的领导制度是国家的根本领导制度，它统领和贯穿其他制度。习近平总书记在学习贯彻党的二十大精神研讨班开班式上发表重要讲话强调："中国式现代化是我们党领导全国各族人民在长期探索和实践中历经千辛万苦、付出巨大代价取得的重大成果，我们必须倍加珍惜、始终坚持、不断拓展和深化。"中国式现代化是中国共产党领导的现代化，是发挥中国特色社会主义制度优势的现代化，有中国共产党坚强有力的领导，能够保证中国式现代化沿着正确、科学的方向，蹄疾步稳地有序推进。党的领导制度能够确保执政党的决策部署得到有效贯彻落实，能够将执政党的决策部署贯穿在中国式现代化的各方面和全过程，能够发挥出党员领导干部在执行党和国家战略部署中的先锋模范作用，提升战略决策能力和效能，全力助推中国式现代化。比如新中国成立以来，党领导人民创造了世所罕见的经济快速发展奇迹和社会长期稳定奇迹。"两大奇迹"之所以能被创造，有赖于坚持党的集中统一领导，实现制度优势转化为治理效能。没有中国共产党的坚强领导，就无法激发起中国式现代化建设的强劲动力，无法将14亿人民的力量凝聚在一起，无法为中国式现代化建设提供一个安定团结的环境和政治保证。

　　中国式现代化蕴含了集中力量办大事的制度自信。与资本主义国家相比，我国国家制度和国家治理体系具有坚持全国一盘棋、调动各方面积极性、集中力量办大事的显著优势。中国特色社会主义制度能够使社会主义国家控制国家经济命脉，能够使国有经济主要集中于重要行业和关键领域，避免了资本主义制度下由于力量分散而引起的利益纷争和动荡。中国特色社会主义制度与其他国家制度有一个很大的不同，那就是我们实行的是中国新型政党制度，在这一制度框架下，政党之间是全方位的合作关系，合作的领域包括经济、政治、社会各个方面，中国的其他政党能够紧密团结在中国共产党周围，积极为推进中国式现代化建言献策、贡献力量。中国特色社会主义制度能够充分调动社会各方面力量投身于中国式现代化建设，能够调动各方面的国家资源解决重大问题，能够汇聚最广泛的智慧，能够整合庞大的社会资源，使区域之间能够超越局部利益，形成全国一盘棋的格局，做到上下一条心，重点攻关解决难题，完成中国式现代化面临的各种任务。比如，"5·12"汶川特大地震后，我们坚持"一方有难，八方支援"、全国"一盘棋"，开展了我国历史上救援速度最快、动员范围最广、投入力量最大的抗震救灾斗争和规模最大的灾后重建工作；全面建成小康社会决胜期，我们强化东西部扶贫协作，各级党政机关、企事业单位、社会组织参与脱贫攻坚，完成了消除绝对贫困的艰巨任务，创造了又一个彪炳史册的人间奇迹；

2020年，我们发挥举国体制对全社会资源和各方面力量的统筹调度作用，全力应对湖北省内医疗资源紧张和病人住院需求大的情况，为抗疫胜利提供了可靠的制度保证。

中国式现代化蕴含了保障人民利益的制度自信。中国特色社会主义制度之所以具有强大生命力和显著优越性，关键在于其深深植根于人民之中。人民的参与程度直接影响着依法治国的进度和法治建设的程度。依法治国为了人民，也必然要依靠人民，要通过激发人民群众的积极性和创造性推进中国式现代化的进程。中国特色社会主义制度能够为人民利益的实现，人民群众积极性、创造性的激发提供保障。中国特色社会主义制度在根本政治制度上实行人民代表大会制度，确保广大人民群众成为国家的主人并依法参与国家治理；在基本经济制度上坚持公有制为主体、多种所有制经济共同发展，按劳分配为主体、多种分配方式并存，社会主义市场经济体制等社会主义基本经济制度，能够充分调动人民群众参与经济建设的积极性；民族区域自治制度确保各民族的主体地位，为加强各民族团结提供了制度保障；而基层群众自治制度则能够充分发挥人民群众的首创精神，切实维护好人民群众参与民主治理的法理地位。在具体实践中，中国特色社会主义制度能够切实尊重人民群众的主体地位，充分保障人民群众权益。

中国式现代化蕴含了与时俱进活力的制度自信。中国式现代化的制度自信源于中国特色社会主义制度具有的强大生命力，在于其制度始终坚持立足中国国情，坚持实事求是，既吸收中华优秀传统文化中的积极因素，又充分借鉴世界上其他国家的制度文明成果；始终保持自我革命的精神和勇气，敢于推陈出新，充分激发制度的活力。一方面，中华优秀传统文化为坚持和完善中国特色社会主义制度提供了文化土壤和基因，也为助推中国式现代化提供了巨大的精神力量。中国特色社会主义制度既坚持马克思主义的"本"，又坚持了中华优秀传统文化的"根"，实现了"本"与"根"的有机结合。另一方面，在坚持改革创新、与时俱进中，中国特色社会主义制度不断完善。从新中国成立初期确立社会主义基本制度，到改革开放时期推进经济体制以及其他各方面体制改革，再到新时代提出全面深化改革的总目标是完善和发展中国特色社会主义制度、推进国家治理体系和治理能力现代化，等等。随着现代化建设的持续推进，中国特色社会主义制度会更加成熟定型，全党全国人民以中国式现代化全面推进中华民族伟大复兴的历史自觉和历史自信会更加坚定。

（中共四川省委党校党建教研部教授梁晓宇）

| 第 47 问 |

和你一起思考这个时代

中国式现代化蕴含了怎样的文化自信？

▶ 既是对中华优秀传统文化的自信，对马克思主义科学性真理性的自信，也是对"两个结合"规律性认识和实践的自信，更是对以习近平文化思想为指引建设中华民族现代文明的自信。

有文化自信的民族，才能立得住、站得稳、行得远。中国式现代化蕴含了怎样的文化自信？

党的十八大以来，党中央对中国特色社会主义文化的理论认识不断深化。2023年2月，在学习贯彻党的二十大精神研讨班开班式上，习近平总书记指出中国式现代化是一种全新的人类文明形态。6月，在文化传承发展座谈会上，习近平总书记明确提出建设中华民族现代文明的重大使命。10月，在全国宣传思想文化工作会议上，正式提出习近平文化思想，标志着我们党对中国特色社会主义文化建设规律的认识达到了新高度，表明我们党的历史自信、文化自信达到了新高度。中华民族现代文明正是中国式现代化所开创的人类文明新形态，蕴含的文化自信既是对中华优秀传统文化的自信，对马克思主义科学性真理性的自信，也是对"两个结合"规律性认识和实践的自信，更是对以习近平文化思想为指引建设中华民族现代文明的自信。

中国式现代化的文化自信首先是对中华优秀传统文化的高度自信。习近平总书记指出："如果没有中华五千年文明，哪里有什么中国特色？"中华优秀传统文化源远流长、博大精深，在道德修身方面主张自强不息、厚德载物、讲信修睦、亲仁善邻等；在齐家治国方面主张天下为公、民为邦本、为政以德、任人唯贤等思想，体现了古人的世界观、道德观，其核心思想和价值理念至今仍有指导意义，它创造了唯一没有中断并发展至今的文明。因此可以说，中华优秀传统文化成就了中国人的文化基因，没有中华优秀传统文化就不会有今天的文化自强与文化繁荣。我们要坚定对中华优秀传统文化的自信，秉持文化的中国立场、践行中国价值，大力继承弘扬中华优秀传统文化。

中国式现代化的文化自信还是对马克思主义科学性真理性的高度自信。马克思主义创造性地揭示了人类社会发展规律，给无产阶级正确认识世界、改造世界提供了科学世界观和方法论。马克思主义深刻分析了西方社会的现代性危机，分析了资本主义的内在矛盾，揭示了人类历史发展的一般规律，指明了社会主义的建设规律，给中国社会带来了翻天覆地的变化。在文化思想上，马克思主义坚持以人为本，主张人的自由全面发展；深刻分析了资本主义文化危机，指出了克服当代文化危机的出路。马克思主义的文化思想坚持人民主体地位，扎根人民群众，科学分析时代变化，为我们确立了正确的价值立场，是我们观察世界、改造世界的强大的精神武器。当前，我们坚定文化自信需要坚定对马克思主义的坚定信仰，认识到马克思主义与当代中国命运的根本关联，站稳马克思主义的立场，自觉运用马克思主义的观点方法分析问题、解决问题。

中国式现代化的文化自信根本上是对马克思主义基本原理同中国具体实际、同中华优秀传统文化相结合之"两个结合"的自信。马克思主义与中华优秀传统文化具有高度的契合性，二者相结合绝不是简单的物理相加，而是因其内在契合性而发生了新的化学反应，实现了马克思主义中国化时代化的一次次重要飞跃。马克思主义也因同中国具体实际相结合、同中华优秀传统文化相结合，才能正确回答时代和实践提出的重大问题，从而始终保持马克思主义的蓬勃生机和旺盛活力，真正改变了中国，也为解决人类面临的共同问题提供更多更好的中国智慧、中国方案、中国力量。"两个结合"的根本要求拓展了中国特色社会主义文化发展道路，其中"第二个结合"更为我们提倡文化自信、建设中华民族现代文明提供了科学态度和原则方法。中华文化源远流长，中华文化主张民本思想以及守望相助、天人合一、天下一家等，所蕴含的宇宙观、天下观、社会观、道德观也为化解现代性危机提出了丰沛的理论资源，这就更需要把马克思主义思想精髓同中华优秀传统文化精华贯通起来、同人民群众日用而不觉的共同价值观念融通起来。在今日中国，马克思主义早已经同中国人民、中华民族的命运紧密联系在一起，它早已不是一个陌生的外来文化，而是成了我们自身的文化资源，并融入我们的文化血液之中。因此，我们的文化自信在其根本上是对马克思主义中国化时代化之重要成果的自信，我们要自觉用其最新成果武装自己，不断提高理论水平，切实提高"政治三力"，坚定不移走中国特色社会主义道路。

中国式现代化的文化自信是对以习近平文化思想为指引建设中华民族现代文明的自信。文化自信不是自我封闭，更不等于盲目自信，而是要勇担新的文化使命，促进中华文化繁荣，创造人类文明新形态。习近平文化思想是新时代党领导文化建设实践经验的理论总结，指明了中华民族现代文明建设的道路。习近平总书记指出："中国式现代化，深深植根于中华优秀传统文化，体现科学社会主义的先进本质，借鉴吸收一切人类优秀文明成果，代表人类文明进步的发展方向。"因此，我们既需要在文化交流与文明互鉴中确立自信，也需要以更加自信的心态建设中华民族的现代文明。一方面，中国式现代化的文化自信离不开借鉴吸收人类优秀文明成果。文化因交流而繁盛，文化发展从来不是孤立的。在今天世界一体化的国际格局中，我们需要更加坚定扩大开放，促进文化交流，积极吸收借鉴不同文明成果，丰富发展中华文化，并最终在交流互鉴中扩大中华文化辐射力与影响力。另一方面，文化自信不是陶醉于过去，仅仅停留于"前现代"是难以建设现代文明的。我们曾经创造了属于上一个时代的辉煌文明，我们还需要创造出指引下一个时代的文明新类型。因此，我们首先需要使自身达到现代的高度，能够享有现代文明的成果，同时再提出超越现代性的方案，在这个过程中，我们要在吸收包括西方文明在内的一切文明成果的基础上，坚持马克思主义的指导地位，秉持文化的中国立场，进行根本性的综合融会，进而开创一种全新的文明形态。这既是我们今天倡导文化自信的抱负所在，也是文化自信的底气所在。

（中共四川省委党校社会和文化教研部副教授周珣）

第 48 问

和你一起思考这个时代

如何坚持"两个结合"推进中国式现代化？

▶ 对中国式现代化而言，坚持"两个结合"必须以习近平新时代中国特色社会主义思想为根本遵循，坚持党的领导，并在实践中坚持问题导向与历史导向，促进高质量发展。

"两个结合"是中国共产党在百年奋斗历程中所积累的宝贵历史经验，也是党不断推进理论创新、取得辉煌成就的重要法宝。如何坚持"两个结合"推进中国式现代化？

中国式现代化是我们党领导人民坚持把马克思主义基本原理同中国具体实际相结合、同中华优秀传统文化相结合的重大成果。在推进中国式现代化的过程中，"两个结合"发挥着立根铸魂、凝心聚力的重要作用。面对百年未有之大变局，在强国建设、民族复兴的新征程上我们要继续坚持"两个结合"，不断谱写中国式现代化新篇章。

"两个结合"开创并不断推进中国式现代化，为中国式现代化赋予更全面、更深厚的历史底蕴和价值内涵。一方面，马克思主义基本原理与中国具体实际相结合，开拓和推动了中国式现代化的道路。从新民主主义革命到社会主义革命、从改革开放到中国特色社会主义新时代，在不同的发展背景与实践环境下，马克思主义基本原理与中国具体实际一步步结合并不断发展，开创了中国式现代化道路并不断发展。此外，当今世界之变、时代之变正以前所未有的方式展开，中国式现代化发展面临新的问题与挑战，理论与实践的结合更为迫切，需要党的创新理论来指导新的实践。另一方面，马克思主义基本原理与中华优秀传统文化相结合，对中国式现代化的政治、经济、社会、文化、生态等各领域产生全方位、深层次的影响，赋予了中国式现代化更全面、更深厚的历史底蕴和价值内涵。

对中国式现代化而言，坚持"两个结合"必须以习近平新时代中国特色社会主义思想为根本遵循，坚持党的领导，并在实践中坚持问题导向与历史导向，促进高质量发展。

坚持"两个结合"，必须以习近平新时代中国特色社会主义思想为根本遵循，全面推进中国式现代化。在坚持"两个结合"中创立的习近平新时代中国特色社会主义思想是巩固文化主体性的最有力体现，实现了马克思主义中国化时代化新的飞跃，是中华文化和中国精神的时代精华，是勇于推进理论创新的光辉典范。比如，习近平生态文明思想，强调加快推进人与自然和谐共生的现代化，坚持绿水青山就是金山银山的理念等，这些原创性的新理念新思想新战略，既吸收了马克思主义关于人与自然关系的思想，又汲取了中华文明"天人合一、道法自然"的生态智慧，推动中华优秀传统生态文化创造性转化和创新性发展。坚持"两个结合"，要以习近平新时代中国特色社会主义思想为引领，坚持好、运用好贯穿其中的立场观点方法，坚持解放思想、实事求是、守正创新，坚定历史自信、文化自信，继续把马克思主义思想精髓同中华优秀传统文化精华贯通起来、同人民群众日用而不觉的共同价值观念融通起来，不断回答中国之问、世界之问、人民之问、时代之问，不断开辟马克思主义中国化时代化新境界，以不断丰富和发展的理论推动中国式现代化。

践行"两个结合"，坚持党的领导，在中国式现代化建设中发挥党的方向性指引作用。"两个结合"的提出是对党不断推动理论创新、进行理论创造的科学总结。无论是我们党运用马克思主义基本原理同中国革命的具体实践相结合，挖掘中华优秀传统文化的时代价值，提出了"枪杆子里面出政权""星星之火，可以燎原"等革命论断，开辟了农村包围城市、武装夺取政权的正确革命道路，还是我们党坚持马克思主义的群众观人民观，汲取优秀的中华传统文化的精髓，提出了以人民为中心的发展思想，党的百年奋斗历程已经充分说明党始终坚持将马克思主义同中国具体实际相结合、同中华优秀传统文化相结合，不断推进马克思主义中国化时代化，成功推进和拓展了中国式现代化。同时，党的领导保证了中国式现代化建设的正确方向，保证了"两个结合"的具体落实。历史和实践已充分证明党的领导是历史和人民的选择，只有坚持党的领导，才能坚持和发展中国特色社会主义，才能更好地发挥"两个结合"的影响和作用，确保中国式现代化的道路笃行致远。

立足"两个结合"，坚持问题导向，以历史主动精神破解中国式现代化的难题。坚持"两个结合"就是要坚持问题导向。在以中国式现代化全面推进中华民族伟大复兴的历史进程中，要实现物质文明、政治文明、精神文明、社会文明、生态文明协调发展，我们还面临着各种压力和严峻挑战，如发展不平衡不充分问题、推进高质量发展面临诸多瓶颈、科技创新能力还不够强等问题。因此，在推进中国式现代化的进程中一定要结合中国的独特国情和具体问题，立足于实践，深刻分析当前的社会现状与主要矛盾，深刻认识事物矛盾的普遍性与特殊性原理，坚持实事求是、具体问题具体分析，既要注重解决主要矛盾，同时也不能忽视次要矛盾，在解决问题当中不断丰富和发展马克思主义，为中国式现代化的实践提供更为完善和科学的指导。除此之外，中国式现代化是一个系统工程，不仅要讲求现存维度上社会各个方面的发达统一，更是要讲求历史维度上现代与传统的统一。几千年灿烂的华夏文明，不仅留下了独特的文化烙印，更深刻影响着当今中国社会，影响着中国式现代化的理论认知与实践方法。因此，中国式现代化的实践不仅要积极面对现实，更要善于借鉴历史，掌握历史主动。在马克思主义的指导下正确认识和科学对待传统文化，取其精华、去其糟粕，推动中华优秀传统文化创造性转化与创新性发展，为中国式现代化提供丰厚的历史文化资源和坚实的历史文化基础。

（中共中央党校马克思主义学院副教授王慧）

| 第 49 问 |

和你一起思考这个时代

中国式现代化的文化形态是如何形成的？

▶ 中国式现代化的文化形态是中国式现代化本质要求在文化层面的集中体现，在马克思主义基本原理同中华优秀传统文化彼此契合、有机结合、互相成就中形成发展。

"让马克思主义成为中国的，中华优秀传统文化成为现代的，让经由'结合'而形成的新文化成为中国式现代化的文化形态。"那么，中国式现代化的文化形态是什么？如何在马克思主义基本原理与中华优秀传统文化互相成就中形成？

中国式现代化文化形态的提出和阐释，是马克思主义中国化时代化的创新突破。习近平总书记在文化传承发展座谈会上指出，"让马克思主义成为中国的，中华优秀传统文化成为现代的，让经由'结合'而形成的新文化成为中国式现代化的文化形态"，强调"第二个结合"是又一次的思想解放，吹响了我们担负起新的文化使命，创造属于我们这个时代的新文化，努力建设中华民族现代文明的集结号。

中国式现代化的文化形态是中国式现代化本质要求在文化层面的集中体现，在马克思主义基本原理同中华优秀传统文化有机结合中形成发展，体现出以下六方面的特点。

一是坚持马克思主义的指导。"马克思主义就是我们党和人民事业不断发展的参天大树之根本，就是我们党和人民不断奋进的万里长河之泉源。"马克思主义立场观点方法是干革命搞建设的根本遵循，中国式

自信自立・系统工程

现代化文化形态作为兼具政治意义和文化意义的创新命题，无论其理论阐释，还是现实建构，都离不开马克思主义的指导。

二是中华优秀传统文化、革命文化和社会主义先进文化新故相因，道理相承。"在5000多年文明发展中孕育的中华优秀传统文化，在党和人民伟大斗争中孕育的革命文化和社会主义先进文化，积淀着中华民族最深层的精神追求，代表着中华民族独特的精神标识。"三者一脉相承，有着清晰的历史发展脉络，又共同发力于中国式现代化，为中华民族伟大复兴提供坚实的文化支撑。

三是主导文化、高雅文化、大众文化、民间文化各美其美且交叉互渗、优化组合。"泰山不让土壤，故能成其大；河海不择细流，故能就其深。"诸多文化形式满足群体或个人的文化需求在不同情境的价值取向，维护社会的团结稳定、协调和睦。

四是促进人民精神生活共同富裕。"人无精神则不立，国无精神则不强。"改革开放以来，物质文明与精神文明的协调发展，为人的全面发展尤其是人民精神生活的丰富、精神素养的增强、精神境界的提升创造了充要条件。新时代要加紧培育和践行社会主义核心价值观，加强爱国主义、集体主义、社会主义教育，发展公共文化事业，完善公共文化服务体系，实现人民精神生活的共同富裕。

五是弘扬全人类共同价值。中华民族历来主张通过"德之所在，天下归之""义之所在，天下赴之"，以实现"协和万邦"；而今中国共产党以中国式现代化推动构建人类命运共同体，弘扬和平、发展、公平、正义、民主、自由的全人类共同价值，同舟共济、互利共赢、求同存异、文化融合创新让世界绝大多数国家心之所向、行之所往。

六是彰显人与自然和谐共生的人文情怀。"道法自然""万物各得其和以生，各得其养以成"。尊重自然、顺应自然、保护自然，避免无止境地向自然索取甚至破坏自然，是中国式现代化的内在要求。描绘蓝天白云、绿水青山、草长莺飞、万物并育，彰显人与自然和谐共生的自然之美、生命之美、生活之美，亦成为中国式现代化文化形态的显著表征。

中国式现代化的文化形态直接奠基于马克思主义基本原理同中华优秀传统文化相结合，马克思主义的思想精髓与中华优秀传统文化的精神特质彼此契合、有机结合、互相成就是中国式现代化文化形态不可或缺的建构路径。

一是深入挖掘马克思主义和中华优秀传统文化的契合点。马克思主义与中华优秀传统文化虽然产生的历史背景、思想土壤和理论基础迥异，但也存在诸多共同的思维方式和价值追求。比如，老子曰："祸兮，福之所倚；福兮，祸之所伏。"唯物辩证法认为矛盾双方既对立又统一是推动着事物发展的根本原因，二者因辩证思维而契合。中华民族几千年来期盼小康社会、大同世界，马克思、恩格斯把共产主义社会分为社会主义和共产主义两个发展阶段，二者因理想社会的阶段性而契合……20世纪初，马克思主义与中华优秀传统文化看似不期而遇，实际却是历史必然和二者高度契合之体现。"马克思主义传入中国后，科学社会主义的主张受到中国人民热烈欢迎，并最终扎根中国大地、开花结果，绝不是偶然的，而是同我国传承了几千年的优秀历史文化和广大人民日用而不觉的价值观念融通的。"当前，为应对世界百年未有之大变局，加强培育和践行社会主义核心价值观，构建中华民族共有的精神家园，我们还需要深入挖掘马克思主义和中华优秀传统文化彼此契合之点，以筑牢中国式现代化文化形态的逻辑前提。

二是持续推进马克思主义和中华优秀传统文化有机结合。回望百年党史，毛泽东以"实事求是"概括马克思主义认识论，邓小平用"小康"这一具有浓厚中华文化底蕴的概念指代"中国式的现代化"阶段目标，这就是中国革命、建设和改革过程中马克思主义基本原理与中华优秀传统文化有机结合的生动写照。中国特色社会主义进入新时代，二者有机结合的主要形式是以马克思主义指导中华优秀传统文化创造性转化和创新性发展，同时又通过中华优秀传统文化的时代选择、诠释和更新以夯实马克思主义中国化时代化的文化基石。中华优秀传统文化蕴含的讲仁爱、重民本、守诚信、崇正义、尚和合、求大同与马克思主义基本原理有机结合、碰撞交融，涵养出"以人民为中心"的公仆情怀、社会主义核心价值观的文化理念和人类命运共同体的精神纽带等，为推进中国式现代化文化形态的生发历程源源不断地提供动力支持。

　　三是马克思主义和中华优秀传统文化相互滋养、互相成就。建构中国式现代化文化形态，需要马克思主义"成为中国的"与中华优秀传统文化"成为现代的"两方面同向同行、携手共进。马克思主义真理之树具有深刻的文化内涵，从中华优秀传统文化沃土中获得丰厚滋养，牢牢扎根在中国大地，越发根深叶茂，具有了鲜明的中国特色、中国风格、中国气派；坚持马克思主义世界观和方法论，中华优秀传统文化创造性转化、创新性发展，与当代文化相适应、与现代社会相协调而成为新的文化形态。诚然如是，马克思主义和中华优秀传统文化在中国式现代化新征程中双向互动，马克思主义群众观与中国源远流长的民本理念互相成就，演化为"人民至上"的执政理念；马克思主义民族理论与中华优秀传统文化的"多元一体"民族史观互相成就，蜕变为铸牢中华民族共同体意识；马克思主义人与自然和谐观和中华优秀传统文化"天人合一""厚德载物"的主张互相成就，更新为人与自然和谐共生的习近平生态文明思想；马克思主义世界历史理论与中华民族"四海一家""和衷共济"的和合理念互相成就，催生了建设持久和平、普遍安全、共同繁荣、开放包容、清洁美丽的世界这一崇高目标……一个有机统一、具有强大活力、能体现出中华民族文化主体性的文化形态顺理成章、水到渠成。

　　（四川师范大学法学院教授余华，四川师范大学马克思主义理论研究中心刘珂杉）

| 第 50 问 |

和你一起思考这个时代

为什么说建设中华民族现代文明是推进中国式现代化的必然要求？

▶ 中国式现代化是建设中华民族现代文明的实践场域，以中国式现代化全面推进中华民族伟大复兴必然包含中华文明的伟大复兴；中华民族现代文明是对人类文明新形态的成果提炼和价值表达，是在世界文明交流融合的发展趋势下以历史主动推进中国式现代化的必然选择。

自信自立·系统工程

建设中华民族现代文明，是社会主义精神文明建设的重要内容。什么是中华民族现代文明？为什么说建设中华民族现代文明是推进中国式现代化的必然要求呢？

文明指的是在理性指导下人类实践的成果总和。中华民族现代文明是中国共产党领导的社会主义文明形态，是中国式现代化在文明层面的集中展现，是中华传统文明在新的时代条件下向现代文明变迁的整体性表达，包括物质文明、政治文明、精神文明、社会文明、生态文明的有机统一和协调发展。建设中华民族现代文明是推进中国式现代化的必然要求，可以从现代化的演进逻辑、中华民族伟大复兴的历史进程、世界文明交流融合的趋势中找到答案。

从现代化的演进逻辑来看，现代化的本质要求是文明创造与更新，中国式现代化是建设中华民族现代文明的实践场域，中华民族现代文明是中国式现代化的价值追求。一方面，中国式现代化赋予中华文明以现代力量，推动中华文明由传统向现代转型。现代化是一个世界性的历史进程。迄今为止，人类社会经历了三次大规模的现代化浪潮，现代工业和科技革命引发政治、经济、社会、文化、生态等方面深刻变革，带来人类文明空前进步。中国的现代化发轫于近代中国救亡图存之际，中国共产党经过长期艰辛探索，找到了一条适合中国国情的现代化道路，开启了从被动卷入到主动推进的现代化征程，用几十年时间走完了发达国家几百年走过的工业化历程，实现了对世界现代化理论和实践的重大创新。中国式现代化创造了人类文明新形态，古老的中华文明在创造性转化与创新性发展中获得全新的生命力，通过社会主义文明、中华文明与现代化的融合发展，不断向现代文明转型。另一方面，中华文明赋予中国式现代化以深厚底蕴，中华民族现代文明是中国式现代化的价值追求。在漫长的历史进程中，中华民族自强不息、筚路蓝缕，创造了当今世界唯一绵延不断且以国家形态发展至今的伟大文明——中华文明。中华文明突出的连续性，从根本上决定了中华民族必然走自己的路。中华民族现代文明内生于中国式现代化进程中，既是中国式现代化的价值追求和目标指向，也为中国式现代化提供丰厚的文明滋养，为中国式现代化"何以可为""可以何为""何以走向"提供了文明注解。

从中华民族发展的历史进程来看，中华民族现代文明是中华文明复兴的实现形态，以中国式现代化全面推进中华民族伟大复兴必然包含中华文明的伟大复兴。一方面，凸显中华民族的主体性，强调文明复兴的传统基因，是对中华文明民族性的张扬。近代以来，中华民族从磨难中奋起、从危亡走向复兴的历程，正是中华文明涅槃新生、焕发荣光的历程。中华文明一脉相承，是中华民族独特的精神标识，也是中华民族生生不息的核心支撑。走向文明复兴，必然要求在中国式现代化进程中守护好中华文明根脉，赓续传统文明血脉，夯实中国式现代化的文明基石，厚积中华民族伟大复兴的文明底蕴。另一方面，聚焦中华文明的现代性，强调文明复兴的发展趋向。文明复兴是在新的时代条件下传统与现代交融碰撞、革故鼎新的过程。中华文明的创新性，从根本上决定了中华民族守正不守旧、尊古不复古的进取精神。20世纪八九十年代，西方学者提出"历史终结论",认为资本主义是人类社会的最终形态。中国共产党经过坚持不懈的探索和艰苦卓绝的努力,成功推进和拓展了中国式现代化,让科学社会主义在中国焕发出蓬勃生机,有力驳斥了"历史终结论",用实践证明了社会主义现代化的全新可能。中国共产党在伟大实践中,把马克思主义基本原理同中国具体实际相结合、同中华优秀传统文化相结合,在中华优秀传统文化"根脉"基础上融入马克思主义"魂脉",以"两个结合"推进思想解放和守正创新,使马克思主义成为中国的、中华优秀传统文化成为现代的,造就了一个新的文化生命体,以此为核心构筑中国式现代化的文明形态。中华文明新生的过程,是以马克思主义为灵魂和旗帜,推动自我更新和再造的过程。建设中华民族现代文明,既不是对古老文明的抛舍,也不是传统优秀文化要素的简单叠加,而是立足中华民族伟大复兴的实践,把赓续历史文明、吸收外来文明和建设现代文明有机统一起来。

从世界文明交流融合的趋势来看,中华民族现代文明是对人类文明新形态的成果提炼和价值表达,是以历史主动推进中国式现代化的必然选择。一方面,坚持独立自主,以文明发展的主导权筑牢中国式现代化的道路根基;另一方面,突出开放包容,在世界文明交流互鉴中实现自我发展与自我超越。"一花独放不是春,百花齐放春满园",人类文明多样性是世界的基本特征,不同民族创造了多姿多彩的文明,不同文明包容共存、交流互鉴,在推动人类社会现代化进程、繁荣世界文明百花园中具有不可替代的作用。马克思主义文化理论提倡人类文明交融互鉴与和谐共生,为世界各国、各民族的文明演进提供了科学理论,"尚和合、求大同"是中华民族千年传承的文明实践。在新的起点上建设中华民族现代文明,要求我们在保持自身文化特性的同时,以更加开放的姿态拥抱世界,以兼收并蓄、兼容并包的态度,充分吸收和借鉴当代人类文明的优秀成果,为新时代坚持和发展中国特色社会主义、全面建设社会主义现代化国家提供更多文明滋养。中华民族现代文明作为社会主义现代文明形态,突破了西方现代文明的固有模式,拓宽了人类文明发展进步的广阔空间,创造了人类文明新形态,为人类现代化事业贡献了中国智慧、中国方案。

中华民族现代文明植根于数千年生生不息的中华文明,生成于中国共产党领导的社会主义现代化建设伟大实践,是中华文明传统性与现代性有机结合的产物。要深刻认识中华民族现代文明与中国式现代化的必然逻辑,准确把握中华文明现代化发展规律,坚持不忘本来、吸收外来、面向未来,赋予传统文明以现代意蕴,推动中华文明的现代创新,在5000多年中华文明深厚基础上推进中国式现代化、在中国式现代化的伟大征程中建设中华民族现代文明。

(中共四川省委党校决策咨询部副教授柯晓兰)

| 第 51 问 |

如何把握中国式现代化与中华文明的内在联系？

▶ 从文明赓续与社会转型的角度审视，中国式现代化是中华民族的旧邦新命；中国式现代化的持续深化与中华文明的自我更新实际处于同一过程，是相辅相成的一体两面。

中国式现代化赋予中华文明以现代力量，中华文明赋予中国式现代化以深厚底蕴。如何把握这二者的内在联系？

这句论断极为鲜明且辩证地揭示出中国式现代化与中华文明的密切关联。中国式现代化既有各国现代化的共同特征，更有基于本国国情的鲜明特色。中华文明中蕴含的历史文化传统是全面建成社会主义现代化强国和实现中华民族伟大复兴的基础。在这一波澜壮阔、关乎全局的进程中，中国式现代化的持续深化与中华文明的自我更新实际处于同一过程，是相辅相成的一体两面。中华民族现代文明是在中国式现代化基础上形成的文明，是中华文明的现代形态。

将中国式现代化的历史根源与中华文明的更新路径融为一体来把握。党的十八大以来，党中央对中华文明的起源、演进、特性与发展等一系列问题念兹在兹，强调"中华文明源远流长、博大精深，是中华民族独特的精神标识，是当代中国文化的根基，是维系全世界华人的精神纽带，也是中国文化创新的宝藏"。从文明赓续与社会转型的角度审视，中国式现代化是中华民族的旧邦新命。在庆祝中国共产党成立 100 周年大会上,习近平总书记强调,"1840年鸦片战争以后,中国逐步成为半殖民地半封建社会,国家蒙辱、人民蒙难、文明蒙尘,中华民族遭受了前所未有的劫难",倘从近代中国所要实现的迫切目标来看,国家蒙辱意味着国力须由弱转强,人民蒙难意味着民族须转危为安,文明蒙尘意味着文化须振衰而兴。换言之,当时积贫积弱的中国面临着国家重建、民族再塑与文明更新的三大重任,必须于列强环伺、世变日亟的险境中完成一场人类历史上旷古未有的"旧邦新命"式的自我蜕变与升华。揆诸史实,从"开眼看世界"到"建立民主共和",一代代的前赴后继、孜孜以求,虽逐渐改变了中国旧有的政治格局和社会形态,却始终无法真正赋予"旧邦"以"新命",只有中国共产党成立后,历史的可能性与必然性方合二为一。正如习近平总书记在文化传承发展座谈会上指出的:"中国式现代化是中华民族的旧邦新命,必将推动中华文明重焕荣光。"尤其是立足新的历史起点,肩负新的历史使命,更为深刻而清醒地理解中国式现代化与中华文明的内在关系,则显得愈加重要。概言之,我们须把握三个问题。

首先,绵延不绝的中华文明与驰而不息的现代化绝不对立。道路的开拓、现代化的摸索,都是在"瞻前顾后""溯古观今"中展开的。通常认为,现代化是指工业革命以来人类社会各方面发生的深刻变革,即由以农业为主的传统社会向以工业为主的现代社会的转型。毋庸讳言,以欧美为代表的西方国家首先启动了现代化的进程,且在很长一段时间内居于领先位置,但这并不意味着现代化是属于西方的专利,这是人类社会共同的发展趋势。然而囿于西方话语霸权的影响乃至误导,很多人习惯于把中国看作西方现代化理论视野中的近现代民族国家,没有形成从5000多年文明史的角度来看中国的自觉和意识,这样就难以真正理解中国的过去、现在、未来。正是这种观念,导致很长一段时间内,诸多错误思潮涌流,造成将中华文明同现代化进程视为二元对立的固化成见。

当代中国是历史中国的延续和发展,当代文化是文化传统的传承和发展,当代现代化的开展是基于中华文明这一根脉上的实践形态。中华民族是有独特品格的民族，中华文明是自成体系的文明。独特的文化传统、独特的历史命运、独特的基本国情，注定了我们必然要走适合自己特点的发展道路。新时代以来党中央对中华文明根脉、基石和底蕴的反复强调，无疑表明中华文明自身便蕴藏着现代性的元素，这是我们能够开拓出中国特色社会主义道路的密码所在。

其次，中国式现代化之所以是"中国的"，一大要因就是其植根于中华文明。中华文明涵养了中国式现代化的精神气质。一个国家选择什么样的现代化道路，是由其历史传统、社会制度、发展条件、外部环境等诸多因素决定的。国情不同，现代化途径也会不同。实践证明，一个国家走向现代化，既要遵循现代化的一般规律，更要符合本国实际，具有本国特色。既然中国特色社会主义道路是在马克思主义指导下走出来的，也是从5000多年中华文明史中走出来的，那么中国式现代化的行稳致远也必须深深扎根于中国的文化基础和深厚的文明底蕴。中华优秀传统文化蕴含着许多思想和理念，如天下为公、民为邦本、为政以德、革故鼎新、任人唯贤、天人合一、自强不息、厚德载物、讲信修睦、亲仁善邻等，具有鲜明民族特色和恒久时代价值，是中国式现代化的重要思想资源。

这在中华文明的突出统一性、和平性方面表现得非常典型。"统一性"是从国家观、民族观角度阐释中华文明的突出特征，其中包含着疆域统一、政治统一、民族统一等多重意涵。"和平性"是中华文明的突出精神特质和相处之道，是从古至今中华民族处理同外部世界诸类关系的基本原则。可以说，统一性、和平性为中国式现代化凝聚人心、汇聚民力奠定了深厚的历史根基，涵养了中国式现代化立人达人、与世界各国携手同行现代化之路的基本理念。

再次，中华文明得以永葆活力，在于中国式现代化赋予其现代力量。中国式现代化本身就是中华文明实现自我更新的必然结果，并非文明断裂的产物，亦新亦旧的保障是定期注入不同元素，亘古至今的前提是时常能够汲取现代力量，这恰是中国式现代化进程题中必有之义。中国式现代化汲取中华优秀传统文化，用马克思主义真理力量激活中华优秀传统文化中富有生命力的优秀因子并赋予其新的时代内涵，推动中华优秀传统文化创造性转化、创新性发展，赋予中华文明以现代力量。是故，这是赓续古老文明的现代化，而不是消灭古代文明的现代化；是从中华大地长出来的现代化，而不是照搬照抄其他国家的现代化。

这在中华文明的突出连续性、创新性和包容性方面展现得尤其鲜明。"连续性"从根本上决定了中华民族必然走自己的路。如果不从源远流长的历史连续性来认识中国，就不可能理解古代中国，也不可能理解现代中国，更不可能理解未来中国。"创新性"是中华文明始终保持生机活力的最突出特质。在漫长中国历史上，"创新性"如同喷涌不绝的活水，承载着中华文明穿过一个个"历史三峡"，即使百转千折，终究一往无前，实现了由传统向现代的转型与发展。"包容性"是中华民族最深层的文化心理与会通之法，保证了中华文明具备强大的容纳之量、消化之功和中和之道，推动着中华文明与世界文明展开良性的融合交流。

（中共中央党校中国史教研室主任、文史教研部教授王学斌）

强国建设 · 战略支撑

- 导问
- 科学内涵 · 本质认识
- 中国方案 · 重大创新
- 自信自立 · 系统工程
- 强国建设 · 战略支撑
- 国家治理 · 发展与安全
- 立足四川 · 谱写新篇章

中国式现代化100问

第52问—第77问

| 第 52 问 |

和你一起思考这个时代

科技现代化为什么是中国式现代化的关键?

▶ 科技现代化通过加快实现高水平科技自立自强,建设面向未来的世界科技强国,打通科技强、产业强、经济强到国家强的通道,夯实国家强盛之基、安全之要,在保证我国发展独立性、自主性和安全性的基础上,为推进中国式现代化的各项目标任务提供不竭的科技支撑。

科技立则民族立,科技强则国家强。科技现代化为什么是中国式现代化的关键?

在现代化进程中,科技创新发展和应用成为推动现代化的核心力量,是引领发展的第一动力,为实现中国式现代化本质要求提供关键科技支撑,也即科技现代化在中国式现代化新征程上具有基础性、先导性和战略性作用。

科技现代化是坚持党对科技事业的集中统一领导,坚持以人民为中心的发展思想,以中国特色科技创新理论体系为理论引领,以体制机制创新为保障,以科技创新为核心,以科技进步为主要内容,以科技成果转化应用为重要手段,以科技人才为关键支撑,以国家战略科技力量为牵引,以企业主导的新型国家创新体系为主要依托的现代化过程。科技现代化通过加快实现高水平科技自立自强,建设面向未来的世界科技强国,打通科技强、产业强、经济强到国家强的通道,夯实国家强盛之基、安全之要,在保证我国发展独立性、自主性和安全性的基础上,为推进中国式现代化的各项目标任务提供不竭的科技支撑。

强国建设·战略支撑

从发展逻辑来看,科技现代化是中国式现代化的关键,强调的是科技创新成为引领高质量发展的第一动力,体现了科技创新同国家强盛和民族复兴的统一。一方面,新征程上加快建设现代化产业体系、推进高质量发展,首要任务是需要以强大的科技支撑来推动质量变革、动力变革和效率变革,加快突破制约关键核心技术"卡脖子"问题,提高粮食、能源资源和重要产业链、供应链安全韧性水平。同时,建设以国内大循环为主体、国内国际双循环相互促进的新发展格局,也需要通过科技创新来提升供给侧质量,激发需求侧活力,开辟新赛道新领域,创造发展新优势新动能。另一方面,发展全过程人民民主、丰富人民精神世界、实现全体人民共同富裕、促进人与自然和谐共生,要通过科技创新来提供高质量的创新成果和创新产品,满足人民对美好生活的向往。从辩证唯物主义的观点来看,科技现代化为推动国家现代化进程提供加速度,而中国式现代化为科技现代化和高水平科技自立自强提供了新使命新任务,创造了更广阔的发展空间和市场。

从历史逻辑来看,科技现代化与中国式现代化的探索相伴相随,是新中国从弱到大再到强的关键支撑。第一阶段的探索是新中国成立后近30年,以科学技术支撑建立独立和比较完整的工业体系和国民经济体系。1964年12月,根据毛泽东的提议,周恩来在政府工作报告中正式提出"四个现代化"的战略目标,即"把我国建设成为一个具有现代农业、现代工业、现代国防和现代科学技术的社会主义强国";1975年1月,我们重提实现"四个现代化"的宏伟目标。第二阶段则是1978年改革开放以后,随着相关体制机制改革加速推进,迎来了科学的春天,《1978—1985年全国科学技术发展规划纲要》《中共中央关于科学技术体制改革的决定》《中华人民共和国促进科技成果转化法》《国家中长期科学和技术发展规划纲要(2006—2020年)》等重要科技政策相继出台并逐步落实。"科学技术是第一生产力"的战略思想逐步得以确立,国家创新体系快速建立和完善,取得了"两弹一星"、航空航天、杂交水稻、高速铁路等一系列重大科技突破,建成了一系列事关国计民生的重大工程,极大地促进了国家经济发展和国际竞争力。

党的十八大以来，以习近平同志为核心的党中央更加重视科技现代化的先导性作用，把创新作为引领发展的第一动力，强调"谁在创新上先行一步，谁就能拥有引领发展的主动权"，深入实施创新驱动发展战略，坚定不移走中国特色自主创新道路，加快建设创新型国家和科技强国，以前所未有的力度推进我国创新型国家建设取得历史性突破。2016年，中共中央、国务院印发的《国家创新驱动发展战略纲要》提出，到2020年进入创新型国家行列、2030年跻身创新型国家前列、到2050年建成世界科技创新强国"三步走"目标。得益于创新驱动发展战略的深入实施和创新引领发展思想的贯彻落实，为中国进一步朝着"跻身创新型国家前列"和"建成世界科技创新强国"的中长期战略目标前进打下坚实的基础。

当前，科技现代化在中国式现代化全局的战略性地位和价值更加彰显。随着国际形势和科技发展趋势产生前所未有的新变化，推进中国式现代化新征程新使命面临的外部不稳定性、不确定性明显增加。经济全球化遭遇逆流，特别是产业链、供应链上存在的一些短板让我们清醒地认识到，中国在建设世界科技强国之路上还面临诸如国家创新体系效能不高、原始性创新不足、关键核心技术受制于人、科技发展独立性自主性安全性亟待提升、重要产业链供应链安全韧性不足等多重挑战。习近平总书记强调："在激烈的国际竞争中，我们要开辟发展新领域新赛道、塑造发展新动能新优势，从根本上说，还是要依靠科技创新。我们能不能如期全面建成社会主义现代化强国，关键看科技自立自强。"党的二十大将"建成科技强国"作为我国2035年发展的总体目标之一，这就意味着将2016年《国家创新驱动发展战略纲要》中提出的"到2050年建成世界科技创新强国"的预期目标大幅提前，凸显了科技现代化在全面建设社会主义现代化国家中的全局性、基础性、先导性和战略性地位。新时代新征程，需要全社会增强科技创新的使命感和紧迫感，更好地坚持科技是第一生产力、人才是第一资源、创新是第一动力，发挥新型举国体制优势，从科技创新的主体、人才、平台、要素、制度、生态和理论等多管齐下，全面提升国家创新体系效能，加快推进科技现代化，为中国式现代化提供澎湃动能。

（北京市习近平新时代中国特色社会主义思想研究中心特约研究员，北京市哲学社会科学融合发展研究基地副主任、特聘研究员尹西明）

| 第 53 问 |

中国式现代化推进中如何加快实现科技现代化？

▶ 从科技现代化的创新体系、创新主体、创新人才、创新平台、创新要素、创新制度、创新生态、创新理论等八个关键维度入手，为中国式现代化提供澎湃的科技动力。

科技现代化是中国式现代化的关键。如何在中国式现代化推进中加快实现科技现代化，落实这一关键？

落实这一关键，需要准确把握科技现代化的构成和特征。科技现代化立足于百年未有之大变局和中华民族伟大复兴全局的背景下，以国家创新体系现代化为支撑助力中国式现代化。要从多个维度来深刻认识和把握科技现代化的子系统构成与关键特征，具体包括如下八点。

强化国家战略科技力量，推进科技创新体系现代化。从世界格局演变看，国家战略科技力量是赢得国际竞争优势的关键。习近平总书记指出："世界科技强国竞争，比拼的是国家战略科技力量。"国家战略科技力量体系由科技领军企业、国家实验室、国家科研机构、高水平研究型大学等为代表的主体型国家战略科技力量与综合性国家科学中心、区域创新高地为代表的载体型国家战略科技力量构成，是以政策链推动创新链、产业链、资金链、人才链"四链融合"的加速器，是全面提升国家创新体系效能的核心引擎，更是促进科技现代化、保障国家安全和有力支撑现代化强国建设的"压舱石"。当前国家战略科技力量总体上发展迅速、成效显著，但各主体间协同不足、重复研究、成果难转化、收益分配激励不相容等问题，制约着国家战略科技力量体系化能力提升。要应对国内外复杂新形势、新挑战，如何激活各方力量，推动战略科技力量体系化高效协同，成为中国式现代化新征程上推进科技现代化的重大紧迫议题。对此，需要聚焦中国式现代化重大场景需求，推进国家战略科技力量整合式创新，大幅提升科技攻关体系化能力，推进科技创新体系结构和能力现代化。

强化企业科技创新地位，推进科技创新主体现代化。企业是产业体系核心构成单元和国家创新体系核心主体，相比其他创新主体，具有离市场最近、对市场需求反应最灵敏、场景痛点把握最全面、适应市场需求进行创新的愿望最强烈、对科技创新成果转化和产业化的机制最灵活等突出优势。强化其科技创新主体地位，是推进科技现代化的必然选择。新时代以来，随着科技体制改革不断深入，我国创新环境日益完善，企业创新主体地位日益增强，企业创新活力不断激发。但也需要清醒地认识到，我国企业现代化、国际化发展水平还不够高，企业投入基础研究不足，企业作为科技创新主体地位的基础不牢、底气不足、活力不高、生态不优。习近平总书记主持二十届中央全面深化改革委员会第一次会议时强调："要聚焦国家战略和产业发展重大需求，加大企业创新支持力度，积极鼓励、有效引导民营企业参与国家重大创新，推动企业在关键核心技术创新和重大原创技术突破中发挥作用。"企业这一科技创新核心主体的使命要求进一步明晰。中国式现代化新征程上，应当进一步从制度上不断强化企业科技创新主体地位，激发首创精神，强化科技领军企业创新主导地位，激励企业成为基础研究的重要主体，支持企业成为人才"引育用留"主体，建立企业主导的新型科技创新体系和科技成果转化体系，提升国家和区域创新体系整体效能。

深入实施人才强国战略，推进科技创新人才现代化。人才是科技创新的第一资源，是实现创新驱动发展的关键。党和国家素来重视人才的重要性，始终把人才的培育和发展放在现代化建设事业的优先位置。

习近平总书记指出"创新的根本在人才",因此深入实施人才强国战略,加快科技创新人才现代化,培养造就大批德才兼备的高素质人才,是国家和民族长远发展大计。要加快建设国家战略人才力量,努力培养造就更多大师、战略科学家、一流科技领军人才和创新团队、青年科技人才、卓越工程师、大国工匠、高技能人才。加强人才国际交流,用好用活各类人才。要发挥战略科学家、战略企业家引领作用,建立健全充满活力的人才引育用留生态,以人才现代化支撑引领科技现代化。

建设高能级创新联合体,推进科技创新平台现代化。创新联合体是促进产学研协同和科技创新成果转化的有效途径和组织模式。进入新时代,创新联合体的建设不应止步于推动一般的协同创新和科技成果转化,还需顺应科技现代化对建设高能级创新联合体、全面提升国家创新体系整体效能的新要求。对此,需要加快建设高能级创新联合体,推进科技创新平台和能力的现代化。尤其是为实现国家创新体系建设从"模仿—追赶"模式到引领性创新的根本转型,需要由科技领军企业主导、国家战略科技力量牵引、多元主体协同整合,着重打造与传统创新联合体有根本区别的"高能级创新联合体",有组织地推进事关国计民生、国家安全、科技核心竞争力的基础研究和重大科技创新任务,更为有效地承担高水平科技自立自强的使命。未来,需要进一步聚焦集成电路、航空发动机、工业母机等"大国重器"和人工智能、工业机器人等"强国精器",全面推广"链长制",依托行业龙头企业发挥场景主导优势,打造高能级创新联合体和产业联合体,最大程度释放新型举国体制的制度优势。

加快数据要素市场化配置,推进科技创新要素现代化。以数据为核心生产要素的数字经济正在快速和深刻地改变着生活方式、生产方式和社会治理模式,不仅成为重组全球要素资源、重塑全球经济结构、改变全球竞争格局的关键力量,也成为加速科技现代化从而实现高质量发展、建设中国式现代化的新引擎。数据要素市场化配置的本质在于以推动数据要素高效流通,释放数字技术和数据要素对经济社会高质量发展的放大、叠加和倍增价值。以数据要素市场化配置为抓手促进数实深度融合,是一项复杂的系统性工程,如何发挥我国超大规模市场、海量数据和丰富应用场景优势,推动数据、技术和场景融合,成为以数字要素驱动科技现代化的重要议题。其关键在于以市场配置资源为基础,更好发挥政府引导调节作用和数据交易平台的制度性中介作用,加快形成以创新为主要引领和支撑的数字经济。这就既需要支持企业牵头和参与数字经济重大场景建设,也需要进一步支持领军企业牵头建设的工业互联网平台和数字产业化平台、强化数字经济基础设施和相关标准体系、培育产业数字化动态能力等,推动国家创新体系数字化转型和产业绿色化、智能化、高端化升级。

形成支持全面创新的基础制度,推进科技创新制度现代化。制度创新是科技创新的重要保障,科技创新和制度创新是科技现代化的一体两翼。面对国际局势急剧变化带来的新挑战和中国式现代化提出的新使命新要求,我国科技体制改革还存在着任务落实不平衡不到位、部分重大改革推进步伐不够快、相关领域改革协同不足、一些深层次制度障碍还没有根本破除等瓶颈问题,支持全面创新的基础制度亟待建立健全。也正是在这一背景下,党的二十大提出"深化科技体制改革,深化科技评价改革,加大多元化科技投入,加强知识产权法治保障,形成支持全面创新的基础制度"。在新的历史起点上,需要进一步发挥全面深化改革的关键作用,围绕科技现代化和高水平科技自立自强深化改革,完善党对科技创新事业的集中统一科学领导的体制机制,破除制约科技创新的制度约束,健全完善新型举国体制,形成支持全面创新的基础制度。以制度保障,持续优化科技创新战略科技力量体系布局,强化企业科技创新主体地位、推动科技创新要素一体化配置、科技创新人才梯队建设、科技创新平台能级提升、完善科技创新成果评价体系等。

深化国际科技交流合作,推进科技创新生态现代化。党的二十大报告指出,要"扩大国际科技交流合作,加强国际化科研环境建设,形成具有全球竞争力的开放创新生态"。对此,亟须营造一流创新生态和营商环境,建设高效、充满活力的国内创新生态,在此基础上积极融入全球创新网络，建设全球创新合作生态。国内生态方面，重视场景驱动"四链"深度融合和大中小企业融通创新生态。通过重大场景驱动和产业政策引导，支持龙头企业发挥在场景驱动科技创新中的重要作用，向产业链开放创新资源，构建支撑大中小企业融通创新的产业平台。进一步激励专精特新企业和中小企业发挥在细分领域和颠覆性技术创新方面的独特优势，以战略敏捷性和创新活力参与到领军企业的创新链和供应链中。国际开放生态建设方面，要通过高水平的制度创新和制度开放，保障和支持中国企业更高质量、更高效率、更低成本和更平等地融入和参与全球创新合作。从对外出口中国制造产品，转向对外出口中国制造品牌、中国企业创新管理标准和中国科技强国建设经验模式。支持企业主体参与全球科技创新联盟组织、科技创新标准制定、科技创新网络建设和全球产业分工合作，促进内外部产业深度融合，形成具有全球竞争力的开放创新生态。

发展中国特色创新管理理论，推进科技创新理论现代化。中国式科技现代化需要中国特色科技创新理论来指导实践。当今世界，大国博弈越来越依赖数字化的创新生态系统竞合。相应地，科技现代化也需要从开放走向基于自主的开放与整合，应用整合式创新、场景驱动创新等符合中国历史和国情的创新理论范式，构建新型国家创新生态系统。伴随中国加速向全球创新格局中心迈进，尽快构建立足中国、对接世界的创新理论体系，唯此才能在支撑科技现代化的同时，对外"讲好中国故事"，推动中国科技的国际化。

（北京市习近平新时代中国特色社会主义思想研究中心特约研究员，北京市哲学社会科学融合发展研究基地副主任、特聘研究员尹西明）

| 第 54 问 |

和你一起思考这个时代

中国式现代化为何不能走脱实向虚的路子？

▶ 实体经济是现代化产业体系的根基和命脉，以实体经济为支撑的现代化产业体系是中国式现代化的物质技术基础。加快建设以实体经济为支撑的现代化产业体系，是顺应新一轮科技和产业革命契机的战略选择，是畅通经济循环、推动高质量发展的必然要求。

中国式现代化为何不能走脱实向虚的路子，必须加快建设以实体经济为支撑的现代化产业体系？

这是因为脱实向虚与中国式现代化实现高质量发展、实现全体人民共同富裕的两个本质要求相违背，而实体经济是现代化产业体系的根基和命脉，是高质量发展的题中之义和共同富裕的重要着力点。当前，必须适应新一轮科技与产业革命要求，推进产业体系智能化、绿色化、融合化转型，建设具有完整性、先进性、安全性的现代化产业体系。

按照国民经济的行业分类标准，广义的实体经济包括第一产业、第二产业以及第三产业中除金融与房地产投资、开发等之外的所有行业。制造业在重大技术突破中起着最关键的作用，也是实体经济最核心的部分。脱实向虚指的是资本过度向金融业和房地产业流动，实体经济规模萎缩，经济重心由生产向金融转向。由此可能导致扩大财富差距、抑制技术创新，从而与中国式现代化共同富裕、高质量发展的本质要求相违背。

一方面，脱实向虚将抑制实体企业的技术创新投资。高质量发展以创新为第一动力。工业革命以来，重大技术进步的发生以足够规模的生产性投资为前提。当过度扩张的金融活动挤占了企业生产性投资，就会降低实体部门的技术创新动能，抑制其劳动生产率提升和供给质量升级。实体经济的供给质量不能满足市场需求，就将导致其赢利能力长期不足，从而加剧资本脱实向虚的冲动，对经济高质量发展造成阻碍。

另一方面，脱实向虚会扩大收入分配差距。首先，实体经济是不断投入劳动、资本、土地等生产要素，进行物质生产和服务供给，持续创造新财富的经济活动，也是人类社会存在和发展的根基之一。虚拟经济对优化金融资源配置进而扩大社会再生产有重要意义，但其并不直接生产新财富。当资本脱离实体经济时，在虚拟经济内部循环，只能依据金融资产所有权对已有财富进行分配。由于富人通常是金融资产的主要持有者，也是金融资产价格上涨的主要受益者，过度流入金融市场的资本既会助长金融资产的价格泡沫，又将抑制实体经济的新财富创造能力，就加大了居民间的财富分配差距。其次，实体经济相比虚拟经济能创造更多就业岗位，实体经济占比下降会直接导致就业机会减少，相应地抑制了劳动收入增长。实现全体人民共同富裕是中国式现代化的本质要求之一，缩小居民间收入分配差距，既要遏制资本市场不合理膨胀导致的财富差距扩大，还要提高经济增长的就业带动力，避免脱实向虚导致产业空心化，通过壮大实体经济，创造更多高质量就业岗位，从而带动劳动收入增长。

以实体经济为支撑的现代化产业体系是中国式现代化的物质技术基础。实体经济是财富创造的根本源泉，是国家强盛的重要支柱。2023年5月，习近平总书记主持召开二十届中央财经委员会第一次会议时强调："加快建设以实体经济为支撑的现代化产业体系，关系我们在未来发展和国际竞争中赢得战略主动。"没有坚实的物质技术基础，就无法满足人民对美好生活的向往，就不可能全面建成社会主义现代化强国。

首先，建设以实体经济为支撑的现代化产业体系，是顺应新一轮科技和产业革命契机的战略选择。回顾工业革命以来的人类历史，科学技术变革带来的生产方式和生活方式革新，是国家或地区实现跨越式增长、朝着现代化迈进的根本动力，这也是现代化的普遍规律和共同特征。进入 21 世纪以来，全球科技创新进入空前密集活跃的时期，全球创新版图和全球经济结构正在重塑。以实体经济为支撑的现代化产业体系建设，直面世界新一轮科技革命和产业变革的要求，着力于突破关键核心技术难题、夯实科技自立自强根基，更有针对性地加快补上我国产业链供应链短板弱项，保持并增强产业体系完备和配套能力强的优势，持续提升我国产业体系在全球产业分工中的竞争力，为中国式现代化赋予稳定的技术动力。

其次，建设以实体经济为支撑的现代化产业体系，是畅通经济循环、推动高质量发展的必然要求。构建新发展格局，关键在畅通经济循环。经济循环畅通一方面需要各产业有序链接、高效畅通的现代化产业体系；另一方面又需要以实体经济为支撑，不断优化实体经济的投资结构，尤其是发挥先进制造业的增长极作用，持续提升劳动生产率，形成供给结构升级、居民收入增长、内需体系扩大的良性循环。正如列宁所指出的，"劳动生产率，归根到底是使新社会制度取得胜利的最重要最主要的东西"。没有以实体经济为支撑的现代化产业体系，就没有技术持续创新和产业不断升级，而实体经济中持续的技术创新也将通过提高就业质量、改善收入分配格局，为共同富裕建立物质基础，是中国式现代化的坚实支撑。

现代化产业体系是全社会所有产业有机衔接、功能互补的体系，是全社会所有产品和服务的投入产出相互关联的体系。建设以实体经济为支撑的现代化产业体系，指的就是以制造业为根基，推进各个产业智能融合、社会分工效率提升、形成良好的产业生态，为中国式现代化打造坚实的物质技术基础。

建设以实体经济为支撑的现代化产业体系，必须推动产业智能化、绿色化、融合化转型。具体而言，要立足人工智能等新科技革命浪潮、适应人与自然和谐共生的要求、把握产业间的有机关联与功能互补，大力推进战略性新兴产业融合集群发展。新一代信息技术、生物技术、高端装备制造、新材料、新能源、绿色环保等战略性新兴产业代表着科技创新、绿色发展的方向，是中国经济增长新的引擎，也是推动实体经济高质量发展、提升我国产业体系现代化水平的决定性力量。同时，随着新技术新业态新模式不断涌现，行业边界越来越模糊，前沿科技跨领域交叉融合趋势越来越明显。必须大力推进战略性新兴产业的融合化、集群化发展，通过深度融合有效扩大资本规模、整合创新资源、壮大技术攻坚力量，通过产业集群更好发挥集聚效应，加强分工细化与协同协作，更好释放产业网络的综合效益。

建设以实体经济为支撑的现代化产业体系，还必须符合完整性、先进性、安全性的基本要求。当前，中国拥有世界上最完整的工业体系，220多种工业产品的产量居全球第一，是全球工业门类最齐全的国家之一。建设现代化产业体系，不能搞低端产业简单退出，而是要稳中求进、抓传统产业转型升级，保持产业体系完整性，巩固中国作为全球最大制造业基地的地位和影响力。党的十八大以来，中国创新型国家建设取得历史性成就，但是在关键基础材料、核心零部件等生产领域，一些核心技术仍然受制于人，必须高效集聚全球创新要素、自主拓展产业新赛道，提升产业体系的先进性和国际竞争力。当前，国际环境错综复杂，产业链供应链的安全性直接关乎国民经济稳定，建设现代化产业体系，必须增强忧患意识，坚持底线思维，形成必要的产业备份系统，抵御个别国家"筑墙设垒""脱钩断链"的风险，保障中国经济安全稳定增长。

建设以实体经济为支撑的现代化产业体系还需要相应的金融制度支持。在中国经济增长动能和结构的转换期，必须吸取一些西方国家经济脱实向虚的教训，深化对金融本质和规律的认识。加强中国共产党对金融工作的领导，紧紧围绕服务实体经济、支持科技创新，深化金融供给侧结构性改革，依法规范和引导资本健康发展，形成实体经济与金融体系间的良性循环。

（西南财经大学经济学院副教授李怡乐）

| 第 55 问 |

为什么要以高水平区域协调发展推进中国式现代化建设？

> ▶ 高水平区域协调发展是重塑中国式现代化区域经济新格局的重大抉择，是中国式现代化建设遵循客观经济规律的重要行动，是全国统一大市场的重要根基，是区域治理的重要方略以及缩小区域差距的重要举措。

在构建以国内大循环为主体、国内国际双循环相互促进的新发展格局背景下，为什么要以高水平区域协调发展推进中国式现代化建设？

党的二十大报告指出："促进区域协调发展。深入实施区域协调发展战略、区域重大战略、主体功能区战略、新型城镇化战略，优化重大生产力布局，构建优势互补、高质量发展的区域经济布局和国土空间体系"。高水平区域协调发展是加快构建新发展格局、着力推动高质量发展和推进中国式现代化建设的重大抉择、重要行动、重要根基、重要方略和重要举措。

高水平区域协调发展是重塑中国式现代化区域经济新格局的重大抉择。新中国成立以来，我国区域政策始终以弥合区域发展差距为目标导向，区域战略重点与规划重心随着发展的进程，与时俱进地调整和演变。特别是党的十八大以来，以习近平同志为核心的党中央聚焦中国改革开放和高质量发展，对我国区域协调发展作出一系列新的重大判断、理论概括和战略安排。我国的区域战略总体布局也随之向全面协调和精准实施转变。我国以改革创新为抓手、以经济发展优势地区为重点，深化、细化、精化区域政策，谋划、部署和实施了长江经济带发展、京津冀协同发展、粤港澳大湾区建设、长三角一体化发展、成渝地区双城经济圈建设等一系列跨行政区、跨区域板块、跨流域重大战略。这些国家区域重大战略与总体协调战略相得益彰，形成了以大城市群和大都市圈为主导、以高水平区域协调引领高质量发展，着力重塑中国式现代化区域经济新格局。

高水平区域协调发展是中国式现代化建设遵循客观经济规律的重要行动。中国式现代化建设，必须顺应区域各系统实际，在行动时序上有先有后、程度上有高有低、速度上有快有慢，实现区域发展的相对动态均衡。我国是发展中的大国，区域发展格局的均衡与非均衡、协调与不协调的发展矛盾在所难免，这也是区域经济规律作用的结果。毋庸讳言，区域协调发展绝不是平均发展、同步发展，而是优势互补的分类、错位、差异、时空等多维度的协调竞进。从全面小康迈向共同富裕的新征程，区域协调发展的目标从"解决区域性整体贫困"转向为"在发展中促进相对平衡"。以高水平区域协调发展推进中国式现代化，要立足各地区发展阶段，遵循比较成本规律，走合理分工、优势互补、优化发展的路子，促进区域关系包容和谐、结构相对均衡、实现整体协调，确保发展成果惠及全体人民；要充分遵循区域经济分布的集聚性规律，发挥好强劲活跃增长极的主引擎作用，促进各类要素向发达地区中心城市高效聚集、充分涌流，持续提升枢纽型区域创新策源能力和资源配置能力，最终形成以极核城市带动都市圈、都市圈引领大城市群、大城市群支撑区域大板块高水平协调发展的良好局面。

高水平区域协调发展是中国式现代化建设全国统一大市场的重要根基。推进中国式现代化，要求加快建设高效规范、公平竞争、充分开放的全国统一大市场，全面推动我国市场由大到强转变，为建设高标准市场体系、构建高水平社会主义市场经济体制提供坚强支撑。也只有通过一体化聚合起强大的区域市场，再形成国内超大规模市场，才能为构建新发展格局提供持续动力。因此，要着力推动区域内市场基础设施互联互通，通过高效构建一体化综合交通运输网络、协同提升物流网络运营能力、合力优化商贸流通体系、强力推进公共资源交易一体化等举措，优化要素资源流通环境，为建设区域高标准市场体系提供坚实支撑。同时，要逐步实施区域统一的市场准入负面清单制度，清理妨碍公平竞争、造成市场分割的各种藩篱，大力提升营商环境市场化、法治化、便利化水平，形成与国际接轨的制度性、程序性规则，使全国统一大市场成为推动我国实现重大技术进步、加快经济结构变迁的主要力量；成为破除对外开放的制度壁垒、实现高水平对外开放的强劲动力。

高水平区域协调发展是中国式现代化建设区域治理的重要方略。推动经济区与行政区的适度分离是高水平区域协调发展取得实质性进展的硕果，也是进一步理顺政府与市场关系的重要举措，更是推动与完善中国式现代化区域治理的必然抉择。高水平区域协调发展内涵包括了一体化的区域政策和空间治理机制。在区域政策体系上，要实现财政、货币、产业、投资、消费、价格等方面政策的协同，构建统一规范、层次明晰、功能精准的区域政策体系；在区域空间格局上，要促进超大特大城市与周边市县同城化发展，培育现代化都市圈，科学有序分类推进中心城市、区域大都市、次级核心城市、重要节点城市建设，促进城乡融合和乡村振兴；维护区域生态安全，构建科学适度有序的国土空间布局体系；完善土地用途管控指标体系建设，设置生态红线保护底线指标，通过约束性指标和管控边界推动区域重大战略、主体功能区战略等逐级落实落地；严格落实"三区三线"等管控要求，明确不同区域空间开发建设行为准入条件，实施分级分类负面清单管控，健全土地用途管制机制；探索"多规合一"全域保护的大尺度空间规划和跨区域空间治理模式，形成一套切实可行的管控体系。

高水平区域协调发展是中国式现代化建设缩小区域差距的重要举措。中国式现代化是全体人民共同富裕的现代化，兼顾公平与效率，不断地、逐步地缩小地区差距，无疑是缩小城乡差距、收入差距的重要基础。要构建多极点支撑、多层次联动的区域发展格局，不断增强区域发展的平衡性和协调性。区域协调发展要完善先富带后富、先富帮后富的机制，依托东西协作、对口支援、对口协作（合作）机制，不断完善东西部结对帮扶关系，加强产业合作、资源互补、劳务对接、人才交流，动员全社会参与，形成区域协调发展、协同发展、共富发展的良好局面。要大力支持后发地区因地制宜、特色发展，全力补短板、强弱项、扬优势、增活力，加快走出一条革命老区、脱贫地区、民族地区、盆周山区等后发地区振兴发展新路子。要进一步健全转移支付制度，重点缩小区域间人均财政支出差距，不断加大对后发地区的精准支持力度，缩小区域差距。

（四川外国语大学成都学院党委书记，西南财经大学成渝经济区发展研究院院长、教授杨继瑞）

| 第 56 问 |

加快构建新发展格局能为推进中国式现代化争取哪些战略主动？

▶ 提供中国式现代化发展的内生动力，提高中国式现代化发展的可持续性，拓展中国式现代化发展的动力源泉，守住中国式现代化发展的安全底线。

加快构建新发展格局，是立足实现第二个百年奋斗目标、统筹发展和安全作出的战略决策，是把握未来发展主动权的战略部署。加快构建新发展格局能为中国式现代化争取哪些战略主动？

加快构建新发展格局，畅通国内经济活动的自我循环和加快融入全球产业链创新链，不仅有利于充分挖掘国内市场的增长潜能，形成以内需为主导、高水平自立自强的经济系统，而且有利于充分利用国内国际两种资源两个市场，为中国式现代化的高质量发展提供强劲动力。习近平总书记指出："我们只有加快构建新发展格局，才能夯实我国经济发展的根基、增强发展的安全性稳定性。"在当今世界复杂多变的发展形势下，加快构建新发展格局，能为中国式现代化发展争取如下战略主动。

提供中国式现代化发展的内生动力。加快构建新发展格局，使国内形成供给与需求均衡的循环系统，有利于保持经济合理增长。当前中国经济增速放缓的主要原因之一，是总需求不足导致的周期性放缓与供给侧潜在产出增长速度放缓叠加导致的经济增长失衡，因此要保持经济合理增长，必须深化供给侧结构性改革和加强需求侧管理，推动供给侧与需求侧同步扩张。深化供给侧结构性改革，就是要进一步解放和发展生产力。用改革的办法推进经济结构调整，减少无效和低端供给，扩大有效和中高端供给，关键是通过创新实现科技自立自强，突破关键技术领域"卡脖子"和价值链分工低端锁定的问题，推动产业结构、产品结构升级，增强供给结构对需求结构变化的灵活性和适应性。加强需求侧管理，就是要通过构建初次分配、再分配、三次分配协调配套的基础性制度安排，加大税收、社保、转移支付等调节力度并提高精准性，提高区域、行业等的协调性，扩大中等收入群体规模，增加低收入群体收入，合理调节高收入，形成中间大、两头小的橄榄型收入分配结构，在扩大需求总量的基础上推动消费结构升级。通过需求牵引供给、供给创造需求，形成供给与需求的良性互动，推动经济持续快速增长。

提高中国式现代化发展的可持续性。加快构建新发展格局，形成以实体经济为基础的现代化产业体系和区域、城乡协调发展、循环互动的空间结构，有助于增强发展的持续力和竞争力。新发展格局以现代化产业体系建设为基础。构建现代化产业体系，把发展经济的着力点放在实体经济上，扎实推进新型工业化，不断完善研发设计、加工制造、品牌营销等产业环节，推动短板产业补链、优势产业延链、传统产业升链、新兴产业建链，形成更加完善和更具韧性的产业体系，有助于实现产业链和创新链安全自主可控，生产出人民需要的高质量产品，推动供给与需求双升级持续演进，为中国式现代化提供持久动力。新发展格局要求全面推进区域、城乡协调发展，提高国内大循环的覆盖面。推进区域协调发展，深入实施主体功能区战略、区域重大发展战略等区域协调发展战略，有效发挥沿海地区的产业和制度优势进一步承接国外的先进生产力，充分发挥内陆腹地的资源和市场优势梯次承接产业转移，让内陆腹地更好发挥回旋余地的作用，形成主体功能明确、要素自由流动、资源环境可承载的区域空间结构，提高经济发展韧性。推进城乡协调发展，通过以城带乡促进城乡要素自由流动、推动乡村全面振兴，可以提升乡村要素质量、挖掘乡村消费潜力，形成城市和乡村相互促进，一、二、三产业协同发展的循环结构，有利于夯实经济发展基础、推动经济持续发展。

拓展中国式现代化发展的动力源泉。加快构建新发展格局，有效提升国际循环质量和水平，有利于增强中国对全球要素资源的吸引力。新发展格局是国内国际双循环相互促进的，这就意味着构建新发展格局将进一步扩大开放。通过提升贸易投资合作质量和水平，扩大规则、规制、管理、标准等制度型开放，可以有效提升国际大循环的质量和水平，增强国内国际两个市场两种资源联动效应，为中国式现代化高质量发展拓展新的动力源。建设强大的国内经济循环体系和稳固的基本盘，依托超大规模国内市场体系，可以为全球要素资源在百年未有之大变局的不确定性下提供确定性和可靠性，使国内大循环成为国际要素资源的强大引力场。随着中国经济体量进一步扩大，资源特别是能源消耗必将快速增长，铁矿石、原油等战略资源短板日益突出，在目前资源生产与消费结构没有得到根本性改变的情况下，依赖国际大循环扩大资源进口有助于缓解这一难题，推动中国式现代化持续发展。随着全球向数字时代的加速转型，国际技术合作成为各国推进科技的战略选择，许多技术实力强国不仅是技术出口大国，也是技术进口大国，加快构建国际大循环，中国双向高度参与全球创新链，可以借助国际科技资源加速自身科技自立自强。

守住中国式现代化发展的安全底线。加快构建新发展格局，从根本上改变中国过去市场和资源"两头在外"的发展模式，有利于更好保障国家安全。世界百年未有之大变局下，全球产业链和供应链的不确定性因素增多。在中国以往市场和资源"两头在外"的传统发展模式下，产业链和供应链断链风险较大。中国已成为全世界唯一拥有联合国产业分类中全部工业门类的国家，加快构建新发展格局，可以发挥这一独特优势，增强国内大循环的内生动力和可靠性，提升产业链供应链的韧性和安全水平，更好抵御外部环境的冲击和不确定性。在以往采用"两头在外"的发展模式下，中国尽管增加了产值和就业，促进了经济高速增长，但也增加了国内资源消耗和碳排放。在中国的资本存量不断增加的情况下，如果继续保持这种模式，继续在本国投资，不仅国内土地、淡水、能源等资源约束会愈发显现，对环境造成较大压力，也会逐渐失去资源要素配置的最佳效益，降低资金收益。加快构建国际大循环，加大国外投资资金，既可以为当地带来较高的就业和增长，也为中国提供更多投资机会和更好投资回报，有利于中国的生态安全，也是中国推进互利共赢、和平发展、人与自然和谐共生的中国式现代化道路的生动写照。

（中共四川省委党校区域经济教研部教授严红）

| 第 57 问 |

和你一起思考这个时代

实施扩大内需战略对推进中国式现代化有何意义？

▶ 在当前国际形势不稳定性不确定性突出的背景下，立足国内、扩大内需，有利于化解外部冲击和外需下降带来的影响，也有利于在极端情况下保证我国经济基本正常运行和社会大局总体稳定。

内需是中国经济发展的基本动力，也是满足人民日益增长的美好生活需要的必然要求。实施扩大内需战略对推进中国式现代化有何意义？

党的二十大报告指出："着力扩大内需，增强消费对经济发展的基础性作用和投资对优化供给结构的关键作用。"千方百计扩大内需既是应对困难挑战、稳定经济增长的必要之举，也是加快形成新发展格局的战略选择。党的二十大以来，党中央对扩大内需作出了多次重要指示。2022年底，中共中央、国务院印发了《扩大内需战略规划纲要（2022—2035年）》。随后，中央经济工作会议提出2023年要纲举目张做好五个方面的工作，其中"着力扩大国内需求"居于首位。2023年1月，习近平总书记在中共中央政治局第二次集体学习时再次强调，"要搞好统筹扩大内需和深化供给侧结构性改革""坚决贯彻落实扩大内需战略规划纲要，尽快形成完整内需体系"，在全面贯彻落实党的二十大精神的开局之年，为扩大内需战略再度锚航定向。2023年中央经济工作会议强调2024年九项重点工作，"着力扩大国内需求"是其中一项。要解决当前经济运行面临的突出矛盾、保障社会再生产良性循环，必须着力扩大国内需求，充分发挥消费的基础性作用和投资的关键性作用。为此，2024年3月13日，国务院印发《推动大规模设备更新和消费品以旧换新行动方案》，据初步估算，此方案涉及一个年规模5万亿元以上的市场；4月16日，按照此文件要求，商务部等14部门印发了《推动消费品以旧换新行动方案》。"着力扩大内需"，政策力度空前。

历史地看，世界上主要发达国家都拥有强大的内需市场，大国经济的特征都是内需为主导、内部可循环，需要建立强大而有韧性的国民经济循环体系。内需是我国经济发展的基本动力，消费是拉动经济增长的重要引擎。我国有世界规模最大的中等收入群体，据2022年国家统计局发布数据显示，2021年人均国内生产总值已超过1.2万美元，是全球最具成长性的消费市场。2023年上半年，最终消费支出对经济增长的贡献率为77.2%，明显高于2022年；前8个月，服务零售额增长19.4%，消费对于经济增长的拉动作用继续显现，消费稳步扩大为经济恢复向好发挥了重要作用。但同时也要看到，经济不确定性不稳定性因素依然存在，国内需求仍显不足，经济恢复向好基础仍需巩固。在当前国际形势不稳定性不确定性突出的背景下，立足国内、扩大内需，有利于化解外部冲击和外需下降带来的影响，也有利于在极端情况下保证我国经济基本正常运行和社会大局总体稳定，是推进中国式现代化的必然选择。

把满足国内需求作为发展的出发点和落脚点必须坚定实施扩大内需战略，在发展中补齐民生短板，持续提高人民群众获得感、幸福感、安全感。中国式现代化坚持把实现人民对美好生活的向往作为现代化建设的出发点和落脚点，要完成这样的使命任务，必须不折不扣抓好扩大内需战略部署的贯彻落实。随着经济社会发展水平的不断提高，人民群众的需求逐渐向多样的、多层次的、高品质的方向转变，在关注"有没有"的同时，还关注"好不好"的问题，在物质生活不断改善的基础上，精神文化需求也日益丰富，而这些需求更新迭代的速度也越来越快。通过扩大内需提高物质和精神供给的数量和质量，满足人民群众不断升级的需求，更好地促进人的全面发展，既是解决新时代我国社会主要矛盾的手段，也是全面建设社会主义现代化国家的题中之义。

深化供给侧结构性改革必须与实施扩大内需战略有机结合，增加高品质商品和服务供给，以高质量供给引领创造新需求。改革开放以来，我国经济社会发展取得了举世瞩目的巨大成就，缔造出经济快速发展和社会长期稳定"两大奇迹"。国门一经开启，两种资源、两种市场就焕发出惊人的潜力，我国资源优势、人力资本优势、政策红利优势等得到了释放，在较短时期内改变了国家的落后面貌，"中国制造""世界工厂"成为一张张推介中国国家实力的名片，外向型经济成为中国经济的典型特征。但是，2008年国际金融危机发生后，世界经济陷入长期低迷状态，西方一些国家开始实行贸易保护主义、单边主义、脱钩断链、筑墙设垒，加之新冠疫情的影响使国际大循环动能明显减弱，给世界经济蒙上了不确定性的阴影。随着时代的发展，中国"两头在外""大进大出"的发展模式逐渐走到了尽头，对外依存度过高导致一系列问题发生。在这个过程中我国经济长期依赖投资和出口的发展模式日渐式微，总需求不足成为经济运行的突出矛盾，供给结构不适应结构变化的矛盾开始凸显。2006年，我国对外贸易依存度高达67%。实践的发展要求转变我国经济发展模式，金融危机后我国开始实施扩大内需战略，力求实现经济增长由主要依靠投资、出口拉动转向依靠消费、投资、出口协同拉动，消费对国民经济的拉动作用明显上升。2022年，我国对外贸易依存度降至35%，内需增长对经济增长的贡献率达82.9%。

构建新发展格局必须同扩大内需战略相联系，形成强大的国内经济循环体系和稳固的基本盘。2020年5月，习近平总书记提出"充分发挥我国超大规模市场优势和内需潜力，构建国内国际双循环相互促进的新发展格局"，并在说明制定"十四五"规划和2035年远景目标时指出构建新发展格局要坚持扩大内需这个战略基点，使生产、分配、流通、消费更多依托国内市场，形成国民经济良性循环。中国是一个大国，拥有14亿多人口的超大市场规模，拥有世界上最为完整的工业体系，是世界第一制造大国和贸易大国。中国的发展不能建立在依靠别国的基础上，必须把发展的主动权牢牢掌握在自己手中。"我们只有立足自身，把国内大循环畅通起来，努力练就百毒不侵、金刚不坏之身，才能任由国际风云变幻，始终充满朝气生存和发展下去。"因此，双循环特别是增强国内大循环动力，就成为解决内需不足消费不振的重要举措。内需和消费是经济发展的重要基础和引擎，扩大内需、增加消费是增强一国经济动力的基础性力量。要坚定实施扩大内需战略，培养完整的内需体系，稳定增加居民收入，合理引导预期，提升人们的消费能力和消费意愿，让人们愿意消费、敢于消费、学会消费。同时，坚定实施扩大内需战略，绝不是关起门来封闭运行，而是要坚持扩大开放，充分利用国内国际两个市场两种资源，实现国内国际双循环相互促进。

（兰州大学马克思主义学院院长、教授张新平，兰州大学马克思主义学院任杰）

| 第 58 问 |

中国式现代化需要什么样的现代化人力资源？

> ▶ 凸显规模效应的现代化人力资源，是推进中国式现代化的重要基石；配置均衡合理的现代化人力资源，是中国式现代化的核心支柱；创新活力迸发的现代化人力资源，是推进中国式现代化的坚实堡垒。

现代化人力资源是实现中国式现代化的核心保障，中国式现代化又为人力资源的现代化提供了战略指向。中国式现代化需要怎样的现代化人力资源？

在推进中国式现代化过程中，现代化人力资源的总量结构、配置效益和创新活力是关键因素，需要加快塑造素质优良、总量充裕、结构优化、分布合理的现代化人力资源，具体可从凸显规模、配置均衡和激发活力三个层面来理解。

凸显规模效应的现代化人力资源，是推进中国式现代化的重要基石。人口规模巨大是我国最重要的国情之一，意味着我国拥有独特的人力资源规模优势。超级人口总量产生的规模效应，集中体现为人力资源的高度集聚，从而带来经济发展效益持续提升和生产成本累计降低，隐含着不可估计的人口和人才红利。人口红利是我国取得历史性成就的基石之一，更是拓展延伸中国式现代化的基础性支撑。

一方面，规模效应凸显为中国式现代化注入乘数效应。我国人口基数带来了具有全球领先的劳动力和技能优势，为推进制造强国和工业强国建设奠定了坚实的人力基础。据国家统计局公布的数据，2022 年我国

16—59岁年龄段人口约为8.76亿人,占总人口的比重为62%,这意味着中国仍具有相当的劳动力优势,能够为产业转型升级和动能转化提供充足的人力资源支撑。同时,在新一轮互联网革命驱动下,人才作为第一资源,成为引领产业变革的关键变量,需要加大人力资源开发投资,促进人力资源优势加快向人才优势转变。当前,中国人才资源总量达到2.2亿人,需要进一步推动人才链、产业链和创新链同频共振,释放人才聚集的规模效应和乘数效应,为实现中国式现代化提供战略性资源保障。

另一方面,规模效应凸显为中国式现代化提供强劲动能。随着人口老龄化,中国人力资源结构发生了巨大变化。2022年全国劳动年龄人口占比相较2010年的峰值74.5%,已步入下行期;同时,城镇化和工业化大幅提高了人口综合素质,促使中国从人口资源大国迈向人力资本强国,由人口红利逐渐向人才红利转变。然而,新型城镇化和新型工业化的进一步发展,必然也要求宏大的人力资源作支撑。维持中国人力资源的规模优势,需要有效纾解人口结构变化带来的老龄化、少子化等问题,加大人力资本投资和老年人力资源开发,充分发挥教育、医疗、社会保障等公共服务赋能作用,实现现代化人力资源合理更新迭代和长效发展。

配置均衡合理的现代化人力资源,是中国式现代化的核心支柱。随着教育水平与健康素养的快速提升,人力资本富集成为现代化人力资源的重要特征。此外,人口流动规模扩张,流向形态转换,人力资源产业化迁徙进一步加强。因此推进中国式现代化,需要合理配置、均衡分布的高素质现代化人力资源。

一方面,全面推动人力资源提质增效。实现社会经济高质量发展与高水平科技自立自强是走好中国式现代化道路的关键,而年龄结构合理、知识技能优异的现代化人力资源能够汇聚各生产要素,助力科技创新和生产力全面变革。优化人力资源层次结构、提升人力资源发展效能,需要坚持以人为本,发挥教育、医疗两大公共服务的人力资本开发功能。其一,依托中国具有的世界最大规模高等教育体系,推动高等教育和职业教育融合发展,健全人力资源技能培训平台,重点培养学生的创新思维和基础研究能力，鼓励更多青年走技能成才、技能报国道路。其二，以健康中国建设为指引，推动医药、医疗和医保高效联动，强化医疗卫生体系防治疾病和应急管理能力，提升城乡公共卫生服务均等化水平，为公众提供更加优质均衡的全生命周期健康服务。实现人力资源质的增长和效的提升。

另一方面，系统优化人力资源区域布局。人力资源的现代化既是素质结构的现代化，也是空间配置合理的现代化。现代化人力资源合理配置主要涵盖三个方面：一是促进区域人力资源协同发展和充分共享。根据东西南北各地区主导产业需求与区域资源禀赋，因地制宜推进区域人才高地建设，构建区域人力资源合作同盟，强化区域人力资源共育共用。二是促进城乡人力资源合理配置和良性流动。大力推进乡村人才振兴工程，促进现代化人力资源在城乡间合理流动，助力基层治理和乡村振兴。三是构建国内国际人力资源协同的新格局。坚持以新发展格局为指引，提升现代化人力资源国际竞争力，打造全球人力资源聚集高地，激励国际顶尖人才和行业精英为中国高质量发展增智献策，加速推进中国式现代化进程。

创新活力迸发的现代化人力资源，是推进中国式现代化的坚实堡垒。创新是第一动力，人才是第一资源，人力资本是经济增长的关键性要素，只有激发人力资源创新创造活力，显著发挥人才引领驱动功能，才能实现质量变革、动力变革和效率变革，为中国式现代化推进提供奔流不息的源头活水。

激发人力资源的创新创造活力。世界百年未有之大变局加速演进，新一轮科技革命和产业变革迅猛发展，促进现代化人力资源创造力竞相迸发、创新活力充分涌流成为中国式现代化的内在要求。创新是人类社会独有的生产创造活动，人力资源是创新创造的主力军和排头兵，创新驱动的底层逻辑在于人才驱动。激发创新创造活力的核心要求是促使人力资源合作竞争和充分互动，推动新知识、新技术、新工艺的出现，让现代化人力资源能"万类霜天竞自由"。中国式现代化的实现是科技创新发展、新型工业化推动等的综合体现，只有切实发挥人力资源和人才资源的引领带动功能，凸显现代化人力资源在产业结构优化、科技创新突破过程中的支撑作用，鼓励各类人才勇攀科创高峰，切实解决"卡脖子"技术壁垒，才能全面建成集科技强国、人才强国等为一体的社会主义现代化强国。

促进人力资源优势向科技创新优势转化。党的二十大报告中前瞻性将教育、科技、人才进行统筹谋划与一体化部署，形成"三位一体"战略布局，彰显出人力资源与创新创造的紧密耦合关系，人才引领与创新驱动成为中国式现代化的"双轮动力"。同时，这也表明将人力资源优势转化为人才创新优势、将创新驱动优势转化为经济社会发展效能是中国式现代化的推进方向。筑牢高质量教育体系，健全科技创新体系，将人力资源开发放在核心地位，能有效夯实我国现代化人力资源堡垒，以规模庞大、素质优化的现代化人力资源撬动高水平科技自立自强，为中国式现代化不断注入澎湃人才动力。

（四川大学人力资本开发研究所所长、公共管理学院教授罗哲）

| 第 59 问 |

中国式现代化需要什么样的制造业新动能？

> ▶ 从整体论系统论来看，以高质量发展推进中国式现代化催生制造业新动能；从产业的特殊性和产业发展的重要性、紧迫性来看，中国式现代化需要的制造业新动能主要体现在技术、人才和产业集群培育、深化创新链产业链融合等方面。

高质量发展是中国式现代化的本质要求，制造业高质量发展是经济高质量发展的重中之重。中国式现代化需要什么样的制造业新动能？

制造业高质量发展是中国式现代化的底座和关键引擎，没有制造业提供的坚实物质技术支撑，就不可能实现中国式现代化，更不可能实现中华民族伟大复兴的目标。世界强国的兴衰史和中华民族的奋斗史也一再证明，没有强大的制造业，就没有国家和民族的强盛。

我国制造业总体规模连续14年居世界首位，制造业门类齐全，为经济社会发展提供了有力支撑。但同时也要看到：一方面，我国制造业创新能力与部分发达国家相比仍有不小差距，特别是一些关键核心技术还受制于人，大而不强是我国制造业的一个突出特征；另一方面，当前我国经济运行内生动力还不强，需求仍然不足，经济发展新形势也对制造业转型升级提出了新要求、新挑战，制造业的高质量发展需要新动能的强力推动。

只有把制造业放在中国经济高质量发展的大背景下来考察，放在中国式现代化进程中来理解，才能全面深刻把握中国式现代化需要什么样的制造业新动能。要从两个视角来分析：从整体论系统论的视角，把制造业放在整个经济大盘中来分析；从制造业这个具体产业的特殊性来分析。

从整体论系统论来看，以高质量发展推进中国式现代化催生制造业新动能。高质量发展既是中国式现代化的本质要求，也是全面建设社会主义现代化国家的首要任务。以高质量发展为主题，完整、准确、全面贯彻新发展理念，加快构建新发展格局、建设现代化经济体系，都需要促进制造业转型升级和创新发展，夯实其物质技术基础。完整、准确、全面贯彻新发展理念，是经济高质量发展的根本思想保证和必由之路，是制造业发展新动能的活力之源。创新是引领发展的第一动力，是先进制造业高质量发展的核心；协调是持续健康发展的内在要求，是保持制造业比重基本稳定的着力点；绿色是永续发展的必要条件和人民对美好生活追求的重要体现，是制造业转型发展的新底色；开放是国家繁荣发展的必由之路，是制造业发展的共赢之道；共享是中国特色社会主义的本质要求，是推进制造业发展的立足点。

加快构建新发展格局，为经济高质量发展推动中国式现代化开创全新发展空间，也为制造业高质量发展开创全新发展空间。加快构建新发展格局，要坚持以国内大循环为主体，重点是经济循环流转和产业关联畅通，形成需求牵引供给、供给创造需求的更高水平动态平衡；要坚持实施更大范围、更宽领域、更深层次对外开放，形成高水平对外开放新格局；要激发国内国际两个市场两种资源联动效应，实现国内大循环和国际循环相互促进。这就需要实现高水平的自立自强，尤其是科技的高水平自立自强，不断培育和明显增强我国参与国际经济合作和竞争的新优势，以强大的改革勇气和信心，提升国际循环质量和水平，为制造业转型发展带来新机遇。

加快建设现代化经济体系，推动经济实现质的有效提升和量的合理增长，巩固制造业发展良好态势。2023 年 3 月召开的先进制造业发展座谈会强调，坚持把发展经济的着力点放在实体经济上，大力发展先进制造业，推进高端制造，加快建设现代化产业体系。这为我们指明了方向。要以制造业高端化智能化绿色化发展、产业链供应链韧性和安全水平提升、战略性新兴产业融合集群发展、优质高效的服务业新体系构建、高效顺畅的流通体系建设、数字经济发展及其与实体经济的融合、现代化基础设施体系建设等为重点领域，推进新型工业化。要求全面推进乡村振兴，着力推进城乡融合发展。制造业需要从战略协同上寻找动力源，同步推进新型工业化、信息化、城镇化、农业现代化，推进物质文明和精神文明相协调、人与自然和谐共生的中国式现代化。要求构建高水平社会主义市场经济体制、完善分配制度等，为制造业新动能提供良好的体制保障。

从产业的特殊性和产业发展的重要性、紧迫性来看，中国式现代化需要的制造业新动能主要体现在三个方面。

需要技术赋能，技术创新是推动制造业转型升级的核心动力。中国制造业需要在技术研发、智能制造、信息技术等领域取得重大突破，为未来制造业的发展提供有力支撑。制造业是实体经济的基础，也是科技创新的主战场。当今世界正处于新一轮科技革命和产业变革的加速拓展期，全球科技创新空前密集活跃，新一代信息技术、新能源、新材料、生物工程、绿色低碳技术等新兴技术正在重塑全球的技术版图、经济结构和大国竞争格局。中国要成为现代化强国，需要遵循工业化和现代化一般规律，顺应新一轮科技革命和产业变革大趋势，坚持创新在我国现代化建设全局中的核心地位，建设科技强国，实现高水平科技自立自强，成为世界主要科学中心和技术创新高地。当今世界科学研究、技术创新和产业应用已经紧密融合，科技强国建设和制造强国建设密不可分，制造业是科技创新活动最活跃、科技创新成果最丰富、科技创新应用最集中、科技创新溢出效应最强的产业，是科技创新主战场。

需要人才赋能，产业要发展关键在人、在人才。和技术赋能紧密关联的就是人才。当前，新一代信息技术、高档数控机床和机器人、航空航天装备、新材料、生物医药及高性能医疗器械等成为引领制造业高质量发展的主要力量。在这些领域，需要一大批掌握更多专业知识、更高技能水平、跨技术领域的复合型技术人才。第七次全国人口普查数据显示，制造业就业人员在20个大类行业中位居第二，就业人口占比达18.1%。统计显示，我国制造业十大重点领域2025年人才缺口将接近3000万人，缺口率高达48%，成为制约制造业高质量发展的关键因素。同时可想象，若把人才缺口补齐补足，制造业的成长空间就会被完全打开。

需要从产业集群培育、深化创新链产业链融合要动力。构建产业集群是制造业发展的重要方向，这是发挥产业发展协同效应、提升产业链供应链韧性、打造现代化产业体系的内在要求和必经路径。发挥产业集群的力量，也是构筑产业发展动力的一个"众筹"路径。发展制造业，要把培育壮大产业集群作为重要发力点，加快创新链产业链深度融合。只有让各种生产要素更高效集聚、更优化配置、更顺畅循环，我国制造业才能在不断开辟新领域新赛道、塑造新动能新优势中增强竞争力、焕发新活力。

（中共中央党校公共管理教研部副主任、教授李江涛）

| 第 60 问 |

新型工业化如何以新质生产力建设为抓手赋能中国式现代化?

▶ 要坚持以新质生产力锻长板、补短板,不断提高我国工业体系的完整性、先进性和安全性;要以新质生产力的个性化发展、跨界发展的特点,满足新型工业化发展的战略需求,打破时空限制,锻造创新链、产业链、价值链的长板。

以中国式现代化全面推进强国建设、民族复兴伟业,实现新型工业化是关键任务。聚力发展新质生产力,扎实推进新型工业化,是我国经济高质量发展的战略选择。新型工业化如何以新质生产力建设为抓手赋能中国式现代化?

习近平总书记指出,新时代新征程,以中国式现代化全面推进强国建设、民族复兴伟业,实现新型工业化是关键任务。实现新型工业化必须完整、准确、全面贯彻新发展理念,深刻把握新时代新征程推进新型工业化的基本规律,积极主动适应和引领新一轮科技革命和产业变革,把高质量发展的要求贯穿新型工业化全过程。在推进新型工业化进程中,要把"加快形成新质生产力,增强发展新动能"作为优先选项,打造发展新引擎、拓展发展新空间、构筑发展新优势。

新质生产力涵盖了新一轮科技革命和产业变革背景下的新技术、新领域、新赛道,代表着未来生产力发展方向。其突出特点:一是科技含量高,二是对产业结构升级和融通发展的带动作用强,三是对经济体系效率提升和高质量发展驱动作用大。其中，依靠科技创新增强发展新动能是新质生产力最突出的特点，也是以发展新质生产力推动新型工业化的关键。

当前，全球科技创新进入密集活跃时期，新一代数字、生物、能源、材料等领域颠覆性技术不断涌现，呈现融合交叉、多点突破态势，为加快形成新质生产力创造了条件。站在历史的交会处，我们要与新一轮科技革命和产业变革同频共振，努力依托科技创新发展形成的新质生产力推动实现新型工业化，避免与历史机遇擦肩而过。

习近平总书记强调："要牢牢扭住自主创新这个'牛鼻子'，在巩固存量、拓展增量、延伸产业链、提高附加值上下功夫。"在实现新型工业化进程中，各类创新主体要主动对接国家战略需求，聚焦新质生产力发展战略前沿和制高点领域，立足重大技术突破和重大发展需求，瞄准经济建设和事关国家安全的重大工程科技问题，紧贴社会民生现实需求和军民融合需求，整合和优化科教创新资源，加大研发投入，突破"卡脖子"技术瓶颈，发展"撒手锏"技术。特别是在前瞻性、战略性领域打好主动仗，强化技术集成突破，加快自主创新成果转化应用，掌握更多关键核心技术，增强产业链关键环节竞争力，完善重点产业供应链体系，加速产品和服务迭代发展，催生更多新技术、新产业，不断开辟经济发展的新领域、新赛道，形成发展新优势。

从国家产业竞争力的视角来看，新型工业化的根本动力和主要目标是提高产业创新与升级的能力。新质生产力代表着新一轮科技革命和产业变革中生产力跃迁的方向，蕴藏了巨大的价值，对提高实体经济效率具有乘数作用，对推动现代化产业体系建设和产业结构优化升级具有叠加、聚合、倍增效应。把高质量发展的要求贯穿新型工业化全过程，就是要坚持以新质生产力锻长板、补短板，不断提高我国工业体系的完整性、先进性和安全性。一方面，要坚持目标导向和问题导向相结合，补齐新型工业化发展中供应链、创新链、产业链的发展短板。要以新质生产力为"催化剂"，激发传统工业内生动力，摆脱依靠大量资源投入、高度消耗资源能源的增长路径和发展方式,赋能传统产业数字化、网络化、智能化转型改造升级。同时,以新质生产力为"加速器",推动生产力发展的技术范式与数字经济范式的协同转换,建立上下游互融共生、分工合作、利益共享的一体化组织新模式,引导企业、金融机构、系统集成商等多方力量,推动产业链向上下游延伸,促进各类市场主体加速资源整合和共享,加快产品更新迭代,促进产业链配套发展,加快推动产业链再造和价值链提升。

另一方面,要以新质生产力的个性化发展、跨界发展的特点,满足新型工业化发展的战略需求,打破时空限制,锻造创新链、产业链、价值链的长板。要加强新型工业基础设施建设,营造繁荣有序的创新发展生态,聚焦先进制程芯片、工业软件、高端装备业、工业母机等重点领域,加快发展风电、光电、核电等清洁能源,建设风光火核储一体化能源基地,培育一批新质生产力主导的具有国际竞争力的大企业和具有产业链控制力的主导型企业,不断延伸产业链条,努力创造新产品充分涌现、市场不断拓展、产业高速发展、价值链不断提升、融入国内国际双循环的新发展格局。

以新质生产力推进新型工业化,要在新的维度和底层逻辑思考推动新型工业化的新路径和新方向,深刻把握新时代新征程推进新型工业化的基本规律,积极主动适应和引领新一轮科技革命和产业变革,从积极培育经济发展新动能入手,走出新型工业化的新路子。

要积极培育新能源、新材料、先进制造、电子信息等战略性新兴产业。通过完善政府对战略性新兴产业在政策支持、要素投入、激励保障、服务监管等长效机制改革,更好地发挥市场对技术研发方向、路线选择、各类科技创新要素配置的导向作用,推动企业成为技术创新决策、研发投入、科研组织和成果转化的主体,培育一批核心技术能力突出、集成创新能力强的数字创新领军企业。要加快科技创新成果转化应用,彻底打通各种关卡,实现战略性新兴产业在技术突破、产品制造、市场模式等方面的"一条龙"跃升,形成代表新质生产力新技术、新产品、新业态蓬勃发展的新局面,并以此推动经济高质量发展、可持续振兴。

要把握科技革命和产业变革先机,加强形势研判,积极培育未来产业。近年来,随着颠覆性成果不断涌现,未来产业已经成为经济发展的战略领域。在推动新型工业化过程中,应结合区域工业基础优势,对标人工智能、高端机器人、量子计算、元宇宙等全球产业创新前沿,跟踪"未来智力""未来生产""未来算力""未来商业"的发展趋势,着力发展引领、带动实体经济强劲增长的未来产业作为产业重点布局方向,选择其中潜力较大的赛道重点发展,并逐步试点人工智能、量子计算、元宇宙、区块链等应用场景,强化匹配未来产业的内容创造,加快形成代表新质生产力的产业链和产业集群,努力赢得未来发展的主动权。

(中国社会科学院工业经济研究所党委书记曲永义)

| 第 61 问 |

新型城镇化如何促进中国式现代化？

> ▶ 新型城镇化推动农村转移人口在产业支撑、人居环境、社会保障、生活方式等方面实现由乡到城转变的过程，就是推动实现中国式现代化的过程。

城镇化是现代化的必由之路。在开启全面建设社会主义现代化国家新征程之际，党中央就明确提出"推进以人为核心的新型城镇化"。新型城镇化如何促进中国式现代化？

以人为核心的新型城镇化更加注重提高户籍人口城镇化率，更加注重城乡基本公共服务均等化，更加注重环境宜居和历史文脉传承，更加注重提升人民群众获得感、幸福感、安全感。中国式现代化有着鲜明特色，是人口规模巨大的现代化，是全体人民共同富裕的现代化，是物质文明和精神文明相协调的现代化，是人与自然和谐共生的现代化，是走和平发展道路的现代化。新型城镇化推动农村转移人口在产业支撑、人居环境、社会保障、生活方式等方面实现由乡到城转变的过程，就是推动实现中国式现代化的过程。

新型城镇化强调有序实现常住人口市民化，有助于实现人口规模巨大的现代化。现代化本质是人的现代化。只有实现人的全面发展，不断提升全体人民的素质和技能，才能建立现代化社会。当中，城镇化起到了重要作用。农业转移人口从农村进入城市、从第一产业进入第二产业和第三产业，不仅带动了整个社会生产力的提升，他们也获得更多的信息和知识、更好的公共服务，具有更大的可能实现全面发展。因此，14亿多人口整体迈进现代化社会，将有超过10亿的人口生活在城市之中，这相当于目前全球生活在城市中的总人口，对基础设施、资源环境、公共服务、社会治理等都提出了极大挑战，需要有一个长期推进的过程。目前，虽然我国已有大量的农业转移人口常住在城镇，但尚未在城镇落户定居，处于"半市民化"状态。新型城镇化就是把有序实现常住人口市民化作为首要任务，促进有能力在城镇稳定就业和生活的常住人口实现市民化，提高城镇人口素质和居民生活质量，真正做到农业转移人口"进得来""留得住""发展好"，为更多人口迈入现代化夯实基础。

新型城镇化强调城乡融合发展，有助于实现全体人民共同富裕的现代化。共同富裕是社会主义的本质要求，是中国式现代化的重要特征。实现共同富裕关键在于消除城乡在基础设施、公共服务、收入和治理等方面的差距，实现城乡居民无差别发展。这需要强化以工补农、以城带乡，加快形成工农互促、城乡互补、协调发展、共同繁荣的新型工农城乡关系。我国城镇化带动农村发展的成效明显，城乡公共服务均等化和基础设施一体化水平大幅提升，但仍然存在城乡要素流动不顺畅、公共资源配置不合理、融合发展机制不健全等问题，使得城乡居民收入绝对差额仍然在扩大。新型城镇化就是要从城乡分割转向城乡融合发展，促进各类生产要素在城乡间双向自由流动和平等交换；发挥县城连接城市、服务乡村作用，加快推动以县城为重要载体的城镇化，促进县城公共服务向乡村覆盖、基础设施向乡村延伸，加快三次产业融合发展，带动农业农村现代化，为实现全体人民共同富裕提供有力支撑。

新型城镇化强调打造高品质生活空间，有助于实现物质文明和精神文明相协调的现代化。中国式现代化既需要物质生产能力不断提升，也需要人的精神世界不断丰富，只有两者相互促进，才能为中国式现代化提供强大的发展动力和感召力。城镇是工业化和历史文化传承的主要载体。城镇化与工业化存在相互作用的关系，对文化发展具有重要推动作用。新中国成立以来，我国工业化一直引领带动城镇化的发展，不仅显著提高了全体人民的物质生活水平，也极大丰富了人民的精神生活。但进入工业化中后期，主导产业转向资本和技术密集型产业，城市集聚高端要素的能力决定了工业化进程。增强城市高端要素集聚能力，需要打造高品质生活空间。新型城镇化就是致力于打造高品质的生活空间，着力推动城市的更新改造、公共设施提标扩面，并将城市治理精细化，注重延续城市历史文脉，发展有历史记忆、文化脉络、地域风貌、民族特点的人文城市，增强城市的文化影响力和凝聚力，充分释放投资需求潜力和创新创造潜力，实现物质文明和精神文明协调发展。

新型城镇化强调节约集约和绿色低碳，有助于实现人与自然和谐共生的现代化。促进人与自然和谐共生是中国式现代化的本质要求之一，是立足中国、全球可持续发展的现实选择。我国戈壁、沙漠、高原等不适宜人居的国土面积占比超过40%，人均水资源量仅为全球人均水平的28%，要实现可持续发展必须走资源节约型道路。并且，我国承诺力争2030年前实现碳达峰、2060年前实现碳中和。因此，推动节约集约利用资源、绿色低碳发展是中国城镇化的必然选择。但在城镇化过程中，我国存在城市建设用地扩张速度明显高于人口增长速度、城市环境污染较严重等问题。新型城镇化将生态文明建设贯穿于城镇发展的全过程，推动资源节约集约利用，强化环境保护和生态修复，减少对自然的干扰和损害，推动形成绿色低碳的生产生活方式和城市建设运营模式，明确城镇空间发展的边界，推动要素进一步向中心城市、都市圈和城市群等经济发展优势区域集聚，腾挪更多的空间用于生态保护和农业生产，实现人与自然和谐的可持续发展。

新型城镇化强调人民属性和开放属性，有助于实现走和平发展道路的现代化。中国式现代化是走和平发展道路的现代化，要求对内实现和谐稳定，对外实现合作共赢。城市是确保对内和谐稳定和对外合作共赢的主阵地。人口等要素逐步向城市集聚，并频繁在城市之间流动，对城市治理体系和治理能力现代化提出了很高的要求。此外，要素自由流动必然赋予城市开放的属性，只有开放才能给予城市不断发展壮大的动能。

在我国城镇化发展过程中，最具示范效应的是深圳，从小渔村到国际大都市，对外开放和城市治理起到了关键作用。但目前我国大部分城市的治理能力仍然较为薄弱，高水平对外开放依然不足。新型城镇化要求践行"人民城市人民建、人民城市为人民"理念，建设人人有责、人人尽责、人人享有的社会治理共同体，不断增强群众参与城市治理的积极性，推动城市治理体系和治理能力现代化，巩固和谐稳定的发展局面。同时，新型城镇化要求城市要有更高的开放包容性，创造要素自由流动的公平环境，构建与高水平对外开放相适应的规则和制度体系，深入推进与全球经济的有序融合，形成和睦相处、合作共赢的国际关系。

（中共四川省委、四川省人民政府决策咨询委员会委员，四川省发展与改革研究所高级经济师鲁荣东）

| 第 62 问 |

农业现代化在中国式现代化中
扮演什么样的角色?

> ▶ 我们可以从三个维度把握农业现代化与中国式现代化的相互联系,它在中国式现代化中扮演了三个角色,既是中国式现代化的重要基石,也是中国式现代化的短板制约,还是中国式现代化的关键保障。

全面推进中国式现代化是关乎中华民族未来命运的重大战略部署,包含着实现新型工业化、城镇化、信息化和农业现代化的系统目标和整体进程。其中,实现农业现代化的任务尤为繁重和艰巨。那么,我们应当如何认识农业现代化与中国式现代化的相互联系?农业现代化在中国式现代化中扮演什么样的角色?

党的二十大报告提出以中国式现代化全面推进中华民族伟大复兴,是关系我国未来命运的重大战略。同时在推进农业现代化上,提出加快建设农业强国的目标任务。我们可以从三个维度把握农业现代化与中国式现代化的相互联系。

第一,农业现代化是中国式现代化的重要基石。正所谓"农,天下之本,务莫大焉","务农重本,国之大纲",农业是国民经济的基础产业,在实现中国式现代化进程中具有举足轻重的作用。

一方面,中国发展不平衡不充分的矛盾主要在农村,以突出农民主体地位的农业现代化应当是破解难题的关键所在。中国式现代化是人口规模巨大的现代化,是全体人民实现共同富裕的现代化。但需要强调的是，当前中国常住人口城镇化率就算在现有65.2%的水平上大幅提升到70%，也仍会有四五亿人生活在农村。如何实现这部分人的共同富裕是中国式现代化必须回答的重要议题。换言之，大国小农的基本国情和农情，内在地决定了中国农业现代化必然具有不同于西方发达国家农业现代化进程的重要特征，因为没有一个国家像中国这样，需要将数量如此庞大的小农户平稳有序地引入现代化进程。可以说，以促进农民持续增收为目标、突出农民主体地位的农业现代化既是实现农民农村共同富裕的坚实基础，也是推进并支撑中国式现代化的必然要求。

另一方面，多元化探索农业绿色低碳循环发展模式，不仅凸显了我国农业现代化发展的基本趋势，而且构成了推进中国式现代化的特色路径。人与自然和谐共生是中国式现代化的又一重要特征。就农业而言，虽然在经济发展过程中所占GDP的比重不断降低，但却是所有产业中距离自然最近并且与人关系最密切的产业，农业产业的生命特征本身便是人与自然和谐共生的生动写照。党的二十大报告指出中国式现代化是人与自然和谐共生的现代化，这与农业现代化所要求的绿色发展和可持续发展是完全契合的。农业现代化不仅要从以往追求数量增长向追求质量提升转变，更要求走资源节约、环境友好、生态稳定的可持续发展道路。

如果把实现中国式现代化的过程比喻成修建一座宏伟大厦的话，农业现代化就是这幢大楼的重要基石，它不仅要承载数量庞大的城乡人口完成现代化的历史跃迁，而且要承载中华民族生生不息追求生态和谐的内在需求。

第二，农业现代化是中国式现代化的短板制约。比较而言，农业现代化是中国式现代化的突出短板，农业大而不强是现阶段中国农业的真实写照。

相较于工业与服务业发展而言，农业在科技应用、人口素质、生产方式等方面仍然存在较大差距，第一产业生产效率远远低于第二产业、第三产业更是不争的事实。尽管改革开放以来我国农业在原有基础上实现了长足发展，但农业比较效益偏低的局面尚未得到根本改变，农业产业仍然缺乏有效的市场竞争力。与此同时，我国农业发展区域失衡的问题仍然突出，我国幅员辽阔，各地农业资源禀赋差异巨大，农业现代化发展水平存在明显差异。东部沿海地区经济发达，在资金供给、技术推广、基础设施建设等方面具有显著的比较优势，是农业建设进展最快和成效最显著的区域。东北和中部地区农业资源丰裕，土地规模经营快速发展，农业机械化水平全国领先，农业现代化表现出加速推进的良好势头。相比而言，西部地区主要由于资源禀赋和经济基础的双重制约，农业现代化进程较滞后，是农业强国建设亟待突破的重点区域。可以明确的是，农业现代化是中国式现代化的重要组成部分，但从比较的视角看则是需要补齐的短板所在，而且农业内部也存在区域发展不均衡的突出软肋，同样必须加以解决。

可以判定，能否高质量推进农业现代化将直接影响中国式现代化的成色。形象一点来说，农业现代化之于中国式现代化，无疑是最大的限制性因素，就像木桶的短板之于木桶一般，如果不能将农业现代化这一短板补齐，无论其他领域如何努力或突破，都难以有效提升中国式现代化这一"木桶"的实际盛水量。

第三，农业现代化是中国式现代化的关键保障。当前，中华民族伟大复兴的战略全局与世界百年未有之大变局相互交织、相互激荡，农业作为保障人类生存与发展的重要基础产业，既与每个人息息相关，更与国家战略安危密不可分。农业现代化既是中国式现代化的压舱石，又具有战略后院的重要保障功能。

从国内视角看，中国式现代化的一个基本要求是必须有效保障14亿中国人民的吃饭问题，也就是必须夯实粮食安全根基。习近平总书记指出："只有农业强起来，粮食安全有完全保障，我们稳大局、应变局、开新局才有充足底气和战略主动。"由此足见，保障粮食安全，是中国式现代化的底线所在，是农业现代化必须承担的重大使命担当。特别是在耕地资源稀缺、劳动力老龄化矛盾尖锐、小农户以分散小规模经营为主的复杂条件下，如何合理强化耕地资源的用途管制、创新适度规模的经营方式、探索更有效率的补贴支持政策、全方位立体式构建粮食安全保障体系，这将是我国推进农业现代化的首要任务，同时也是中国式现代化的关键保障。

从国际视角看，只有稳住农业大盘，才能真正稳定国家安全的战略全局，才能从容应对各种相互交织的不确定风险。中国式现代化并非在封闭的环境下向前推进，而是不可避免地面临风云变幻的国际局势影响。在百年未有之大变局的强烈冲击下，对我国而言，农业现代化水平越高，农业产业竞争力就会越强，市场主导权才会越大，应对世界农业贸易不确定性风险的能力才能显著提升。因此，开放条件下的中国式现代化进程，客观上需要以稳定推进农业现代化来发挥保驾护航的重要作用。

总的来看，在国内国际双循环相互促进的新发展格局下，农业现代化不仅是农业自身十分紧迫的发展需求，而且稳基础、防风险的战略功能同样极为重要。在确切意义上，农业现代化既是中国式现代化不可或缺的重要组成部分，更是确保中国式现代化能够行稳致远的关键保障。正因如此，在当前条件下我们尤需高度重视优先推进农业现代化进程，更大力度加快缩小农业现代化与新型工业化、城镇化以及信息化的发展差距，卓有成效地擦亮农业现代化在中国式现代化中的鲜亮底色。

（中共四川省委、四川省人民政府决策咨询委员会委员，四川省社会科学院研究员郭晓鸣）

| 第 63 问 |

和你一起思考这个时代

信息化与中国式现代化有何内在联系？

▶ 从中国式与信息化的碰撞来看，信息化与人口规模巨大互成互就，为全体人民共同富裕提供均衡发展、公平公正的有力支撑，是物质文明和精神文明相协调的坚实桥梁，是推进人与自然和谐共生的绿色通道，为走和平发展道路构建网络合作空间。

信息化与现代化在中国式背景下呈现出奇妙碰撞，我们提出"没有信息化就没有现代化""以信息化驱动现代化"，那么信息化与中国式现代化究竟有何内在联系？

总体来看，信息化与中国式现代化同向而行。信息化与我国各领域发展深度融合，蕴含着驱动中国式现代化的巨大潜能。我们要紧紧抓住信息革命的历史窗口期，坚定不移以信息化推进和拓展中国式现代化，最大程度发挥信息化在中国式现代化进程中的"指南针"和"发动机"作用。

党的二十大报告明确概括了中国式现代化的中国式之所在，即中国式现代化是人口规模巨大的现代化，是全体人民共同富裕的现代化，是物质文明和精神文明相协调的现代化，是人与自然和谐共生的现代化，是走和平发展道路的现代化。而信息化，一如日新月异的信息技术，尚未形成统一定义。在《2006—2020年国家信息化发展战略》中，我们认为信息化是"充分利用信息技术，开发利用信息资源，促进信息交流和知识共享，提高经济增长质量，推动经济社会发展转型的历史进程"。

从中国式与信息化的碰撞来看,以下几方面反映了信息化与中国式现代化同向而行。

信息化与人口规模巨大互成互就。"民惟邦本,本固邦宁",人口规模巨大不仅是我国的基本国情,也是我国的力量与基底。一方面,我国人口规模巨大且地域之间呈现出显著差异。在整体迈进现代化社会的大背景下,需要个性化的社会经济发展方式,而信息革命催生的以云计算、大数据、物联网、人工智能等为代表的新技术及其应用,激发了数字经济、低碳经济等新产业,形成了线上教育、互联网医疗、线上办公、数字化治理等线上服务新业态,使得信息化成为推动高质量发展的主导力量,为我国转变发展方式、转换增长动能提供有效出口。另一方面,我国巨大的人口规模也为信息化提供了丰富的数据资源与人才资源。信息文明时代,大数据逐渐成为最主要的资源之一,信息已经成为社会发展的"血液",而我国拥有全球最庞大的数据生产群体,并且随着我国的教育现代化,也为数据的进一步开发、开放培养了众多时代所需的信息人才。

信息化为全体人民共同富裕提供均衡发展、公平公正的有力支撑。"治国之道,富民为始。"实现全体人民共同富裕,使人民群众物质生活和精神生活都富裕,是中国式现代化的目标之一和价值追求之一。而信息化的非群体化、渗透性、开放性等特征,能够为均衡发展、公平公正提供有力支撑。一方面,信息化促进机会均等、公平分配。在供给侧,信息化能够有效减少信息不对称,降低摩擦成本,实现网络空间发展红利共享与机会均等;在需求侧,信息化通过拓宽收入渠道、加强智慧监管等方式,能够促进一次、二次分配,有效防止两极分化。另一方面,我国当前互联网普及率已达 75.6%,信息化能够为国家提供抵达终端人群的"直通车",推动基本公共服务均等化;也能为人们搭建突破时空限制的信息与知识获取平台,从而促进全民数字素养与技能、就业创业能力等的提高,畅通向上流动通道,促进社会公平正义。

信息化是物质文明和精神文明相协调的坚实桥梁。"仓廪实而知礼节,衣食足而知荣辱。"物质文明和精神文明相协调是中国式现代化对协调发展、平衡发展的坚持与遵循。信息文明时代，互联网为物质文明与精神文明互促互构搭建了坚实的桥梁与渠道。5G、人工智能等现代信息技术给人们提供了丰富多样的产品与服务，AR、VR、无人驾驶、电商平台等能够更好地满足人们的物质文化需求。而各类新媒体应用的渗透式发展也为人们构筑了丰富的精神空间，五千年文化、三千年诗韵，在信息化的推动下，中国精神、中华文化更加清晰有力地展现在世人眼前。

信息化是推进人与自然和谐共生的绿色通道。"天地与我并生，而万物与我为一。"我国拥有丰富的矿产资源、物种资源等，更有保护自然、保护人类共同家园的远见卓识与大国担当。促进人与自然和谐共生，是中国式现代化对绿色发展理念和共建人类生存家园最好的倡议与承诺。有序开发，合理利用，明确提出碳达峰碳中和目标，彰显的就是中国式现代化对自然生态和地球保护的一贯坚持。而以信息化推动绿色低碳发展已经成为国际竞争制高点。一方面，区别于其他资源，信息资源具有永久性和可复制性，能够以极低的边际成本带来巨大的边际收益，为人与自然和谐共生及可持续发展打开绿色通道。另一方面，信息化助力智能化、数字化生态治理，提升智能检测水平，其所带来的信息畅通与合理配置，也能够有效促进节能降耗、提质增效，从源头上缓解资源环境压力，促进经济发展与生态保护协调统一、人与自然和谐共生。

信息化为走和平发展道路构建网络合作空间。"亲仁善邻、协和万邦。"我国是一个负责任的大国，我们的现代化是积极挖掘自身优势、与世界各国互惠互利的中国式现代化。走和平发展道路，既是我国的一贯坚持，也是我国对世界所作出的庄严承诺。例如，"一带一路"倡议提出10年来，通过信息化建设，搭建完善网络合作平台，将持续深化中国与沿线国家之间的网络空间合作，推动相关国家网络基础设施建设，消除国家间信息壁垒，实现信息资源跨地域、跨国界的交互流通，以信息化建设带动毗邻发展中国家网络工程建设，缩小与发达国家之间的数字鸿沟，共同适应全球数字化发展趋势。在信息化的高速路上，中国身体力行始终把自身命运同各国人民的命运紧紧联系在一起，努力以中国式现代化新成就为世界发展提供新机遇，进一步深化网络空间国际交流合作，推动全球互联网治理体系朝着更加公正合理的方向发展，探讨构建全球文明对话合作网络，拓展合作渠道。

新一轮科技创新和新一代信息技术，以前所未有的广度和深度推动着中国式现代化的创新发展。我们要主动识变应变，在信息化中找准方向，发挥好信息化"指南针""发动机"作用，把握人工智能时代的新机遇，以信息化赋能中国式现代化高质量发展，以信息化支撑中国治理体系和治理效能，激发中国式现代化的内生动力与辐射力量。

（电子科技大学公共管理学院教授刘春）

| 第 64 问 |

中国式现代化全面推进乡村振兴的使命任务和突破重点是什么?

> ▶ 全面推进乡村振兴必须锚定建设农业强国目标,保障粮食和重要农产品稳定安全供给,实现农民农村共同富裕,挖掘传承乡村文化资源,强化乡村生态保护。

全面建设社会主义现代化国家,最艰巨最繁重的任务仍然在农村。中国式现代化全面推进乡村振兴的使命任务和突破重点是什么?

不断拓展和深化中国式现代化是我国进入新发展阶段的重大战略抉择,而农业农村发展在推进中国式现代化历史进程中的地位极为重要。因此,全面推进乡村振兴本身就是中国式现代化建设的重要组成部分,必须厘清二者之间的内在关系,明确中国式现代化进程中全面推进乡村振兴的使命任务和突破重点。

全面推进乡村振兴是中国式现代化的重要基础、关键支撑和突破难点。一是重要基础。中国是具有悠久历史、灿烂文化的农业大国,农业是国民经济的基础产业;中国是农村人口大国,乡村常住人口近5亿人,庞大的人口基数决定了即使未来城镇化达到更高水平,农民的绝对数量依然巨大。因此,中国式现代化的基础必然是广袤乡村的现代化和全体农民的现代化,全面推进乡村振兴应当是中国式现代化的基本目标。二是关键支撑。农村既是中国式现代化最广泛最深厚的基础所在,又是最大的潜力和后劲所在。一方面,农村是保障经济社会平稳发展的主干支撑。

中国式现代化是人口规模巨大的现代化，这不仅表明中国式现代化的艰难程度远大于其他国家，也意味着需要解决14亿多人口的粮食和重要农产品稳定供给，为国家稳大局、应变局、开新局提供坚实底气和战略主动。另一方面，农村还是拓展经济社会发展潜能的主阵地。农村具有庞大的地域空间、人口体量和产业类型，通过全面推进乡村振兴有效释放农村发展的投资潜能、巨大动能和消费活力，能为中国式现代化提供关键支撑。三是突破难点。当前我国城乡二元结构依然存在，城乡发展差距仍然较大，城乡间要素流动不畅、农村基础设施和公共服务较城市落后、农村居民收入增长后劲不足等现状难以在短期内有效解决，是中国式现代化建设需要突破的主要难点。因此，当务之急是必须聚焦主要矛盾和现实挑战，以全面推进乡村振兴实现城乡共富共荣，确保中国式现代化建设的成色与质量。

全面推进乡村振兴的使命任务与中国式现代化有待破解的核心任务密切相关。结合中国式现代化的鲜明特色进一步看，推进中国式现代化的核心任务是要通过持续不断地实践探索，有效破解公平与效率、经济发展与生态保护、发展与稳定、物质与精神之间四个方面的挑战性矛盾。对我国乡村发展现实而言，正是需要通过实施乡村振兴战略、全面推进乡村振兴达到破解上述挑战性矛盾的目的。在新的发展阶段，全面推进乡村振兴承担着下述五大新的历史使命。

锚定建设农业强国目标。党的二十大报告明确提出了加快建设农业强国的目标任务。建设农业强国要求以更大力度、更高要求全面推进乡村振兴，要重点推进产业振兴，促进农业从重规模、数量向重质量、效率转变，为农业强国建设提供坚实的物质支撑；要大力推进人才、文化、组织振兴，为农业强国建设提供人力资源、精神基础以及动力源泉；要持续推进生态振兴，为农业强国建设提供重要的自然基础。

保障粮食和重要农产品稳定安全供给。中国式现代化是人口规模巨大的现代化，不仅对农产品消费需求量大，而且随着社会向前发展，农产品需求种类增多、品质提高。要让人民群众"吃得饱""吃得好"就必须坚守粮食的底线要求，重点解决农业比较效益低和农民种田回报少的突出问题，构建有竞争力的现代农业产业体系，有效保障重要农产品供给安全。

实现农民农村共同富裕。中国式现代化是全体人民共同富裕的现代化，我国农民整体收入水平仍然不高、增收后劲相对较弱，是实现全社会共同富裕的薄弱环节。全面推进乡村振兴，必须立足大国小农的基本国情，不断完善小农户在现代农业发展中的参与和共享机制，保障农民创业就业的能力与机会，千方百计增加农民收入。

挖掘传承乡村文化资源。中国式现代化是物质文明和精神文明相协调的现代化，中华文明根植于农耕文化，乡村是中华文明的基本载体和发源地。全面推进乡村振兴，要更加充分有效地传承与发展乡村文化，释放其内在魅力，丰富农民精神文化生活，凝聚奋进向上的精神力量。

强化乡村生态保护。中国式现代化是人与自然和谐共生的现代化，而农业是生态产品的重要供给者，乡村是生态涵养的主体区域。全面推进乡村振兴，要求实现农业发展方式的绿色化转型，建设宜居宜业和美乡村，强化农村生态保护与修复，提供更多生态产品与服务，筑牢中华民族永续发展的生态根基。

在当前全面建设社会主义现代化国家开局起步的关键时期，完成全面推进乡村振兴的使命任务可将下述四个方面作为突破重点。

集成深化农村改革。全面推进乡村振兴要进一步深化农村土地制度改革，有序放活承包地经营权，完善宅基地"三权分置"有效实现形式，深化农村集体经营性建设用地入市试点。要深化农村基本经营体制改革，加快构建以农户家庭经营为基础、合作与联合为纽带、社会化服务为支撑的立体式复合型现代农业经营体系。要深化农村金融制度改革，推动农村产权融资由点拓面，进一步提高农业保险保障水平。要更加注重多项改革之间的统筹协同，有效促进改革成果转化。

促进城乡融合发展。全面推进乡村振兴要加大力度破除城乡二元结构，打破妨碍城乡要素平等交换、双向流动的制度壁垒，引导人才在城乡之间双向流动，以财政资金撬动更多金融资本和社会资金参与乡村振兴。要围绕让农民就地过上现代文明生活的要求，进一步推动农村公共基础设施完备便捷、基本公共服务均衡可及。要结合乡村发展和人口流动规律，强化精准投放公共资源，提高城乡融合发展的效率和质量。

重视相对贫困治理。全面推进乡村振兴要推动减贫政策体系由快速实现脱贫向持续治理相对贫困转变，稳定延续和优化兜底保障、区域开发、产业就业、公共服务等各类相对贫困治理政策。要重点瞄准低收入群体持续引入市场力量，动员社会组织参与，扩大对口帮扶，构建多元主体参与的新的治理格局。要增强脱贫地区和脱贫群众内生动力，推进脱贫地区产业扶贫向产业振兴接续提升，不断提升脱贫人口的致富增收能力。

促进农民农村共同富裕。要发挥政府调节收入分配的基本功能，通过财税金融政策引导新型农业经营主体联农带农，进一步完善农村社会保障体系和农村社会救助体系。要发挥新型农村集体经济的引领功能，鼓励集体经济组织通过生产扶持、就业创业帮扶等方式带动农民共同发展。要促进农村居民精神文化富裕，推进乡村文化建设，建立基于农民需求的公共文化供给机制，弘扬乡村传统文化，凝聚共富共进的精神力量。

（中共四川省委、四川省人民政府决策咨询委员会委员，四川省社会科学院研究员郭晓鸣）

| 第 65 问 |

如何理解把建设美丽中国摆在强国建设、民族复兴的突出位置？

> ▶ 美丽中国建设以生态文明建设为重要保证，以实现人与自然和谐共生的现代化为目标，彰显中华民族永续发展的价值指向。

建设美丽中国是全面建设社会主义现代化国家的重要目标。如何理解把建设美丽中国摆在强国建设、民族复兴的突出位置？

"把建设美丽中国摆在强国建设、民族复兴的突出位置"是适应国内外发展环境新变化的战略部署，以及基于中国式现代化的中国特色和本质要求而作出的重大论断，为新时代美丽中国建设提供了根本遵循和科学指南。

美丽中国建设以生态文明建设为重要保证，以实现人与自然和谐共生的现代化为目标，彰显中华民族永续发展的价值指向。党的十八大以来，我们站在人与自然和谐共生的高度谋划发展，创造了举世瞩目的生态奇迹和绿色发展奇迹。美丽中国是生态环境优美宜居、生产力实现高质量发展、实现全体人民共同富裕相统一的美好愿景，与中国式现代化建设相辅相成。把建设美丽中国摆在强国建设、民族复兴的突出位置，就是要坚持以人民为中心，以习近平生态文明思想为指引，牢固树立和践行"绿水青山就是金山银山"理念，正确认识和处理好高质量发展和高水平保护之间相辅相成、相得益彰的有机联系，把绿色低碳循环发展作为解决生态环境问题的治本之策，加快形成有利于节约资源、保护环境和保障生态环境安全的空间格局、产业结构、生产方式和生活模式，更好地满足人民日益增长的美好生活需要和优美生态环境需要。具体而言，可以从美丽中国建设的目标、内容要求、路径体系三个方面来理解。

确立美丽中国建设战略目标。党的十八大把生态文明建设纳入中国特色社会主义事业"五位一体"总体布局，首次提出"建设美丽中国"，实现中华民族永续发展。党的十九大报告不仅第一次把"美丽"纳入建成社会主义现代化强国的内涵之中，并且在社会主义现代化强国建设"两步走"战略目标中，明确到二〇三五年"美丽中国目标基本实现"，到21世纪中叶建成富强民主文明和谐美丽的社会主义现代化强国。党的二十大报告进一步把"美丽中国建设成效显著"作为未来五年全面建设社会主义现代化国家开局起步关键时期的主要目标任务，把美丽中国建设上升到建设人与自然和谐共生的现代化的战略高度。在2023年7月召开的全国生态环境保护大会上，习近平总书记强调，"全面推进美丽中国建设，加快推进人与自然和谐共生的现代化""建设美丽中国是全面建设社会主义现代化国家的重要目标"，凸显出其对中国式现代化建设的重要战略意义。同时，生态文明建设写入《中国共产党章程》和《宪法》，十四届全国人大常委会第三次会议以决定的形式设立"全国生态日"，实现了党的主张、国家意志和人民意愿的有机统一。

指明美丽中国建设内容要求。美丽中国建设是目标，生态文明建设是内容要求。党的十八大要求必须树立尊重自然、顺应自然、保护自然的生态文明理念，把生态文明建设放在突出地位，融入经济建设、政治建设、文化建设、社会建设各方面和全过程；党的十九大把推进绿色发展、着力解决突出环境问题、加大生态系统保护力度、改革生态环境监管体制等作为美丽中国建设的重要内容。党的二十大提出站在人与自然和谐共生的高度谋划发展，强调推进美丽中国建设要"坚持山水林田湖草沙一体化保护和系统治理，统筹产业结构调整、污染治理、生态保护、应对气候变化，协同推进降碳、减污、扩绿、增长，推进生态优先、节约集约、绿色低碳发展"。2023年的生态环境保护大会进一步明确建设美丽中国的具体要求，提出继续推进生态文明建设要正确处理高质量发展和高水平保护、重点攻坚和协同治理、自然恢复和人工修复、外部约束和内生动力、"双碳"承诺和自主行动这"五个重大关系";持续深入打好污染防治攻坚战,加快推动发展方式绿色低碳转型,着力提升生态系统的多样性、稳定性、持续性,积极稳妥推进碳达峰碳中和,守牢美丽中国建设安全底线,健全美丽中国建设保障体系等重大任务,以及建设美丽中国必须坚持和加强党的全面领导这一项重大要求。习近平总书记的重要讲话精神,从政治高度明确了美丽中国建设的重要意义,明确要求各地方政府各单位要把思想认识统一到党中央决策部署上来,深刻把握了建设人与自然和谐共生的现代化的使命任务。

构建美丽中国建设路径体系。中国式现代化是人与自然和谐共生的现代化,美丽中国建设必然贯穿于中国式现代化的整个进程中。从历史方位和任务领域的结合上看,继续推进新时代生态文明建设,尊重自然、顺应自然、保护自然,必须深刻把握美丽中国的内在要求,牢固树立"绿水青山就是金山银山"的发展理念,以"两山"理念引领人与自然和谐共生的现代化进程,协同推进降碳、减污、扩绿、增长,确保党中央关于全面推进美丽中国建设的各项决策部署落地见效,把建设美丽中国转化为全体人民的自觉行动。推进美丽中国建设目标的实现,需要坚持生态环境保护、经济社会发展、民生福祉改善相统一,打好法治、市场、科技、政策"组合拳"。必须加快生态文明体制改革,不断提高生态环境治理体系现代化水平。始终坚持用最严格制度、最严密法治保护生态环境,保持常态化外部压力,提高生态环境保护外部约束的效力和效果。要站在人与自然和谐共生的高度谋划发展,着力建立健全具有绿色低碳循环发展特征的现代化经济体系。加强科技支撑,加快绿色低碳科技革命,按照"精准治污、科学治污、依法治污"的工作要求,深入持续打好污染防治攻坚战。要完善绿色低碳发展经济政策,推动能耗"双控"向碳排放总量和强度"双控"转变,推动有效市场和有为政府更好结合。

(中国社会科学院生态文明研究所副所长、研究员庄贵阳,副编审周枕戈)

| 第 66 问 |

和你一起思考这个时代

为什么推进中国式现代化要高质量共建"一带一路"？

▶ 高质量共建"一带一路"助力中国式现代化追求实现共同富裕；遵循绿色发展理念，彰显人与自然和谐共生；丰富了中国式现代化追求物质文明与精神文明相协调的内涵；为走和平发展道路的中国式现代化提供了有力保障。

在共建"一带一路"倡议提出十周年之际，中国宣布支持高质量共建"一带一路"的八项行动。为什么推进中国式现代化需要高质量共建"一带一路"？

作为最大的发展中国家，我国正以中国式现代化全面推进中华民族伟大复兴。但正如习近平主席在第三届"一带一路"国际合作高峰论坛主旨演讲中指出的，我们追求的不是中国独善其身的现代化，而是期待同广大发展中国家在内的各国一道，共同实现现代化。首次提出各国应携起手来，实现和平发展、互利合作、共同繁荣的世界现代化。党的二十大报告把推动构建人类命运共同体作为中国式现代化的本质要求之一。人类命运共同体的愿景之一就是世界各国实现现代化，当下的图景则是发展中国家追求实现现代化的历史进程。作为中国倡导搭建的推动构建人类命运共同体的实践平台，高质量共建"一带一路"通过基础设施互联互通，缩短经济距离，提升合作效率；通过产能合作，共同构筑能源、产业链和供应链安全屏障；通过科技合作，促进实现共同进步；

通过绿色丝路建设，宣传绿色发展理念，共享绿色发展成果……可以说，共建"一带一路"不仅为发展中国家追求现代化增添了新动能，也为我国实现中国式现代化创造了更有利条件。主要表现为四个方面。

高质量共建"一带一路"助力中国式现代化追求实现共同富裕，更好满足人民对美好生活的需要。中国支持高质量共建"一带一路"的行动之一是"构建'一带一路'立体互联互通网络"，旨在巩固共建"一带一路"的已有合作优势，进一步提升共建国家互联互通水平，这也将进一步提升我国特别是中西部地区与外部世界的联通水平，促进内陆地区从开放"后卫"变成"前锋"，提高其对外开放成效，增强经济发展动能。共建"一带一路"以来，我国加快建设西部陆海新通道，开辟众多中欧班列线路，带动重庆、四川、新疆、内蒙古、广西等中西部地区提升对外开放水平，缩小与东部地区发展差距，助力我国现代化进程朝着实现共同富裕的方向迈进；中国式现代化坚持把实现人民对美好生活的向往作为出发点和落脚点。共建"一带一路"以来，中国市场同世界市场的联系更为紧密，通过与共建国家加强投资贸易合作，通过中国国际进口博览会等平台，吸引共建国家更多优质产品和先进技术进入中国市场，契合我国民众日益升级和不断多元化的消费需求，进一步提升生活品质。

高质量共建"一带一路"遵循绿色发展理念，彰显人与自然和谐共生，为中国式现代化在国际舞台上赢得更多支持。中国推动建立共建"一带一路"绿色低碳发展合作机制，与有关国家及国际组织签署 50 多份生态环境保护合作文件，与有关国家发起"一带一路"绿色发展伙伴关系倡议、建立"一带一路"绿色发展国际联盟、成立"一带一路"绿色发展国际研究院、建设"一带一路"生态环保大数据服务平台等，促进共建国家项目合作遵循绿色发展原则，展现我国保护地球生态负责任的大国形象。近年来，我国电动载人汽车、锂离子蓄电池、太阳能电池"新三样"出口增长迅速，集中体现了我国绿色低碳发展成效，并伴随着绿色产品出口，将绿色发展理念带到共建"一带一路"国家民众的生产生活当中，促进共建国家共享绿色发展成果……这些举措与我国经济社会绿色、可持续发展形成良性互动，助力我国2030年前实现碳达峰、2060年前实现碳中和，为保护地球生态做出更多中国贡献。

高质量共建"一带一路"描绘人类文明新画卷，丰富了中国式现代化追求物质文明与精神文明相协调的内涵。高质量共建"一带一路"支持民间交往、促进民心相通。中国与相关国家签署高等教育学历学位互认协议，共建"鲁班工坊"，成立丝绸之路国际剧院联盟、博物馆联盟、艺术节联盟、图书馆联盟等，"丝路一家亲""光明行"等行动持续推进，形成文化、教育、旅游等领域多元互动的人文交流与合作格局，促进共建"一带一路"国家民心相通，促进不同文明交流互鉴，为包括我国在内的共建国家民众享有多元精神文明成果创造了更多机遇。可以说，共建"一带一路"跨越不同文明、文化、社会制度、发展阶段差异，促使不同文化、不同文明走到一起展开合作，正在描绘一幅多元文明包容发展的人类文明新画卷；同时，我国倡导建设廉洁丝路，不断加强跨境反腐败合作，塑造中国企业廉洁形象，并倡导共建国家提升政府治理效能，为共建"一带一路"项目的实施创造公平、清洁的环境，这些理念和举措使得我国民众以及共建国家民众体会到中国政府反腐败的决心和力度，丰富了物质文明与精神文明相协调的表现形态，使得中国式现代化的内涵更为饱满。

高质量共建"一带一路"为世界发展注入更多和平力量，为走和平发展道路的中国式现代化提供了有力保障。当今世界并不太平，全球发展面临诸多挑战，但和平、发展、合作、共赢的历史潮流不可阻挡，人民对美好生活的向往不可阻挡，各国实现共同发展繁荣的愿望不可阻挡，正如习近平总书记指出，世界现代化应该是和平发展的现代化、互利合作的现代化、共同繁荣的现代化。高质量共建"一带一路"秉承开放发展理念，为世界发展注入更多和平力量。进入新时代以来，中国开放的大门越开越大，通过实施自由贸易区战略，对接全球最高标准、最好水平的经贸规则；通过共建"一带一路"加强政策沟通，促进共建国家经贸规则互认、融通；中国支持完善"一带一路"国际合作机制，除了继续发挥好"一带一路"国际合作高峰论坛的作用，还将同共建各国加强能源、税收、金融、绿色发展、减灾、反腐败、智库、媒体、文化等领域的多边合作平台建设，也将继续支持金砖国家、上海合作组织、二十国集团等现有区域和国际合作机制发挥重要作用。可以说，"一带一路"国际合作机制促进相关国家开展平等互利的交流合作，日益成为促进世界经济开放发展以及维护地区乃至全球和平稳定的重要力量，为走和平发展道路的中国式现代化进程保驾护航。

人类是相互依存的命运共同体。世界好，中国才会好；中国好，世界会更好。共建"一带一路"倡议源自中国，成果和机遇属于世界。高质量共建"一带一路"推动中国式现代化进程，助力实现和平发展、互利合作、共同繁荣的世界现代化，为推动构建人类命运共同体贡献中国智慧和力量。

（中国浦东干部学院"一带一路"与对外开放研究中心主任、教授毛新雅）

| 第 67 问 |

成渝地区双城经济圈建设对中国式现代化发展有何战略意义？

> ▶ 成渝地区双城经济圈建设是推动高质量发展的重要支撑，是推动区域协调发展的重要内容，是探索经济区与行政区适度分离的重要举措，是打造向西开放战略高地和国际竞争新基地的重要载体，是推进人与自然和谐共生的重要探索。

2020年1月，中央财经委员会第六次会议作出推动成渝地区双城经济圈建设、打造高质量发展重要增长极的重大决策部署；党的二十大报告围绕"促进区域协调发展"作出战略安排，其中强调要推动成渝地区双城经济圈建设。成渝地区双城经济圈建设对中国式现代化发展有何战略意义？

区域协调发展是推动高质量发展的关键举措，是推进中国式现代化的重要内容。成渝地区双城经济圈是我国经济增长第四极，是国家重要战略腹地，也是中国面向东南亚、南亚开放的重要支撑，其定位是打造带动全国高质量发展的重要增长极和新的动力源，具有全国影响力的重要经济中心、科技创新中心、改革开放新高地、高品质生活宜居地。

成渝地区双城经济圈建设是推动高质量发展的重要支撑。高质量发展是全面建设社会主义现代化国家的首要任务，而科技现代化是中国式现代化的关键所在。党的十八大以来，国家以创新为支点推动高质量发展，积极布局区域创新体系，建设北京、上海、粤港澳大湾区三大国际科技创新中心以及北京怀柔、上海张江、安徽合肥、粤港澳大湾区等四个综合性国家科学中心，支持成渝地区等建设具有全国影响力的科技创新中心，全力打造创新策源地和高质量发展新的动力源。凭借科技创新中心建设，成渝地区不断深化国际科技合作，加快布局一大批重大科技基础设施和高能级创新平台，初步构建"国家实验室＋省级实验室＋重点实验室"等高水平实验室体系，建成学科方向关联、功能互相支撑的"大装置"集群，基本搭建相对完整的创新体系。成渝地区在以科技现代化推进中国式现代化的战略布局中发挥着日益重要的作用。加快成渝地区双城经济圈建设，以共建成渝西部科学城为载体，瞄准"卡脖子"关键核心技术，深化平台共建、项目共研、人才共育、资源共享、活动共办，协同推进科技成果转移转化和产业化，着力破解制约产业链高质量发展的堵点难点，有利于加快西部地区创新策源地建设，引领西部地区高质量发展。

　　成渝地区双城经济圈建设是推动区域协调发展的重要内容。区域协调发展是中国式现代化实现共同富裕的内在要求，其核心要义是缩小区域差距。1999年以来，国家先后实施西部大开发、东北振兴、中部崛起等区域发展战略，支持特殊类型地区发展，完善区域协调发展体制机制，着力缩小区域差距，取得较好成效。20多年来，西部地区交通基础设施、生态环境、民生事业等方面均得到较大改善，扩大国家发展的战略回旋空间，增强国内大循环的内生动力和可靠性。2022年，西部地区生产总值达到25.7万亿元，占全国的比重由2012年的19.6%提高到2022年的21.4%，人均地区生产总值东部与西部地区之比分别从2012年的1.87缩小至2022年的1.64。但西部地区底子薄、基础弱，发展不平衡不充分的问题依然突出，是中国式现代化的重点和难点地区。成渝地区双城经济圈是西部人口最密集、市场空间最广阔、开放程度最高的区域，再加上辐射带动周边的贵州、陕西、云南等省份，在加快破解我国区域发展不平衡不充分问题，促进全体人民共同富裕中占据重要地位。加快成渝地区双城经济圈建设，坚持"川渝一盘棋"，突出重庆和成都的国家中心城市、国际消费中心城市、国际性综合交通枢纽、综合性国家科学中心等功能，以双圈建设为重点，以毗邻地区融合发展为抓手，唱好成渝高质量发展"双城记"，推动形成"双核引领、双圈互动、两翼协同"发展格局，有利于带动周边地区共同发展，缩小与东部地区发展差距。

成渝地区双城经济圈建设是探索经济区与行政区适度分离的重要举措。经济区与行政区适度分离是构建统一大市场、促进区域经济高质量一体化发展的必由之路。在"分灶吃饭"的大背景下，各地追求行政辖区范围内经济利益最大化，滋生了地方保护主义倾向，限制了生产要素合理流动和优化配置。迈进新时代，党中央立足国内外发展新形势，加快构建新发展格局，着眼全国"一盘棋"，加快打破行政壁垒，推进区域合作走深走实，积极探索建立统一规划、统一管理、合作共建、利益共享的合作新机制。成渝地区历史同脉、文化同源，巴蜀文化、山水文化厚重，具备天然的亲缘性。成渝地区双城经济圈建设启动以来，两地积极探索经济区与行政区适度分离管理模式，助力激发中国式现代化内生动力，加快构建统一开放的市场体系。加快成渝地区双城经济圈建设，以制度、规则和标准的对接为重点，强化区域、次区域合作，协同培育链群共生现代产业，共建共享基本公共服务，有利于建设经济区与行政区适度分离改革"排头兵"，率先在西部地区加快实现高质量一体化发展。

成渝地区双城经济圈建设是打造向西开放战略高地和国际竞争新基地的重要载体。高水平对外开放是开辟合作共赢新境界、推动中国式现代化道路越走越宽广的必然选择。成渝地区双城经济圈区位条件优越，具备成为内陆地区实现高水平对外开放的独特优势。面对世界百年未有之大变局，党中央审时度势，加快推进"一带一路"建设，积极优化区域开放布局，巩固东部沿海地区开放先导地位，提高中西部地区开放水平，推动形成陆海内外联动、东西双向互济的开放格局。但受多重因素影响，内陆和沿海开放型经济发展不平衡的问题依然突出。成渝地区地处长江经济带和"一带一路"的交会处，是西部陆海新通道的起点，是开放型经济由东向西梯度推进的战略承接空间，连接东亚和西亚、沟通东南亚和南亚，独具天然优势。加快成渝地区双城经济圈建设，完善向西、向南开放大通道，搭建高水平开放平台，增强核心城市全球调配资源能力，开辟内陆地区国际竞争新基地，有利于构建西部地区"双循环"重要战略连接点，提升区域国际竞争力。

成渝地区双城经济圈建设是推进人与自然和谐共生的重要探索。人与自然和谐共生是中国式现代化的应有之义，是实现中华民族永续发展的重要保障。长江经济带发展、黄河流域生态环境保护和高质量发展两大"江河战略"，重点是要探索人与自然和谐共生的现代化。自推动长江经济带发展上升为国家重大战略以来，坚持"共抓大保护、不搞大开发"，扎实推进生态环境保护修复，积极推动生态财富向经济财富转化，努力探索生态优先绿色发展的新路子。成渝地区双城经济圈地处长江经济带上游，是重要生态屏障，是国家"三区四带"生态修复格局的重要组成部分，在促进人与自然和谐共生中扮演着重要角色。加快成渝地区双城经济圈建设，携手构建生态环境共建共保、联防联治机制，共同筑牢长江上游生态屏障，守护巴山蜀水美丽画卷，有利于增强人民幸福生活的绿色底色，提高老百姓的获得感和幸福感。

（中国宏观经济研究院国土开发与地区经济研究所研究员黄征学）

| 第 68 问 |

和你一起思考这个时代

如何以质量强国建设推进中国式现代化？

▶ 坚持以提高供给质量为主攻方向，坚持以人民为中心的发展思想，坚持发挥科技创新的支撑作用，坚持强化质量强国建设基础，坚持以质量合作助推和平发展。

质量发展是兴国之道、强国之策。如何以质量强国建设推进中国式现代化？

加快建设质量强国，是以习近平同志为核心的党中央对党和国家事业发展作出的重大战略决策。国家强必须质量强，质量不仅是国家现代化的基础支撑，也是国家竞争力的重要标志。从供给角度看，质量强国建设是推动解决我国高质量发展动力问题的关键举措之一。从需求角度看，质量强国建设是满足人民美好生活需要、持续增进民生福祉的必由之路。推进质量强国建设，必须坚持中国式现代化的基本原则与目标导向，在推动高质量发展和社会主义现代化国家建设中发挥支撑及保障作用。

人类现代化归根到底是科技创新推动生产力发展的结果。质量与生产力发展存在直接关系。一方面，质量是生产力水平的表征。质量反映了特定国家和地区在特定阶段供给的产品与服务的水平，反映了人类在现代化进程中生产的物质产品和精神产品与人类生产生活需求的动态适配。经济现代化的过程，是社会化大生产条件下科学技术水平、劳动力素质提高的过程，也是产品和服务质量不断优化升级的过程。从现代化历程来看，产品和服务质量的提升随着生产力的发展而逐步提高，产品

强国建设·战略支撑

的质量水平与国家的现代化水平总体上呈现正相关关系。另一方面，质量是生产力发展的重要推动力。习近平总书记指出："人类社会发展历程中，每一次质量领域变革创新都促进了生产技术进步、增进了人民生活品质。"在市场竞争环境中，质量是产品竞争力的生命线，是通向市场的通行证。质量竞争促进了全要素生产率的提高，不仅有利于提升人民整体生产生活水平、更好地满足人民群众对产品和服务的需求，也推动产生了标志着现代化水平的一系列大型产品、复杂产品和系统工程，在社会生产力发展中发挥了重要作用。

质量竞争既是市场主体之间竞争的关键，也是国际市场竞争的焦点。产品的质量水平直接影响现代国家的国际竞争力。新中国成立以来，我国质量体系建设与不同时期的生产力发展水平和现代化建设的重点任务相适应，总体上经历了从重视数量到重视质量，从解决产品和服务"有没有"与"够不够"的问题到更加关注"好不好"的问题的转变过程。主要经历了四个阶段：一是从新中国成立到改革开放前，更加重视产品的数量与规模，努力满足国民经济发展和人民生活的基本需求；二是从改革开放到加入世贸组织前，实施以质取胜，但是产品生产的主要着眼点在于满足国内需求；三是从加入世贸组织到党的十八大以前，积极对接国际质量标准体系，对推动我国成为"世界工厂"、参与国际产业分工发挥了重要作用；四是从党的十八大召开以来，我国全方位、多层次推动质量事业跨越式发展，初步建成具有中国特色的质量标准体系，产品、工程、服务质量显著提升，一批产品质量达到国际先进水平，质量强国建设取得历史性成就。

加快建设质量强国，是推进中国式现代化建设的紧迫任务。2023年2月初，中共中央、国务院印发的《质量强国建设纲要》，深刻阐述了全方位建设质量强国对于推动高质量发展和全面建设社会主义现代化国家的重大意义，科学确立了质量强国建设的总体要求和主要目标，系统提出了质量强国建设的关键领域和重点措施，为我国加快建设质量强国提供了行动指南，为质量强国建设在中国式现代化进程中发挥更大作为和担当指明了实践方向，是我国推动质量强国建设进程中的重要里程碑。以质量强国建设推进中国式现代化，需要把握好以下几个重点。

坚持以提高供给质量为主攻方向。在现代化发展的不同阶段，不少西方发达国家都曾经把质量体系建设的重点放在供给端上。中国式现代化是物质文明和精神文明相协调的现代化，必须以物质产品和精神产品的高质量供给为基础。作为人口规模巨大的追赶型、发展中经济体，结合当前我国在全球产业体系中的分工和优势，我国在未来较长时期内，将坚持把提高供给质量作为质量强国建设的主攻方向，着力在全球生产网络和国内大市场中增强高质量供给优势，持续增强中国式现代化建设的产业质量竞争力。

坚持以人民为中心的发展思想。与资本主义现代化不同，社会主义现代化是服务人民、造福人民的事业，中国式现代化始终将人民的利益作为出发点和落脚点。质量强国建设是促进产品和服务的供需适配、促进物质文明和精神文明协调发展、促进全社会物的丰富和人的全面发展的重要路径，其根本目的是满足人民日益增长的美好生活需要，为推动全体人民走向共同富裕提供坚实的物质和精神产品保障。质量强国建设必须坚持目标导向和问题导向相结合，更加重视质量安全风险防控，解决好人民群众关心关注的质量领域的急难愁盼问题，充分发挥质量在促进消费、发展民生中的重要作用。

坚持发挥科技创新的支撑作用。中国式现代化是全球科技、人才、产业竞争下的现代化，能否在全球质量竞争中取得优势，关乎中国式现代化的成败。在新一轮科技革命和产业变革深入发展的形势下，科技竞争在质量竞争中的作用更加突出。加快质量强国建设，必须把科技创新作为质量竞争的立足点，在科技变革中引领质量变革，在质量变革中促进科技变革，推动中国制造向中国创造转变，不断增强我国产业和产品质量的全球竞争力。

坚持强化质量强国建设基础。质量体系现代化是中国式现代化的重要组成部分。质量强国建设必须以改革创新为根本动力，全面推动我国质量体系现代化，加快培育以技术、标准、品牌、质量、服务等为核心的经济发展新优势，厚植我国质量强国建设基础。加快质量强国建设，需要进一步增强质量创新发展动能，推动质量供给体系、质量治理体系、质量基础设施体系协同发展，推动质量管理水平和全民质量素养同步提升，持续优化我国质量发展的法治环境、市场环境和文化环境。

坚持以质量合作助推和平发展。中国式现代化是走和平发展道路的现代化。在世界百年未有之大变局中，以质量强国建设推动高质量发展和现代化建设，是推动中国在和平发展中实现中华民族伟大复兴的重要实践路径。加快质量强国建设，必须进一步推动双边和多边国际质量合作，促进质量基础设施的国际衔接和互联互通，加快国内外质量技术、规则、标准的对接融通，更好发挥质量合作在促进人类命运共同体建设、走好互利共享的和平发展道路中的重要作用。

（西南财经大学西财智库副研究员吴军）

| 第 69 问 |

和你一起思考这个时代

如何加快建设航天强国助推中国式现代化？

▶ 必须在发展航天事业中切实统筹好发展和安全的重大关系。坚持党对航天事业的绝对领导，坚持航天科技自立自强，坚持走和平发展的太空之路，在外空领域推动构建人类命运共同体。

探索浩瀚宇宙，发展航天事业，建设航天强国，是我们不懈追求的航天梦。如何加快建设航天强国助推中国式现代化？

党的十八大以来，以习近平同志为核心的党中央在领导推进新时代中国特色社会主义事业进程中，高度重视和关心航天事业发展，高瞻远瞩作出建设航天强国的重大战略部署。我们要正确认识中国式现代化与航天强国的逻辑关系，以中国式现代化引领航天强国建设，以航天强国建设助推中国式现代化。

航天事业是综合国力的集中体现，是维护国家安全的战略基石，从这一点来看，航天强国是中国式现代化的安全基石。当前和今后一个时期，各种可以预见和难以预见的风险因素明显增多。科技创新成为战略全局中的"支撑力量"、大变局中的"关键变量"，谁牵住了科技创新这个"牛鼻子"谁就能占领先机、赢得优势。航天科学技术是国防和军队现代化建设的重要支撑，是衡量一个国家科技创新能力的显著标志，是大国博弈的关键力量之一。实现中国式现代化宏伟目标必须由航天强国提供坚实保障，筑牢国家安全基石。

航天强国彰显中国式现代化自立自强鲜亮底色。习近平总书记指出：

强国建设·战略支撑

"我国航天事业创造了以'两弹一星'、载人航天、月球探测为代表的辉煌成就，走出了一条自力更生、自主创新的发展道路，积淀了深厚博大的航天精神。""两弹一星"精神、载人航天精神、探月精神和新时代北斗精神等阐释了推动中国航天事业创新发展的精神力量的共同特征：以热爱祖国为根本内核、以改革创新为时代意义、以自力更生为立业之本，是我国航天事业取得跨越式发展的力量源泉，激励着科技工作者不断攀登新的高峰。加快航天强国建设必须坚持走中国式现代化发展道路，赓续传承中国航天事业创新发展的精神力量，以高度的政治责任感和使命感，实现高水平科技自立自强。

中国式现代化为建设航天强国开辟新空间。经过一代代航天人接续奋斗，我国航天事业取得了跨越式发展。载人空间站全面建成、探月工程"三步走"完美收官、"天问一号"一步实现火星"绕、着、巡"等一系列辉煌成就，使中国航天在更大范围、更深层次、更高水平上服务和增进人类福祉。推进中国式现代化是一项开创性事业，还有许多未知领域需要在实践中大胆探索。蓬勃发展的航天事业使得人类利用空间和探索空间的需求日益迫切，拓展深空探测边界的渴望更加强烈，载人登月、火星探测、小天体探测成为航天发展远景目标。中国式现代化以高质量的科技创新推动构建更加完善的航天工业体系和显著提升航天工程科技能力，为我国开拓外太空、探索新疆域提供理论基础、技术支撑和环境保障。

我国谋划了到2045年全面建成航天强国的战略目标。加快建设航天强国助推中国式现代化，必须在发展航天事业中切实统筹好发展和安全的重大关系，沉着应对日趋复杂的内外部环境带来的风险、挑战和需要解决的更加错综复杂的矛盾、问题。

坚持党对航天事业的绝对领导。中国式现代化，是中国共产党领导的社会主义现代化。要站在党和国家发展大局的战略高度，深刻领会和把握习近平总书记对航天事业的决策部署与具体要求，坚定战略自信、坚持底线思维，主动应对竞争格局新变化新挑战，准确把握新发展阶段的新特征新要求，大力传承弘扬航天精神，强化使命担当和激励创新突破，以勇攀高峰、敢于超越的进取意识，以大航天时代的视野和格局，不断刷新进军太空的中国高度。

坚持航天科技自立自强。航天科技是高技术密集的综合性尖端科学技术，围绕航天科技制高点的竞争空前激烈。中国式现代化坚持独立自主、自立自强，是自主探索出的一条符合我国国情的现代化道路。中国式现代化的航天强国赓续传承"两弹一星"精神、载人航天精神等自力更生、自主创新的精神，坚持底线思维，努力实现关键核心技术自主可控，把创新主动权、发展主动权牢牢掌握在自己手中。中国空间站的全面建成是中国航天事业一个重要里程碑，展现出我国强大的航天科技创新能力，坚定了我国实现科技自立自强的创新自信。恪守具有中国特色的自力更生、自主创新的发展原则，以我国航天强国建设和科技发展的重大需求为导向，瞄准战略性、基础性、前沿性领域，超前布局同步推进，集中优质资源合力推进关键核心技术攻关，跨越式提升我国航天领域产品总体性能，为中国式现代化建设实现航天领域高水平科技自立自强探索新路径。

坚持走和平发展的太空之路。太空军事化是影响国际安全的重要问题之一。近年来，太空竞争日益激烈。不同于有的国家以"确保在全球太空领域的领导地位和领先优势"为战略目标，中国式现代化的航天强国建设秉持和平发展原则，反对一切形式的霸权主义，在坚定维护世界和平与发展中谋求自身发展，同时以自身发展更好维护世界和平。我国已加入《外空条约》《营救协定》《责任公约》《登记公约》等国际条约，积极参加联合国框架下外空活动长期可持续性、空间资源开发利用、防止外空军备竞赛等议题磋商，发布《全球安全倡议概念文件》，积极推动外空全球治理，彰显了我国作为国际秩序维护者的担当与作为。

在外空领域推动构建人类命运共同体。航天领域合作直接影响着国家战略博弈格局。中国式现代化坚守本国繁荣和世界繁荣的一致性、发展自身和造福世界的统一性，中国式现代化的航天强国以全人类共同利益为价值追求，以开放包容、合作共赢为基本原则，持续拓展多边多元合作领域和空间。据统计，截至2023年6月，中国航天已与43个国家或地区、6个国际组织签署共136项航天领域合作文件，与9个国家航天机构签署了航天合作大纲，建立17个航天合作机制。中国航天成果在国际社会特别是广大发展中国家产生了积极效应和重大影响。航天强国建设将以更加积极开放的姿态，完善双边、多边合作机制，拓展航天技术和产品全球公共服务，深度参与外空全球治理与交流合作，继续同各国在外空领域推动构建人类命运共同体，为人类和平探索太空贡献中国智慧。

（北京理工大学副研究员余丽，中国运载火箭技术研究院研究员汪小卫）

| 第 70 问 |

和你一起思考这个时代

交通强国建设如何为中国式现代化开好路？

▶ 以高效的交通网络满足巨大的出行需求，以普惠的交通服务促进区域均衡发展，以丰富的交通文化促进精神文明建设，以绿色的交通转型支撑生态文明建设，以开放的交通合作推动全球互联互通。

交通运输是国民经济中具有基础性、先导性、战略性的产业和重要的服务性行业，也是现代化经济体系的重要组成部分。交通强国建设如何为中国式现代化开好路？

交通现代化是中国式现代化的重要标志之一，是构建新发展格局的重要支撑和服务人民美好生活的坚实保障。2021年，习近平主席在第二届联合国全球可持续交通大会开幕式上指出，"新中国成立以来，几代人逢山开路、遇水架桥，建成了交通大国，正在加快建设交通强国"，"交通成为中国现代化的开路先锋"。交通强国建设要以中国式现代化为引领，牢牢把握中国式现代化对加快建设交通强国的战略要求，加快构建安全、便捷、高效、绿色、经济的现代化综合交通体系，打造一流设施、一流技术、一流管理、一流服务，以高效的交通网络满足巨大的出行需求，以普惠的交通服务促进区域均衡发展，以丰富的交通文化促进精神文明建设，以绿色的交通转型支撑生态文明建设，以开放的交通合作推动全球互联互通，当好中国式现代化的开路先锋。

优化综合立体交通网络，满足巨大交通运输需求。我国巨大的人口规模和不均衡的人口分布带来的迁移和流动造就了巨大的交通运输需求，已成为世界上运输最繁忙的国家之一。基于此，交通强国建设要为中国式现代化开好路，需要以更高效的综合交通网络满足日益增长的交通运输需求。要以"联网、补网、强链"为重点，优化完善综合立体交通网布局，加快构建高效率的国家综合立体交通网主骨架，建设多层次一体化综合交通枢纽系统，加强综合交通统筹融合，为现代化建设打下坚实基础。要继续完善交通科技创新体系，加快推进智慧交通建设，推动产业链上下游协同开展攻关与示范应用，以完善的设施、高效的服务、智慧的治理，更好地满足人民群众日益增长的交通运输需求。

推进区域交通协调发展，促进全体人民共同富裕。实现全体人民共同富裕是中国式现代化的本质要求之一。"要想富，先修路"，交通运输打通城际、城市"大动脉"，畅通城乡、农村"微循环"，是推动社会经济发展的有力支撑，也是缩小区域发展差异的先行领域，是实现全体人民共同富裕的"加速器""推进器"。一方面，我国基本形成了"六轴七廊八通道"的国家综合立体交通网主骨架空间格局，有力支撑了京津冀、长三角、粤港澳大湾区、成渝地区双城经济圈"四极"的高质量发展，充分保障了"四极"的辐射带动作用。另一方面，我国交通运输完成了"具备条件的乡镇和建制村通硬化路、通客车"的兜底性目标任务，为打赢脱贫攻坚战、全面建成小康社会提供了支撑。交通强国建设要为中国式现代化开好路，需要积极探索兼顾效率与公平的发展模式，确保交通发展成果更公平地惠及全体人民。要继续加强城际大通道建设，推动城市群、都市圈交通一体化发展，继续发挥交通运输对经济发展的支撑作用。要巩固拓展具备条件的乡镇和建制村通客车成果，改善农村客运基础设施，优化运营组织模式，提升服务质量，完善农村客运补贴政策，保障农村客运可持续稳定发展。加强城乡交通运输基础设施衔接，推进城乡客运公交化改造，完善农村物流网络节点体系，提升城乡交通运输均等化服务水平。要持续开好公益性"慢火车"，继续加强"四好农村路"建设，大力发展路衍经济，促进农村公路与产业、旅游、文化等融合发展，进一步改善革命老区、民族地区、边疆地区、农村地区等的交通条件。

丰富交通文明文化体系，促进精神文明协调发展。中国式现代化既要物质富足，也要精神富有。交通运输不仅是经济的脉络，更是文明的纽带和文化的窗口。从串联古代欧亚大陆诸文明的丝绸之路，到推进新时代文明交流互鉴的"一带一路"，都印证了交通运输与文明交流、文化传播的紧密关系。交通强国建设要为中国式现代化开好路，需要做好自身文化建设，当好文化窗口、讲好中国故事，为促进物质文明和精神文明协调发展增光添彩。一方面，要弘扬传承"两路"精神、青藏铁路精神等，鼓励支持引导行业单位和社会各方面推出更多反映奋力加快建设交通强国的优秀文艺作品和文化产品，建设具有强大感召力和影响力的交通运输文化。另一方面，要在交通枢纽、载运工具、出行服务中有机融入区域特色、中国特色，以交通为载体推动文化传播，以交通为纽带促进文明交融，助力中华文明和人类文明交流互鉴。

加快交通运输绿色转型，促进人与自然和谐共生。尊重自然、顺应自然、保护自然，促进人与自然和谐共生，是中国式现代化的鲜明特点。交通运输是节能减排、节约集约利用资源、环境保护的重要领域，也是建设美丽中国、实现人与自然和谐共生现代化的重要支撑。交通绿色低碳发展对改善生态环境有着显著效果。据测算，相比传统燃油乘用车，截至 2021 年我国现有新能源乘用车每年在使用环节减少碳排放 1500 万吨左右。交通强国建设要为中国式现代化开好路，需要全面推进交通运输绿色发展，在建立绿色低碳发展的经济体系、促进经济社会全面绿色转型中做出交通贡献。要加快推进交通运输结构调整优化，继续引导出行者选择绿色交通方式，持续推动大宗物资"公转铁""公转水"；推进节约集约循环利用资源，推动综合交通基础设施建设统一规划、统一设计、统一建设、协调管理；加强交通运输污染防治和生态环境保护，完善健全落实相关制度措施；积极稳妥推进碳达峰碳中和，构建清洁低碳的交通运输体系，让运输更加环保、出行更加低碳。

坚持交通天下开放融通，助力全球通达共同繁荣。推动构建人类命运共同体，是中国式现代化的不懈追求。从古至今，无论东方西方，交通一直是经济的脉络和文明的纽带。党的十八大以来,交通运输行业着力扩大高水平对外开放,推动全球交通合作,中国高铁、中国路、中国桥、中国港、中国快递成为亮丽的中国名片。交通强国建设要为中国式现代化开好路,要坚持与时代相交、与世界相通的重要理念,加强基础设施"硬联通"和规则机制"软联通";加快推进国际物流供应链体系建设,提升产业链供应链韧性和安全水平;着力推动国际运输便利化,在共建"一带一路"行稳致远中发挥更大作用;积极参与交通运输全球治理,完善交通国际合作机制,加快形成交通运输对外开放新格局,助力书写基础设施联通、贸易投资畅通、文明交融沟通的新篇章。

(西南交通大学交通运输与物流学院教授罗霞)

| 第 71 问 |

和你一起思考这个时代

如何以网络强国建设新成效为中国式现代化做出新贡献？

> ▶ 要深入贯彻习近平总书记关于网络强国的重要思想，牢牢把握中国式现代化的特点，在党的集中统一领导下，坚持网信为民，强化阵地意识，促进绿色发展，维护网络主权，为中国式现代化做出新贡献。

党的十八大以来，我国网络强国和数字中国建设取得了非凡的成就。那么在全面建设社会主义现代化国家新征程上，如何以网络强国建设新成效为中国式现代化做出新贡献？

网络强国是国家走向现代化的重要标志之一，中国式现代化是包含网络强国在内的全方位现代化。网络强国建设对其他领域的现代化建设具有支撑、引领作用，是推进中国现代化发展的可靠保障。在新征程上，我们需要不断探索网络强国建设新路径，为中国式现代化做出新贡献。

党的十八大以来，习近平总书记从信息化发展大势和国内国际大局出发，就网络安全和信息化工作提出一系列具有开创性意义的新理念新思想新战略，形成了习近平总书记关于网络强国的重要思想。2014年，习近平总书记提出了"没有网络安全就没有国家安全，没有信息化就没有现代化"的重大论断，简明有力地指出了推进网信工作的重要性。在2015年的第二届世界互联网大会开幕式上，习近平总书记提出"构建网络空间命运共同体"，得到国际社会广泛认同与支持。在2018年的全国网络安全和信息化工作会议上，习近平总书记高度概括了网络强国战略

强国建设·战略支撑

思想的"五个明确",回答了网信事业发展的全局性、根本性问题。十年来,我国建成全球规模最大、技术领先的网络基础设施,实现从"3G突破"到"4G同步"再到"5G引领"的跨越;截至2023年5月底,移动物联网终端用户超过20.5亿,在全球主要经济体中率先实现"物"连接数超过"人"连接数;所有地级市全面建成光网城市,行政村、脱贫村通宽带率达100%。十年来,我国网络综合治理体系日益完善,网络安全保障体系全面加强,网络核心技术自主创新取得突破,信息惠民便民成效显著。党的二十大报告再次强调加快建设网络强国。习近平总书记在2023年7月召开的全国网络安全和信息化工作会议上,提出网络强国建设的新使命任务与"十个坚持"重要原则,为新时代网络强国建设提供了行动指南。

新时代建设网络强国,要深入贯彻习近平总书记关于网络强国的重要思想,牢牢把握中国式现代化的特点,在党的集中统一领导下,坚持网信为民,强化阵地意识,促进绿色发展,维护网络主权,为中国式现代化做出新贡献。

旗帜鲜明,坚持党对网信工作的全面领导。习近平总书记强调,要加强党中央对网信工作的集中统一领导,确保网信事业始终沿着正确方向前进。网络强国建设是一项长期性、系统性工程。十年来网络强国建设的一系列成就说明,党中央对网信工作的领导决策与战略部署是完全正确的。新时期加强网络强国建设,必须毫不动摇坚持党管互联网。完善工作体制机制,发挥中央网络安全和信息化委员会的决策和统筹协调作用,促进各级网信部门发挥职能作用,形成工作合力。

坚持信息普惠为民,增进人民福祉。网信事业发展必须贯彻以人民为中心的发展思想,让人民群众在信息化发展中有更多获得感、幸福感、安全感。网络强国建设的根本目的是让互联网发展成果惠及全体人民。我国人口规模巨大,需要通过数字化的手段和技术,让科技创新成果为全体人民带来更多福利和发展机会,扎实推动共同富裕。持续推进网络基础设施建设,在发展落后地区和弱势群体中推广网络技术,消除数字鸿沟，保障人民共享互联网发展红利。发挥信息化驱动作用，培育数字经济新动能，促进数字经济与实体经济融合发展，推进创新创业与广泛就业。构建普惠便捷的数字社会，发展高效协同的数字政务，推进智慧城市与数字乡村建设，提升教育、医疗等重点领域的数字化、均等化水平。

强化阵地意识，加强网络文明建设。网络文明是网络强国建设的重要内容，是物质文明与精神文明相协调的关键力量之一。互联网已经成为意识形态斗争的主阵地、主战场与最前沿，网络强国建设必须巩固全党全国各族人民团结奋斗的共同思想基础，把握网络意识形态工作主导权主动权。一是加强互联网内容建设，维护意识形态安全，做好舆论引导与风险防范。明确互联网内容审查的范围和标准，加强互联网内容的规范和引导，开发和应用内容审核、过滤和监测系统，防止违法有害、不实不当的信息传播。二是培育网络文明，完善网络综合治理体系，构建风清气正的网络生态。加强网络素养和网络道德的教育，引导公众形成正确的网络价值观和舆论导向，加强网络举报和监督机制，维护网络秩序。

坚持绿色发展，促进数字化绿色化协同转型。"双碳"目标已经成为我国经济社会发展的主要趋势，数字化绿色化转型是保护生态环境、实现经济可持续发展的必然选择。网络技术有助于实现能源、交通、环境等资源的高效利用和智能管理，网络强国建设需要注重绿色发展，促进数字化绿色化协同转型，减少对环境的负面影响。一方面，推进数字基础设施绿色化改造升级，发挥网络优化资源配置的作用，降低生产活动的能源消耗。例如建设绿色数据中心，引入绿色低碳技术和产品，逐步建立和完善绿电交易市场机制。另一方面，提升数字化环境治理能力，将数字技术与生态环境保护工作深度融合。例如引入物联网技术，促进智能交通管理和自动化环境监测，提高资源利用率。

维护网络主权，塑造网络空间国际合作新格局。习近平总书记指出，利用好、发展好、治理好互联网必须深化网络空间国际合作，携手构建网络空间命运共同体。新时期网络强国建设需要深化网信领域的国际交流，深化务实合作，提升我国网络空间治理国际话语权。一方面，要坚持对外开放的基本国策，全方位参与全球数字治理。用好相关平台机制，深度参与国际标准和规则制定，构建新型国际关系。另一方面，要始终高举网络主权旗帜，反对网络霸权。网络主权彰显国家主权，尊重网络主权是国际网络空间治理的基础，需要打击网络攻击、网络间谍行为，构建互相尊重、合作有序的网络空间。

（电子科技大学智慧治理研究院院长、公共管理学院教授汤志伟，电子科技大学智慧治理研究院研究员叶昶秀）

| 第 72 问 |

如何以数字中国建设不断推进中国式现代化？

> ▶ 以数字中国建设引领中国式现代化的创新路径，增强中国式现代化的绿色理念，贯彻中国式现代化的人本逻辑。

现代化的内涵因数字经济发展而丰富，中国式现代化是建立在数字中国基础之上的现代化。如何以数字中国建设不断推进中国式现代化？

在数字化迅猛发展的今天，中国式现代化被赋予更多、更宽泛的数字经济内涵。数字中国建设是以数字化和信息化为特征，以新发展理念为指引，以提高社会整体发展效率和提升人民幸福感为目标，以国家治理体系和治理能力现代化为支撑的社会主义现代化强国建设远景工程。2023年2月印发的《数字中国建设整体布局规划》，明确了数字中国建设"2522"的整体框架，即夯实数字基础设施和数据资源体系"两大基础"，推进数字技术与"五位一体"总体布局深度融合，强化数字技术创新体系和数字安全屏障"两大能力"，优化数字化发展国内国际"两个环境"。这是党的二十大后我国在数字化发展领域做出的最全面的擘画，标志着数字中国建设进入整体推进的新阶段。总的来说，数字中国建设为中国式现代化引领创新路径、增强绿色理念并贯彻人本逻辑，通过夯实建设基础、深化全面赋能和优化发展环境三点上着力实现。

以数字中国建设引领中国式现代化的创新路径。创新在中国式现代化建设全局中居于核心地位，数字中国建设是中国式现代化进程中的创新源泉。创新是数字化与生俱来的内在特质，数字中国建设与科技创新相辅相成，拓宽了科技创新的发展空间，提高了科技创新成果的转化效率，驱动数字技术与实体经济有机融合，赋能经济高质量发展。数字经济发展使数据要素嵌入社会再生产的各个环节，有效驱动劳动力、资本、土地、技术等要素实现网络化共享、集约化整合、协作化开发及高效化利用，加速人流、物流、信息流、资本流等产生巨大的形态变化和流程再造，不断催生新产业、新业态和新模式，培育经济新增长点，推动实体经济产业结构优化升级。数字技术在市场需求挖掘和分析领域的应用有利于减少产品和服务的低端及无效供给，充分发挥海量数据和丰富应用场景优势，瞄准重点领域培育新竞争优势，形成世界级先进制造业集群，推动中国制造业迈向全球价值链中高端，为中国式现代化提供新动能。

以数字中国建设增强中国式现代化的绿色理念。坚持绿色发展是中国式现代化的鲜亮旗帜之一，数字中国建设是中国式现代化新征程中破解资源环境承载约束问题的重要法宝。在生产端，以数字技术推动绿色低碳生产。依托工业互联网、大数据、人工智能等领域的数字基础设施，有效改进生产工艺流程，提高设备运转效率，提升生产过程管理的精准性，强化产业链上下游企业的合作与供应链前后端的联通，构建网络互联、平台互通、信息共享的数字化创新体系，从而实现生产效率和节能减排双提升。在消费端，依托数字技术打造绿色消费平台，引导鼓励大众参与绿色消费。通过培育数字技术领军企业，赋能开发绿色消费产品，加强数字技术产品在消费端应用场景开发，以更多优质的智能化数字产品满足并引领绿色消费需求。在生活端，以智慧城市倡导绿色低碳生活。依托城市物联网基础设施，将数字技术广泛应用于城市建设、安全、路网、交通、排水，提高智慧城市发展水平，推动城镇发展集约智能、绿色低碳。

以数字中国建设贯彻中国式现代化的人本逻辑。中国式现代化道路把实现人民对美好生活的向往作为现代化建设的出发点和落脚点，着力维护和促进社会公平正义，着力促进全体人民共同富裕。数字中国建设践行与彰显全体人民共同富裕的本质要求。数字化具有跨越时空的普惠性特征，可以通过跨越时空限制，弥补公共服务短板，促进数字基础设施更加充分和均衡，提高发展效率与效益，从而改善居民生活，创造更多的社会福利。世界经济论坛对经合组织成员国的调查表明，数字化程度每增长10%，幸福指数上浮约1.3%。数据作为关键生产要素参与社会再生产，在劳动过程中参与分配，体现了对要素所有者的公平性。数字经济在增加就业岗位、扩大就业容量、提升就业质量方面发挥重要作用，有利于扩大中等收入群体规模。数字技术推动电子政务的发展，提高了政府的数字治理能力，提升了政府的服务水平和服务能力，实现了政府的决策科学化，在发展的方方面面促进公平正义，不断提升广大劳动人民的幸福感、获得感、安全感。

数字中国战略是推动中国式现代化的重要引擎，更是应对未来技术挑战、掌握战略主动的基础性工程。因此，应充分发挥数字中国建设的驱动引领作用，统筹推进数字技术在经济、政治、文化、社会、生态文明建设中的融合应用，更好支撑经济社会高质量发展，为推进中国式现代化提供不竭动力。

着力夯实数字中国建设基础。做好顶层设计和统筹规划，推进网络基础设施、算力基础设施和应用基础设施等建设与应用，持续加大对5G、新一代互联网、物联网、人工智能等重点领域的投资力度，加快信息基础设施共建共享、互联互通，打通数字基础设施大动脉。畅通数据资源大循环，增强高质量数据资源供给，加强数据资源跨地区跨部门跨层级的统筹管理、整合归集，全面提升数据资源规模和质量，充分释放数据要素价值。

着力深化数字中国全面赋能。做强做优做大数字经济，提升数字经济核心产业竞争力，打造具有国际竞争力的数字产业集群，培育"小巨人""隐形冠军""独角兽"企业，带动数字经济"专精特新"中小企业加快发展。打造自信繁荣的数字文化，推动中华优秀传统文化与数字技术融合创新发展，满足人民日益增长的精神文化需求。构建普惠便捷的数字社会，着力提升教育、医疗、就业、养老等重点民生领域数字化水平，加快建设智慧城市和数字乡村，构筑美好数字生活新图景。

着力优化数字中国发展环境。坚持发展和规范并重,健全数字领域法律法规体系,完善数据安全保护制度,探索数据权益、个人信息和隐私,以及数据安全等数据保护立法,构筑适应数字经济与促进创新的知识产权服务保障体系。建设公平规范的数字治理生态,加快建立健全数据确权、共享开放、有效交易流通等方面的相关制度。构建开放共赢的数字领域国际合作格局,统筹谋划数字领域国际合作,共同培育全球发展的数字新动能。

(中共四川省委党校区域经济教研部教授贾舒)

| 第 73 问 |

和你一起思考这个时代

金融强国建设如何为中国式现代化提供有力支撑？

▶ 全面加强党对金融工作的领导，坚持以人民为中心的金融发展理念，以金融强国建设为经济社会发展提供高质量服务，以金融安全底线思维为中国式现代化提供战略保障，以全面深化金融供给侧结构性改革为中国式现代化提供金融动力。

金融是国民经济的血脉，是国家核心竞争力的重要组成部分。金融强国建设如何为中国式现代化提供有力支撑？

2023年10月召开的中央金融工作会议首次提出"加快建设金融强国"的目标，强调推动我国金融高质量发展，为以中国式现代化全面推进强国建设、民族复兴伟业提供有力支撑。金融强国意在打造富有国际竞争力、与我国国际地位相匹配的现代金融体系，是我国强国战略体系在金融领域的重要体现。我们必须理解金融强国战略的深刻内涵，以金融强国战略支撑中国式现代化，以中国式现代化引领金融强国建设。发挥金融强国战略对中国式现代化的支撑作用，需要全面加强党对金融工作的领导，坚持以人民为中心的金融发展理念，以金融强国建设为经济社会发展提供高质量服务，以金融安全底线思维为中国式现代化提供战略保障，以全面深化金融供给侧结构性改革为中国式现代化提供金融动力。

打造富有国际竞争力、与我国国际地位相匹配的现代金融体系。改革开放以来，我国已经建立起一个比较完备的金融体系，但当前中国金融体系规模大、监管弱、管制多的特征，影响了新发展格局下金融系统功能的有效性，亟待打造符合我国国情的现代金融体系。同时，金融也是国家核心竞争力的重要组成部分，虽然我国初步完成了"从小到大"的金融体量转变，金融在国民生产总值中的贡献为8%左右，但我国金融体系仍存在"大而不强"的问题，金融行业结构不够均衡、基础设施建设有待完善、市场机制不够成熟，这与我国世界第二大经济体的国际地位亦不匹配。加快建设金融强国，体现了金融工作在国家整体战略中的重要地位，为新时代新征程推动金融高质量发展提供了根本遵循和行动指南。

加快建设金融强国，亦是推进中国式现代化的内在要求。党的二十大擘画了以中国式现代化全面推进强国建设、民族复兴伟业的宏伟蓝图，多个方面涉及金融体系及其功能的发挥，对金融服务实体经济的能力以及维护国家安全的能力都提出了深度需求。金融工作始终贯穿于推动高质量发展、构建高水平社会主义市场经济体制等中国式现代化重大部署中，以金融强国战略支撑中国式现代化，需要把握以下几个重点。

坚持党对金融工作的绝对领导，建设中国特色现代金融体系。中国式现代化是中国共产党领导的社会主义现代化，坚持和加强党的全面领导是中国式现代化的重大原则。加快建设金融强国，首先需要深刻领会和把握以习近平同志为核心的党中央对金融工作的决策部署，把金融服务实体经济作为根本宗旨，把防控风险和维护国家安全作为永恒主题，坚持深化金融供给侧结构性改革，走好中国特色金融发展之路。加快建设金融强国，走出一条前无古人的金融创新之路，需要同时兼顾现代金融发展的客观规律和适合中国国情的鲜明特色，坚持和加强党对金融工作的全面领导，可以确保金融工作始终沿着正确方向前进，不断提高我们对金融工作本质规律认识的高度，锚定金融强国支撑中国式现代化的奋斗目标行稳致远。

深刻把握金融工作的人民性，贯彻以人民为中心的发展思想。中国式现代化是全体人民共同富裕的现代化，让经济社会发展成果更多更公平惠及全体人民，这为建设金融强国注入灵魂。"国之称富者，在乎丰民"，要加强金融工作与实体经济的深度融合，以高质量金融服务解决经济社会发展中的不平衡不充分问题，满足人民日益增长的美好生活需要。要加强金融基础设施建设，让金融资源更多惠及小微经营主体和脱贫地区，通过普惠金融促进全体人民共同富裕迈上新台阶。要提升金融工作在民生领域的服务质量，不断顺应人民对健康养老、多元化资产配置和消费者权益保护的需求，主动担当惠民利民的责任和使命，切实增强人民群众金融服务获得感。

坚持金融服务实体经济的根本宗旨。以经济建设为中心是兴国之要，党的十八大以来，我国实施稳健货币政策，对实体经济发放的人民币贷款余额从2014年的81.43万亿元攀升至2023年的235.48万亿元，年均增速保持在10%以上，有力地支撑了实体经济发展。以金融强国战略支撑中国式现代化，需要坚持金融为实体经济高质量发展提供服务的根本任务。要营造服务于高效资源配置的货币金融环境，加强金融基础设施建设，为实体经济活动提供便捷高效的支付清算环境，加大货币政策工具箱创新力度，加强对重大战略、重点领域和薄弱环节的优质金融服务。要优化金融资金在实体经济领域的配置效果，盘活被低效占用的金融资源，把更多金融资源用于促进科技创新、先进制造、绿色发展和中小微企业，做好科技金融、绿色金融、普惠金融、养老金融、数字金融五篇大文章。要充分发挥金融对社会资金的引导作用，支持国有大型金融机构做优做强并发挥资本桥梁作用，带动引领社会资本支持实体经济发展。

筑牢中国式现代化的金融安全防线。党的十八大以来，防范化解重大金融风险取得重要成果，高风险影子银行规模较历史峰值压降约25万亿元，过去十年累计消化不良资产超过16万亿元，有力地稳定了宏观经济大盘。以金融强国支撑中国式现代化，需要在金融工作中强化风险意识和底线思维，以金融安全为中国式现代化提供战略保障。要全面加强金融穿透式监管，依法将所有金融活动全部纳入监管，严厉打击非法金融活动。要发挥金融机构经济减震器和社会稳定器功能，严格中小金融机构准入标准和监管要求，立足当地开展特色化经营，强化政策性金融机构职能定位。要建立防范化解地方债务风险长效机制，优化中央和地方政府债务结构，进一步压实地方和部门责任，推进地方政府债务合并监管，加强金融机构对地方融资平台的资金支持。要健全货币政策和宏观审慎政策"双支柱"调控框架，加快货币政策向以价格型调控为主转型，推进利率市场化改革，健全宏观审慎政策操作框架，明确"政策目标""政策工具"和"政策协调"，发挥宏观审慎管理着眼宏观、逆周期调节、防风险传染的功能。

全面深化金融供给侧结构性改革，为中国式现代化提供金融动力。中国式现代化发展的根本动力是全面深化改革。全面深化金融供给侧结构性改革不仅是建设金融强国的铸魂之要，更是以高质量金融服务推动中国式现代化的应有之义。要健全多层次资本市场体系，完善实体经济直接融资支持机制，把发展直接融资放在重要位置，形成融资功能完备、基础制度扎实、市场监管有效、投资者合法权益得到有效保护的多层次资本市场体系。要合力提高上市公司质量，把好入口关与畅通多元退出渠道，聚焦信息披露和公司治理"双轮驱动"，引导上市公司规范治理、聚焦主业、做优做强。要稳步扩大金融领域制度型开放，坚持"引进来"和"走出去"并重，吸引更多外资金融机构和长期资本来华展业兴业，加快市场机制与国际通行标准接轨步伐，推进证券交易所公司制改革，改善资本市场交易制度。要持续推进利率和汇率市场化改革，统筹金融开放和安全，健全市场化利率形成、调控和传导机制，引导融资成本持续下降。

（中央财经大学金融学院金融工程系主任、教授姜富伟）

| 第 74 问 |

教育强国建设如何支撑中国式现代化？

> ▶ 以高质量发展为生命线，推动建成高质量教育体系；以实现全体人民共同富裕为目标，积极促进教育公平；以中国特色社会主义办学之路为方向，全面提高人才自主培养质量。

教育兴则国家兴，教育强则国家强。教育强国建设如何支撑中国式现代化？

教育是国之大计、党之大计，教育以培育英才、创新科技、传承文明为使命。以教育强国建设推动实现国强民富，是中国式现代化实现人的现代化的必然要求。习近平总书记在中共中央政治局第五次集体学习时强调：''建设教育强国，是全面建成社会主义现代化强国的战略先导，是实现高水平科技自立自强的重要支撑，是促进全体人民共同富裕的有效途径，是以中国式现代化全面推进中华民族伟大复兴的基础工程。''教育强国建设要以中国式现代化为引领，加快推进教育现代化；中国式现代化则以教育强国为支撑，以教育之力厚植人民幸福之本，以教育之强夯实国家富强之基。

以高质量发展为生命线，推动建成高质量教育体系。高质量发展是全面建设社会主义现代化国家的首要任务。以高质量发展为生命线，推动建成高质量教育体系，对于实现教育高质量发展具有基础性支撑作用，是推进建设教育强国的重要组成部分。同时，通过建成高质量教育体系，培养德智体美劳全面发展的社会主义建设者和接班人，培养一代又一代在社会主义现代化建设中可堪大用、能担重任的栋梁之材，确保党的事业和社会主义现代化强国建设后继有人。

习近平总书记强调："我们要建设的教育强国，是中国特色社会主义教育强国。"构建高质量教育体系要以中国式现代化为价值引领，秉持以人民为中心的发展思想，聚焦推进教育实践变革中的战略性、紧迫性和人民群众关切的重大问题。充分发挥教育服务国计民生，培养拔尖创新人才的功能，坚持不懈用习近平新时代中国特色社会主义思想铸魂育人，推进大中小学思想政治教育一体化建设，建成德、智、体、美、劳全面培养的教育体系，形成更高水平的人才培养体系。具体而言，以高质量发展为生命线，构建高质量的教育体系，要扎实推进基础教育高质量发展，推进学前教育普及普惠安全优质发展，推动义务教育优质均衡发展和城乡一体化，坚持高中阶段教育优质多样化发展。要有序有效推进职业教育高质量发展，培养规模巨大的高素质技能人才队伍，使教育链、人才链与产业链、创新链有机衔接。要加快发展更加公平更有质量的高等教育，推动高等教育实现内涵式发展，把加快建设中国特色、世界一流的大学和优势学科作为重中之重，大力加强基础学科、新兴学科、交叉学科建设，瞄准世界科技前沿和国家重大战略需求推进科研创新。

以实现全体人民共同富裕为目标，积极促进教育公平。实现全体人民共同富裕是中国式现代化的本质要求，公平与质量是教育改革和发展的永恒主题，教育公平是社会公平的基础。以实现全体人民共同富裕为目标，促进教育公平，托举更多普通家庭孩子的梦想，让每个孩子都能享有公平而有质量的教育，是教育强国建设的基础性举措。

以实现全体人民共同富裕为目标促进教育公平，一是要缩小区域、城乡、校际教学差距，促进教育资源公平。将教育公平融入深化教育领域综合改革的各方面各环节，积极推进教育资源供给侧结构性改革，在资源配置上要公平对待城市教育和农村教育，公平对待区域内的每一所学校，且尽可能向欠发达地区、农村地区、薄弱学校、薄弱环节和困难群体倾斜。努力缩小区域、城乡、校际办学差距，充分发挥优质学校、优秀师资的辐射引领作用,采取集团化办学、委托管理、学区制管理、名校办分校、结对帮扶等多样化办学体制。为各学校之间共享资源、以强带弱、整体提升管理水平和教育教学水平搭建平台,推进所有学校共同发展,努力让每个孩子都能享有公平而有质量的教育。二是要深化新时代教育评价改革,促进学生发展机会公平。进一步深化新时代教育评价改革,扭转不科学的教育评价导向,坚决克服唯分数、唯升学、唯文凭、唯论文、唯"帽子"的顽瘴痼疾,构建多元主体参与、符合中国实际、具有世界水平的教育评价体系。三是建立健全资助政策体系,促进实现保障公平。建立健全资助政策体系、开展好学生资助工作,是促进教育公平和社会公平的必然要求。这就要求我们进一步完善学生资助政策,大力推进精准资助,持续加强规范管理,全面促进资助育人,推动各项学生资助政策全面落实。

以中国特色社会主义办学之路为方向,全面提高人才自主培养质量。中国特色社会主义是实现中华民族伟大复兴的必由之路。中国特色社会主义办学之路是实现教育现代化的鲜亮底色,以中国特色社会主义办学之路为方向,全面提高人才自主培养质量,是教育强国建设的重点和要点,也是应对当前我国发展面临战略机遇和风险挑战并存、不确定难预料因素增多的战略任务。我们必须增强忧患意识,坚持底线思维,更加重视人才自主培养,加快构建中国自主知识体系,坚持走自主创新和以人才自主培养为主的中国特色社会主义办学之路。

建设教育强国,全面提高人才自主培养质量,必须扎根中国大地办教育,着眼我国的基本国情和人民生活,解决中国的实际问题。一是构建人才培养自主性更高的知识体系。具有中国特色的知识体系是全面提高人才自主培养质量的关键。这要求我们坚持把马克思主义基本原理同中国具体实际相结合、同中华优秀传统文化相结合,进一步丰富、发展、完善各个学科的范畴、概念、理论体系。构建以质量提升为核心的学科支持体系、科研支持体系与评价支持体系,使人才供给能力、人才培养质量与社会主义现代化国家建设的要求相适应、与广大人民群众的期待相契合。二是构建以质量提升为核心的师资支持体系。这要求我们必须把加强教师队伍建设作为建设教育强国最重要的基础工作来抓，健全师德师风建设长效机制，打造具有先进的教学理念、精湛的专业能力、丰富的学科知识的高素质专业化教师队伍。三是加大自主培养拔尖创新人才力度。培养拔尖创新人才是全面提高人才自主培养质量的重点。这要求我们根据科学技术发展态势，聚焦国家重大战略需求，动态调整优化高等教育学科设置，有的放矢培养国家战略人才和急需紧缺人才，造就一批掌握关键核心技术、领跑新兴前沿科技的领军人才。

（中央马克思主义理论研究和建设工程首席专家、兰州大学马克思主义学院教授刘先春，兰州大学马克思主义学院刘慧）

| 第 75 问 |

和你一起思考这个时代

中国式现代化进程中体育的力量何以能为？

> ▶ 以体育的自然力量筑牢强国根基，以体育的精神力量凝聚思想共识，以体育的社会力量汇集磅礴合力，以体育的融合力量整合跨界资源，以体育的文化力量助力建构人类文明新形态。

体育是国家实力的象征，是国民健康程度的标尺。党的二十大报告明确到2035年基本实现社会主义现代化的远景目标，其中就包含了建成体育强国。那么，在中国式现代化进程中，体育的力量何以能为？

中国体育实现现代化既是社会进步的重要标志，也是中国式现代化的有机组成。这要求我们不断认识和发挥体育的优势力量，以体育的自然力量筑牢强国根基，以体育的精神力量凝聚思想共识，以体育的社会力量汇集磅礴合力，以体育的融合力量整合跨界资源，以体育的文化力量助力建构人类文明新形态，加快推进体育强国建设步伐，开辟中国式现代化体育发展新道路。

以体育的自然力量筑牢强国根基。建设体育强国、健康中国，最根本的是增强人民体质、保障人民健康。正如习近平总书记指出的，体育是提高人民健康水平的重要途径，是满足人民群众对美好生活向往、促进人的全面发展的重要手段。一方面，体育既有自然属性，也有社会属性。体育首先是以发展人的自然属性为目的的身体活动，"运动"是体育的"关键加入者"，人的自然属性的回归与实现是体育的基础功能与价值。在此意义上，《中华人民共和国体育法》明确规定"发展体育运动，增强

强国建设·战略支撑

人民体质",表明了体育工作的根本任务。为此要坚持以人民为中心的发展思想,把人民作为发展体育事业的主体,紧紧围绕满足人民群众需求,统筹建设全民健身场地设施,构建更高水平的全民健身公共服务体系。另一方面,在习近平新时代中国特色社会主义思想的指导下,要充分发挥体育丰富文化生活、振奋民族精神的衍生功能。在增强体质的同时促进人的全面发展,提高人民群众生活质量,满足人民日益增长的美好生活需要。

以体育的精神力量凝聚思想共识。从个体角度看,体育的精神力量体现为体育运动对人的心态、意志和思维所产生的正向激励;从国家层面看,则表现为通过开展体育活动激发人民群众爱国热情,增强民族凝聚力、向心力和认同感。中国长期的体育实践,凝聚形成了以"为国争光、无私奉献、科学求实、遵纪守法、团结协作、顽强拼搏"为核心内容的中华体育精神。中华体育精神的特性在于,它能够超越信仰、价值观等的分歧,最大限度地将不同民族、不同地区的同胞团结起来。通过促进各民族传统体育活动的创新性发展,推动传统体育文化创造性转化,打造各民族共享中华民族形象的体育文化符号,增强各族人民对中华文化的认同,维护社会安定和国家安全。例如,定期举办全国少数民族传统体育运动会,开展少数民族体育文化旅游节,推动体育非物质文化遗产进校园等。要建立健全弘扬中华体育精神的制度体系,推动中华体育精神与时俱进,为中华体育精神注入自信、开放、担当等新的时代内涵,并广泛运用现代传媒技术宣传中国体育形象,在传播中使受众认同并自觉标识中华体育文化和中华体育精神。

以体育的社会力量汇集磅礴合力。体育运动作为一种社会文化现象,是社会系统的重要组成部分,与政治、经济、教育、军事等社会子系统相互联系、相互作用。体育在社会各种关系中发挥的影响体现为体育的"社会力量",集中表现为体育的政治力量、经济力量和教育力量。首先应正确认识体育与政治的积极良性互动关系,通过完善体育体制机制、鼓励运动员参加国际交流活动、搭建国际赛会平台等途径,提升国家制度的吸引力、增加国际交往的影响力、宣扬价值观念的感召力等。其次,以体育高质量发展促进全体人民共同富裕,做大经济蛋糕。习近平总书记指出:"我们必须紧紧抓住经济建设这个中心,推动经济持续健康发展,进一步把'蛋糕'做大,为保障社会公平正义奠定更加坚实物质基础。"目前中国体育产业的经济贡献率仍偏低,需要进一步释放体育的民生经济价值、融合经济价值和体验经济价值,更加注重体育市场和资本的合理利用,支持社会力量办体育,丰富体育产品和服务供给,促进体育消费繁荣发展,壮大全体人民共同富裕的物质基础。最后,遵循人的发展的一般规律,从德、智、体三方面出发,通过组织运动对体育的教育力量进行转化,包括改善身体机能,增强才智和身体灵敏性;塑造坚韧不拔、临危不惧、自信自强等性格和品格;习得生存技能,形成尊重规则、善于合作、公平正义等社会品德和社会责任。三者环环相扣,真正诠释了体育的育人价值。

以体育的融合力量整合跨界资源。在中国式现代化进程中,体育的融合力量主要表现在三个方面。一是促进群众体育、竞技体育、体育产业、体育文化以及体育外交等各领域相互渗透、互动发展。例如,体育产业为群众体育、竞技体育提供场馆设施、技术支持等物质基础,后者通过挖掘潜在体育消费人口、举办职业竞技联赛、推动协会改革等助力体育产业发展。二是全方位融入经济社会发展大局,与国家重大战略相衔接。发挥体育在促进区域协调发展、城乡融合中的重要作用。以体育为融合要素,推动体育产业与农商文旅等业态融合发展。这对于促进区域间、城乡间生产要素由先发展地区流向后发展地区,助力解决长期制约产业、区域和城乡发展的结构性问题具有独特作用。三是实现行业间资源共享,完善产业链条,提高资源整体配置效益。体育产业具有产业链张力强、融通性好、辐射范围广的特性,能与健康、旅游、文化、农业、科技等关联产业融合发展,通过各自不同产业特性间的相互赋能,形成"1+1>2"的非线性增值效应。

以体育的文化力量助力建构人类文明新形态。人类文明新形态孕育于中华优秀传统文化的肥沃土壤，体现了中国式现代化的本质要求。党的二十大报告强调，要"坚守中华文化立场""推动中华文化更好走向世界"，因此，以文化现代化构建人类文明新形态包含两层取向：既要秉持文化自信，又要倡导文明对话，并且致力于使二者内化于现代化新道路。以此为基调，体育文化作为社会主义先进文化的重要组成部分，在助力构建中国式现代化所指向的人类文明新形态中，更要辩证把握文化自信和文明对话二者之间的关系，认识到其本是一体两面。一方面要保持对自身传统体育文化的自信、耐力、定力，守住民族的根与魂。追溯中国体育文化现代化历程，绕不开"土洋体育之争"这一关于体育发展道路的讨论，其引发的中西方体育文化的较量以二者互相承认与融合告终。事实上，任何民族的文化都有进步的、民主的和落后的、腐朽的部分，西方体育文化也不例外，我们要在对西方体育文化祛魅的同时，不断采撷中华体育文化中的优秀成果，形成彰显中华民族特色的文化形态。另一方面，要在全球化时代树立人类命运共同体意识，以体育文化为桥梁，促进中国体育同他国体育在合作共赢、文明互鉴中共同发展。

（成都体育学院天府国际体育赛事研究院院长柳伟，成都体育学院经济管理学院张凤洭）

| 第 76 问 |

中国式现代化需要怎样的健康治理？

> ▶ 中国式现代化需要以人民为中心、发挥党和政府的领导作用、充分调动市场机制以及全社会共同参与的健康治理。

全面推进健康中国建设是关系我国现代化建设全局的战略任务之一，健康治理是推进健康中国战略实施的重大方略。中国式现代化需要怎样的健康治理？

习近平总书记指出："健康是幸福生活最重要的指标，健康是1，其他是后面的0，没有1，再多的0也没有意义。"总体来说，中国式现代化需要以人民为中心、发挥党和政府的领导作用、充分调动市场机制以及全社会共同参与的健康治理。

民康国富，民健国强。健康中国建设，是从国家战略层面，以提高人民健康水平为核心、体制机制改革创新为动力，以普及健康生活、优化健康服务、完善健康保障、建设健康环境、发展健康产业为重点，统筹解决关系健康的重大和长远问题，到2050年建成与社会主义现代化国家相适应的健康国家。

中国式现代化需要树立以人民为中心的健康治理理念。习近平总书记反复强调，"要把人民群众生命安全和身体健康放在第一位"，将人民群众对生命健康的价值诉求作为党和国家的价值追求，坚持健康优先发展。中国特色社会主义进入了新时代，我国社会主要矛盾已经转化为人民日益增长的美好生活需要和不平衡不充分的发展之间的矛盾。随着人

强国建设・战略支撑

民生活水平的稳步提升，生命健康日益成为人民群众美好生活需要的重要组成部分。以人民为中心，把保障人民健康放在优先发展的战略地位，是中国共产党人根本政治立场的重要体现，是中国共产党人践行根本宗旨的充分展现。以人民为中心，始终坚持人民至上、生命至上，要把普及健康生活、优化健康服务、完善健康保障、建设健康环境和发展健康产业放在同等重要的位置，积极推动从以治病为中心向以人民健康为中心转变，全方位、全周期、全链条守护全民健康。

中国式现代化需要充分发挥党领导的制度优势，更好转化为健康治理的效能。新中国成立后，在中国共产党的坚强领导下，在较短的时间里基本解决了当时中国面临的主要健康问题。中国合作医疗制度被世界卫生组织认为是"发展中国家群众解决卫生经费的唯一范例"。改革开放后，特别是党的十八大以来，积极发挥社会主义制度能够集中力量办大事的优势，把党的主张、国家意志、人民意愿充分统一到中国特色的社会主义卫生事业中来。坚持卫生与健康事业的"优先发展"和"共同发展"，始终将公平可及、群众受益作为医药卫生体制改革的出发点，把实现好、维护好、发展好人民群众健康利益作为医疗卫生事业发展的落脚点，解决了医疗资源分配不合理、公费报销占比较低等迫切需要解决的问题。新时期，要把人民群众对美好生活向往的现实需求与美好愿景科学地融合起来，把中国卫生健康事业的改革实践与理想目标有机地统一起来，统筹设计、全面推进。要深化被世界卫生组织充分肯定的"社会健康治理杰出典范奖"的爱国卫生运动，推动从环境卫生治理向全面社会健康管理转变，把全生命周期健康管理理念贯穿到城市规划、建设、管理和乡村振兴战略中。要动员社会各方积极投入、参与、支持健康治理，大力培育社会组织和行业组织，发挥专业行业协会对医疗健康服务的重要作用。要坚持共建、共享、共同健康，充分激发社会、家庭和个人的健康治理活力。

中国式现代化需要建成以政府为主导的健康治理体系和机制。健康治理体系是围绕健康治理的目标和功能，以健康事务为主要内容的治理体系。为了更有效地建构系统、整体、协同的治理格局，健康治理不仅需要构建完善的制度体系、组织体系、运行体系、评价体系和保障体系，而且需要构建全面的健康治理决策机制、管理监督机制、沟通协同机制以及系统评估机制等。政府主导的健康治理体系和机制，是社会主义制度性质决定的，是促进健康公平、健康保障进而促进共同富裕的内在需要。政府不仅承担相关法律法规明确规定的健康治理责任，还需要开展跨部门的协同治理，提高监督管理、资源整合以及促进创新等健康治理的能力。要全面落实"将健康融入所有政策"，将主要健康指标纳入各级党委和政府的工作考核体系，系统评估经济社会发展规划、公共政策或重大工程项目对人群健康的影响，为将健康融入各部门制定和实施公共政策的全过程提供保障。坚持公共性、公益性的定位，坚持中西医并重，加大公共卫生投入，确保人人享有公平可及的健康服务。

中国式现代化需要多元化、多层次的健康服务供给和健康保障。丰富且高质量的健康服务供给和健康保障，是中国健康治理的重要内容和必要条件，也是中国式现代化的重要标志。要构建优质高效的整合型健康服务体系，推动城乡联动，构建责任、管理、服务、利益共同体，实现医疗、公共卫生以及养老等机构之间的横向整合和深度协作。要充分发挥中医药防病治病的独特优势和作用，融预防保健、疾病治疗和康复养生为一体，完善全生命周期的中医药卫生与健康服务体系，满足人民群众全方位、多层次、多样化的健康服务需求。要促进互联网产业和健康产业融合发展，利用健康大数据、云计算、移动可穿戴设备、物联网等信息和技术，大力发展远程医疗服务体系，提高健康服务供给效率和供给质量。要发展智慧健康产业，借助互联网、移动社交平台、大数据等新媒体新技术，做好健康教育和健康促进工作。

中国式现代化需要积极参与、支持人类卫生健康共同体建设。疫病无国界，许多健康问题，不仅影响单一的国家和地区，而且对全球健康构成威胁。积极参与、支持人类卫生健康共同体建设，营造较好的健康环境，也是中国式现代化的题中之义。享有健康是全人类的共同愿望，维护全球健康是世界各国的共同责任。要继续坚持全球化、坚持共商共建共享、坚持多边主义的中国方案、中国主张，强化中国的倡议者、引领者角色，积极推动建立健全全球公共卫生安全长效融资机制、威胁监测预警与联合响应机制、资源储备和资源配置体系等合作机制，筑牢保障人类生命安全和健康的坚固防线，推动全球健康治理行稳致远。

（西南财经大学公共管理学院教授徐程、四川天府健康产业研究院首席专家孟立联）

| 第 77 问 |

和你一起思考这个时代

人民军队建设如何有力支撑中国式现代化？

▶ 人民军队必须服从服务于党的历史使命，如期实现建军一百年奋斗目标、加快建成世界一流军队，以绝对忠诚、高强战力、过硬作风，为推进中国式现代化、实现中华民族伟大复兴提供坚强战略支撑。

如期实现建军一百年奋斗目标，加快把人民军队建成世界一流军队，是全面建设社会主义现代化国家的战略要求。人民军队建设如何有力支撑中国式现代化？

强国必须强军，军强才能国安。《孙子兵法》开篇就指出："兵者，国之大事，死生之地，存亡之道，不可不察也。"战争关乎民族生死存亡，军队关乎国家兴衰荣辱。近代以来，中国在朝鲜半岛两次被卷入战争，结局却迥然不同。甲午战争，北洋水师全军覆没，清政府割地赔款，中国发展进程被打断，加深了民族苦难；抗美援朝战争，中国人民彻底扫除了近代以来任人宰割、仰人鼻息的百年耻辱，在中华民族伟大复兴进程中树立起了重要里程碑。历史告诉我们：一个强大的国家必然要有一支强大的军队作后盾，这是颠扑不破的历史铁律。新时代新征程，习近平总书记指出，在全面建设社会主义现代化国家、实现第二个百年奋斗目标的历史进程中，必须把国防和军队建设摆在更加重要的位置，加快建设巩固国防和强大军队。

军事手段是实现伟大梦想的保底手段，人民军队是推进中国式现代化的坚强后盾。一方面，人民军队同党和国家的前途命运紧紧相连。人民军队因党的事业而生，为争取民族独立和人民解放而战，在捍卫中国式现代化发展成果中不断强大。1954年，我们党提出的"四个现代化"构想中，其中一个就是"现代化的国防"。军事实力是国家战略能力的重要组成部分。随着我国综合国力不断提升，我们在国际战略运筹中可以运用政治、外交、经济、文化、法理等多种手段，但军事手段始终是保底的。只有以强大军事实力作依托，才能把维护国家战略全局稳定的主动权牢牢掌握在自己手中。另一方面，国防和军队现代化是实现中华民族伟大复兴的战略支撑。推进中国式现代化、实现伟大梦想绝不可能轻轻松松、顺顺利利，必然会面对各种重大挑战、重大风险、重大阻力、重大矛盾，遇到许多新的"娄山关""腊子口"和这样那样的暗礁险滩、风险点，要战胜风险挑战、应对惊涛骇浪，必然需要一支强大的人民军队。我们更加深刻认识到，中华民族走出苦难、中国人民实现解放，有赖于一支英雄的人民军队；推进中国式现代化，实现中华民族伟大复兴，必须加快把人民军队建设成为世界一流军队，这样底气才足、腰杆才硬。

军队因履行使命而存在，军人因担当使命而荣光。人民军队忠诚履行使命，才能有力支撑中国式现代化巨轮行稳致远。《新时代的中国国防》白皮书指出，进入新时代，中国军队依据国家安全和发展战略要求，坚决履行党和人民赋予的使命任务，为巩固中国共产党领导和社会主义制度提供战略支撑，为捍卫国家主权、统一、领土完整提供战略支撑，为维护国家海外利益提供战略支撑，为促进世界和平与发展提供战略支撑。"四个战略支撑"既是新时代中国军队使命任务，也是推进中国式现代化新征程中，人民军队须一以贯之的重要使命。

为巩固中国共产党领导和社会主义制度提供战略支撑。以中国式现代化全面推进中华民族伟大复兴，关键在党。我们党越是坚强有力，中国特色社会主义越是蓬勃发展，各种敌对势力就越是会加紧对我国进行渗透破坏颠覆活动。巩固党的长期执政地位，确保红色江山永不变色，人民军队具有特殊重要的地位和作用。人民军队要坚定站在党的旗帜下，坚决维护国家政权安全、制度安全，坚决维护政治社会大局稳定。

为捍卫国家主权、统一、领土完整提供战略支撑。我们还没有实现祖国完全统一，"国土安全依然面临威胁，陆地边界争议尚未彻底解决，岛屿领土问题和海洋划界争端依然存在"，解决好这些问题，是推进中国式现代化进程中必须正确处理和应对的重大风险挑战。作为维护祖国统一、捍卫民族尊严的坚强柱石，人民军队必须做好随时打硬仗的准备，坚定灵活开展军事斗争，在国家主权和领土完整遇到重大挑战时，针锋相对、寸土必争，坚决捍卫国家核心利益。

为维护国家海外利益提供战略支撑。随着中国式现代化不断推进，我国国家利益向全球不断拓展，形成了重大海外利益格局。国家利益拓展到哪里，安全保障就必须跟进到哪里。保障海外利益安全仅靠发声明、提抗议是不够的，必须有实质性力量和手段。人民军队要紧跟国家海外利益拓展进程，实施海上护航、维护海上战略通道安全、遂行海外撤侨等行动，增强在更加广阔空间遂行多样化军事任务能力。

为促进世界和平与发展提供战略支撑。中国式现代化是走和平发展道路的现代化，在坚定维护世界和平与发展中谋求自身发展。这就需要积极参与全球治理体系改革和建设，加强国际战略运筹，营造良好国际环境，关键靠国家战略能力特别是军事实力。人民军队要认真履行国际责任和义务，大力推进新时代国际军事合作，共同应对全球性安全挑战，向世界展示中国军队良好形象。

使命任务扛在肩，强军兴军最关键。党的二十大擘画强国建设、民族复兴宏伟蓝图，对国防和军队建设作出战略部署，发出如期实现建军一百年奋斗目标、加快把人民军队建成世界一流军队的号召，这是党的意志、人民的期盼，是人民军队为中国式现代化保驾护航必须扛起的时代重任、必须交出的历史答卷。

一是按步骤推进。同国家现代化进程相适应，我们党制定了国防和军队现代化新"三步走"战略安排，提出到 2027 年实现建军一百年奋斗目标、到 2035 年基本实现国防和军队现代化、到 21 世纪中叶全面建成世界一流军队。战争无法预设，战场没有亚军。只有锚定目标、不懈努力，把克敌制胜的硬实力搞上去,把压倒一切的气概提起来,才能尽快步入世界一流军队行列。

二是一体化建设。人民军队建设是一个复杂的系统工程,要坚持政治建军、改革强军、科技强军、人才强军、依法治军,坚持边斗争、边备战、边建设,坚持机械化、信息化、智能化融合发展,加快军事理论现代化、军队组织形态现代化、军事人员现代化、武器装备现代化建设,提高捍卫国家主权、安全、发展利益战略能力。

三是高质量发展。当前,人民军队建设正处在提质增效的关键阶段。要更加注重聚焦实战、创新驱动、体系建设、集约高效、军民融合,坚持全局统筹、系统抓建、体系治理,以加快先进战斗力有效供给为指向,转变发展理念,创新发展模式,增强发展动能,确保高质量发展。

(国防大学国家安全学院国家发展战略教研室主任、教授郭海军)

国家治理

发展与安全

- 导问
- 科学内涵·本质认识
- 中国方案·重大创新
- 自信自立·系统工程
- 强国建设·战略支撑
- 国家治理·发展与安全
- 立足四川·谱写新篇章

中国式现代化100问

第78问—第91问

| 第 78 问 |

中国式现代化对全面从严治党提出了什么新要求？

▶ 深入学习贯彻习近平新时代中国特色社会主义思想，为全面从严治党提供强有力的理论武装；健全全面从严治党体系，为全面从严治党构筑系统高效的制度依托；推进党的自我革命向纵深发展，为全面从严治党营造良好的政治生态；建设堪当民族复兴重任的高素质干部队伍，为全面从严治党供给坚强的组织力量。

办好中国的事情，关键在党，关键在坚持党要管党、全面从严治党。全面从严治党为中国式现代化建设提供坚强保障，那么推进中国式现代化对全面从严治党提出了什么新要求？

全面推进中国式现代化必须坚定不移推进全面从严治党，充分发挥党总揽全局、协调各方的领导核心作用。全面从严治党的要求一直在与时俱进、不断发展。2014年10月，"全面推进从严治党"这一重大命题由习近平总书记在党的群众路线教育实践活动总结大会上首次提出，当年12月明确为"全面从严治党"，并被提升到"四个全面"战略布局的高度予以推进。党的十八届六中全会提出，全面从严治党应以思想从严、管党从严、执纪从严、治吏从严、作风从严、反腐从严作为基本遵循。党的十九大报告进一步提出"坚定不移全面从严治党"的现实要求，并阐明全面从严治党的主要内容。到党的十九届四中全会，首次提出"完善全面从严治党制度"，从制度层面确立坚持党要管党、全面从严治党。

当前，全面推进中国式现代化建设任务的复杂性和艰巨性也要求全面从严治党必须进入更高水平的体系化、规范化、科学化阶段。党的二十大提出，坚定不移全面从严治党，深入推进新时代党的建设新的伟大工程。具体而言，可以从以下四个方面把握。

深入学习贯彻习近平新时代中国特色社会主义思想，为全面从严治党提供强有力的理论武装。习近平新时代中国特色社会主义思想作为马克思主义中国化时代化最新成果，是中国特色社会主义理论体系的重要组成部分，开辟了马克思主义中国化时代化新境界。党的十八大以来，中国共产党之所以能推进一系列变革性实践，实现一系列突破性进展，取得一系列标志性成果，正是由于有习近平新时代中国特色社会主义思想的科学指引。当前，中国式现代化建设不仅面临着复杂严峻的国际形势，还面临着艰巨繁重的国内改革发展稳定任务。然而，越是形势复杂、任务艰巨，越是需要坚持不懈贯彻习近平新时代中国特色社会主义思想，做到知其言更知其义、知其然更知其所以然，切实把党的创新理论贯彻落实到党和国家工作各方面全过程。只有坚持不懈用习近平新时代中国特色社会主义思想凝心铸魂，才能正确判断中国式现代化建设背景下全面从严治党所面临的斗争形势，及时明确中国式现代化建设背景下全面从严治党的主要任务，科学地处理中国式现代化建设背景下全面从严治党的各种问题，充分发挥党的集中统一领导的关键作用，全面推进理论优势转化为发展效能。

健全全面从严治党体系，为全面从严治党构筑系统高效的制度依托。党的二十大报告对新征程上坚定不移全面从严治党做出全面部署，并首次提出要健全全面从严治党体系。这一重大举措的提出，体现了党对实现中国式现代化可能面临严峻复杂考验的充分认识和推进中国式现代化建设应坚定不移从严管党治党的高度自觉。当前，党的建设特别是党风廉政建设和反腐败斗争仍面临不少顽固性、多发性问题，全面从严治党更要靠制度来保障。习近平总书记深刻指出："全面从严治党体系应是一个内涵丰富、功能完备、科学规范、运行高效的动态系统。"必须健全全面从严治党体系，充分发挥制度的稳定性和系统性优势，强化中国式现代化建设进程中管党治党工作的全面系统布局，保障协调高效推进。

推进党的自我革命向纵深发展，为全面从严治党营造良好的政治生态。在推进中国式现代化建设的进程中，党面临的"四大考验"和"四种危险"将长期存在，要随时准备经受风高浪急甚至惊涛骇浪的重大考验，要求一刻不停深化自我革命，以正视问题的自觉和刀刃向内的勇气持之以恒推进全面从严治党，保持解决大党独有难题的清醒和坚定，为全面从严治党培养良好政治生态。全面从严治党永远在路上，党的自我革命永远在路上。党的二十大报告首次提出"完善党的自我革命制度规范体系"的现实要求，是以具有根本性、稳定性、长期性的制度为依托，有效应对"四大考验"、克服"四种危险"、持续推进党的自我革命，以良好的政治生态深化中国式现代化建设的长久之策。要求进一步完善党的宣传教育制度，健全党内民主制度，健全纠治形式主义、官僚主义制度，健全反对特权制度，健全党的纪律建设制度，健全党的工作防错纠偏机制，健全一体推进不敢腐、不能腐、不想腐制度，不断巩固发展风清气正的政治生态，进一步推动政治优势转化为发展效能。

建设堪当民族复兴重任的高素质干部队伍，为全面从严治党供给坚强的组织力量。政治路线确定以后，干部就是决定因素。在迈上全面建设社会主义现代化国家新征程、向第二个百年奋斗目标进军的关键时期，一些党员、干部缺乏担当精神，斗争本领不强，实干精神不足，形式主义、官僚主义现象仍较为突出。对此，党的二十大报告提出，"必须有一支政治过硬、适应新时代要求、具备领导现代化建设能力的干部队伍"。坚持把政治标准放在首位，保障干部政治过硬，带头从严讲政治，能够在复杂的国内外形势中把握中国式现代化建设的正确方向，真正做到抵得住诱惑、经得起考验，全心全意为人民服务。实现高质量发展是中国式现代化发展的本质要求之一，也是干部适应新时代要求、培育现代化建设能力所要实现的重要目标。要求干部深刻把握新发展阶段、深入贯彻新发展理念、高效构建新发展格局，以满足中国式现代化建设的高质量发展需要。通过全面履职尽责、积极建言献策、自觉担当作为，进一步推动组织优势转化为发展效能。

（中共四川省委党校法学教研部讲师潘姚）

| 第 79 问 |

和你一起思考这个时代

中国式现代化要建设怎样的高水平社会主义市场经济体制？

▶ 中国式现代化要建设的高水平社会主义市场经济体制，是在党的领导下，在价值理念、基本经济制度、有效市场和有为政府结合、市场体系、宏观经济治理体系、对外开放等方面均呈现高水平特征。

改革开放 40 多年来，党的领导为社会主义市场经济体制的建立、发展与完善提供了坚强有力的政治保障。从党的十四大决定中国经济体制改革目标是建立社会主义市场经济体制，到党的十九届四中全会指出社会主义市场经济体制属于社会主义基本经济制度，再到党的十九届五中全会提出"全面深化改革，构建高水平社会主义市场经济体制"的重点任务，社会主义市场经济体制朝着高水平发展的轨道不断向前，彰显出蓬勃的生命力，成为创造中国经济快速发展和社会长期稳定"两大奇迹"的重要制度基础。

党的二十大报告面向第二个百年奋斗目标，立足不断增强中国式现代化的动力支撑和制度保障，将"构建高水平社会主义市场经济体制"置于"加快构建新发展格局，着力推动高质量发展"所提出的五项举措之首，意味着高水平社会主义市场经济体制将承担实现中国式现代化的历史使命。中国式现代化要建设的高水平社会主义市场经济体制，是在党的领导下，在价值理念、基本经济制度、有效市场和有为政府结合、市场体系、宏观经济治理体系、对外开放等方面均呈现高水平特征。

价值理念高水平。与西方市场经济"以资本为中心"的价值观不同，社会主义市场经济秉持的是"以人民为中心"的价值观。中国式现代化的鲜明特征突出了中国式现代化"坚持人民至上"的根本价值立场，也指明了高水平社会主义市场经济体制的价值追求：努力实现经济效益、社会效益、生态效益共赢，不断满足人民群众对美好生活的向往。因而，创新、协调、绿色、开放、共享的新发展理念成为高水平社会主义市场经济体制的价值理念。

基本经济制度高水平。党的十九届四中全会将公有制为主体、多种所有制经济共同发展，按劳分配为主体、多种分配方式并存，社会主义市场经济体制等作为社会主义基本经济制度，表明了所有制形式、分配制度和经济体制的内在一致性。基本经济制度高水平体现在：坚持和完善社会主义基本经济制度，使社会主义制度和市场经济更好地结合起来。一是巩固和发展高水平社会主义市场经济体制的所有制基础，关键是坚持"两个毫不动摇"，这是构建高水平市场经济体制的"压舱石"。一方面，坚持和巩固公有制经济的主体地位与国有经济的主导地位，深化国资国企改革，加快国有经济布局优化和结构调整；另一方面，促进公有制为主体前提下的多种所有制经济共同发展，既要通过发展混合所有制经济推动公有制经济与非公有制经济的有机融合与共同发展，又要鼓励、支持、引导非公有制经济和民营企业发展，在制度和法律层面保障公有制经济与非公有制经济、国有企业与民营企业平等竞争。二是完善高水平社会主义市场经济体制的分配制度。坚持按劳分配为主体、多种分配方式并存的基本分配制度不动摇，以效率和公平有机统一为出发点，探索构建初次分配、再分配、第三次分配协调配套的制度体系，体现公平、正义的社会主义原则，实现市场经济发展过程中的分配公平、民生公平、社会公平，着力促进全体人民共同富裕。

有效市场和有为政府结合高水平。中国特色社会主义市场经济实践充分表明，政府与市场的关系并不是此消彼长、相互对立的，而是一种共生共荣的命运共同体。党的领导是实现有为政府和有效市场有机统一的根本保证。有效市场和有为政府结合高水平体现在：一是以有为政府保障市场更加有效。"有为政府"意味着更好地发挥政府作用，加快政府职能转变，深化简政放权、放管结合、优化服务改革，完善宏观调控体系，为有效市场的建立提供外部条件和有力支撑。二是以有效市场促进政府更加有为。"有效市场"意味着市场在资源配置中起决定性作用。充分尊重市场经济规律，把市场机制能有效调节的经济活动交给市场，界定好政府的职能，避免政府职能在行使中出现越位、错位、缺位的现象，更好地发挥政府在经济调节、市场监管、社会管理和公共服务方面的功能作用，实现有效的治理。

市场体系高标准。党的二十大指出要"构建全国统一大市场，深化要素市场化改革，建设高标准市场体系"。这是高水平社会主义市场经济体制稳定运行的保障。高标准市场体系体现在：一是产权制度完善，构建起归属清晰、权责明确、保护严格、流转顺畅、有效激励的产权制度；二是要素自由流动，突破市场的地区分割壁垒，建设有利于要素自由流动的全国统一大市场；三是市场准入畅通，实施全面市场准入负面清单制度，使得各类市场主体在适合经营的产业领域享有平等的市场准入机会；四是竞争公平有序，完善公平竞争制度，不断优化市场监管体制，充分发挥市场监管在维护和规范市场秩序中的重要作用。

宏观经济治理体系高水平。一是完善政府制订计划和战略的制度规则，提升发展规划和战略的前瞻性、科学性，更好地发挥规划的战略导向作用；二是创新财政金融体制，健全资本市场功能，依法规范和引导资本健康发展，比如在财政体制上"健全现代预算制度，优化税制结构，完善财政转移支付体系"，在金融体制上"建设现代中央银行制度，加强和完善现代金融监管，强化金融稳定保障体系"；三是构筑科学有效的产业政策和区域政策体系，需要围绕构建新发展格局下的现代化产业体系形成宏观调控政策与技术创新政策的"双协同"产业政策体系。

对外开放高水平。中国市场经济发展的历史经验证明，只有走开放包容、合作共赢之路，才能建立起高效率、高水平的市场经济体制。当今世界正处于百年未有之大变局，对外开放高水平体现在三个方面：建设高水平开放型经济新体制，为中国经济在更大范围、更广领域和更高层次上参与国际经济的分工、合作、竞争，充分利用两种市场、两种资源，拓展发展空间，提供良好的制度支持；促进共建"一带一路"高质量发展，大力推动"一带一路"基础设施"硬联通"与规则标准"软联通"建设，有力地推动我国打开外贸新格局；成为国际组织的积极参与者、推动者和建设者，不仅提高了国内各区域开放水平，拓展了对外开放领域，推动了制度型开放，也探索了促进全球共同发展的新路子。

（中共四川省委党校经济学教研部教授罗眉）

| 第 80 问 |

中国式现代化如何积极应对人口老龄化的挑战?

> ▶ 优化生育支持政策体系,促进人口结构长期均衡发展;完善医养保障和服务体系,满足老年人美好生活需要;充分认识老龄化社会特征,将积极老龄观、健康老龄化充分融入经济社会政策;适应人口规模和结构变化,推动经济转型升级和发展方式转变;营造养老、孝老、敬老的社会环境,构建"年龄友好、人人共享"的社会。

我国从 1999 年起就进入了人口老龄化社会,人口老龄化趋势日益明显。推进中国式现代化,如何积极应对人口老龄化的挑战?

中国式现代化是人口规模巨大的现代化,也是包含了大规模老龄人口的现代化。截至 2022 年底,我国 60 岁及以上人口占全国总人口的 19.8%,其中 65 岁及以上人口占全国总人口的 14.9%,已接近中度老龄化阶段。根据国家卫生健康委测算,预计 2035 年左右,我国 60 岁及以上老年人口将突破 4 亿,在总人口中的占比将超过 30%,进入重度老龄化阶段。总体来看,中国式现代化与积极应对人口老龄化相辅相成。一方面,现代化发展的新目标、新特征为积极应对人口老龄化提供了新机遇新保障,有助于进一步形成尊重老人、维护老人合法权益的新局面;另一方面,中国式现代化的建设离不开老年人的贡献,老年人在人口现代化、经济社会现代化、精神文明建设等方面的积极作用是人口规模巨大的现代化的重要构成内容,其宝贵的人力资本、不竭的思想活力是推动中国式现代化的内生动力之一。

人口老龄化与少子化、高龄化、空巢化、失能化叠加，给中国式现代化的高质量发展带来更大挑战。首先，劳动力成本的比较优势削弱。快速的人口老龄化造成我国劳动力供给总量迅速下降。据第七次全国人口普查统计，15—59岁劳动年龄人口占比63.35%，与2010年相比，比重下降6.79个百分点，此后还将持续减少。其次，老年抚养比持续攀升。2027年前后我国老年抚养比将超过少儿抚养比，中国将从"抚幼"社会演变为"赡老"社会，老龄化将使整个社会的养老、医疗、照料等方面的费用支出大幅增长，对社会保障体系建设提出更高要求。

人口老龄化是挑战也是承载中国式现代化发展的阶梯。目前我国已建成世界上覆盖面最广的基本养老、基本医疗保障网。2022年全国参加城镇职工基本养老保险人数50349万人、参加城乡居民基本养老保险人数54952万人，参加基本医疗保险人数134570万人，参加生育保险人数24608万人。2022年末全国共有各类提供住宿的民政养老机构4万个，养老服务床位822.3万张，共有社区服务中心2.9万个，社区服务站50.9万个，养老孝老敬老环境不断优化，我国老龄事业取得历史性成就、发生历史性变革。但是，我们也应看到，与中国式现代化对高质量人口素质和结构要求相比，与新时代老年人过上幸福生活的期盼相比，我国应对人口老龄化的工作依然任重道远。党的二十大报告强调"实施积极应对人口老龄化国家战略"，这是以中国式现代化全面推进中华民族伟大复兴的重要战略部署。当前，实施积极应对人口老龄化国家战略，应重点解决以下问题。

优化生育支持政策体系，促进人口结构长期均衡发展。尽快提升育龄人群的生育意愿和生育水平，重点是健全生育保险制度，提高对家庭的生育津贴、养育补贴水平；增加城乡地区婴幼儿育养的普惠性服务供给，加强婴幼儿相关基础设施建设力度，加大婴幼儿医疗保健资源、教育资源、照护资源、住房保障等方面的财政投入力度，切实减轻家庭承担的生育、养育、教育负担，努力营造育龄人群想生、敢生的社会环境氛围。

完善医养保障和服务体系，满足老年人美好生活需要。要继续推进全民参保计划，持续提升基本养老和医疗保险制度的覆盖率及待遇水平，提高企业年金和个人养老金制度的吸引力，使多层次、多支柱养老金体系发展更为平衡。在基本养老待遇确定和调整方面，建议制定最低养老金待遇标准，保障老年群体基本生活需要，养老金待遇的动态调整能与全国社会平均工资、城乡居民消费水平等挂钩，共享经济社会发展成果。继续完善养老服务体系和健康支持体系，逐步实现社区居家养老服务全覆盖，尽快出台全国性的长期护理保险制度，为失能老人提供基本护理保障。建立基层卫生机构和养老机构的衔接机制，积极推进医养结合、智慧康养等新型养老模式。

充分认识老龄化社会特征，将积极老龄观、健康老龄化充分融入经济社会政策。加强全社会的人口老龄化知识普及和宣传教育，引导全民积极看待老年人和老年社会，增强社会各界接纳、尊重、帮助老年人的关爱意识和老年人自尊、自立、自强的自爱意识。推动公共政策和社会服务的"适老化"改革改造，加快发展银发经济。首先，应加强银发经济发展规划和部署的顶层设计，明确发展的重点领域和重点工程，并在土地供应、税费减免、金融服务等方面提供系列支持政策和扶持措施。其次，加大科技投入，积极推动适老化改造，突破老龄消费市场的供给侧制约，同时，利用政府采购拉动产业发展，积极培育银发经济消费市场。

适应人口规模和结构变化，推动经济转型升级和发展方式转变。面对人口老龄化引起的劳动力供给下降，要积极推动发展方式从要素驱动型向创新驱动型转变，同时进一步提高人均受教育年限和人口素质，抓住科技创新和数字技术带来的新机遇，使每个劳动者创造的社会财富能满足更多的社会成员需要。要坚持新发展理念，进一步深化改革，实行弹性退休机制，渐进式延迟退休，鼓励以改革推动发展方式转变。积极开发老年人力资源，加强老年人才供需信息平台建设，以智慧手段优化老年人经济和社会参与渠道，在尊重老年人意愿的前提下，充分发挥他们的生产性潜能。

营造养老、孝老、敬老的社会环境，构建"年龄友好、人人共享"的社会。完善有利于子女履行赡养、照料老年父母责任的支持政策，深入开展中华孝道文化传承和创新活动，为家庭照护者提供经济补贴、"喘息服务"、照护指导和心理疏导等多种支持。倡导健康生活方式，推动老年人积极参加社区文体活动，保持身心健康。加大适老化环境建设和改造、打造老年宜居社区，帮助老年人跨越"数字鸿沟"，开展各种文化活动、社区活动和志愿服务活动，丰富城乡老人的精神文化生活。

（西南财经大学老龄化与社会保障研究中心教授丁少群）

| 第 81 问 |

和你一起思考这个时代

建设人民城市如何助力实现中国式现代化？

> ▶ 以城市群和都市圈为依托，以保障人口的市民化为重点；以城市更新行动推进城市高质量建设，重视历史传承和文化保护；践行全过程人民民主，促进全体人民共同参与城市的规划建设。

人民城市人民建，人民城市为人民。建设人民城市如何助力实现中国式现代化？

党的二十大报告指出，要"以中国式现代化全面推进中华民族伟大复兴"，同时也提到"坚持人民城市人民建、人民城市为人民，提高城市规划、建设、治理水平，加快转变超大特大城市发展方式"。中国式现代化作为中国特色社会主义的实践探索，呈现出其独特的发展轨迹和特色。而建设人民城市作为推动这一进程的重要组成部分，不仅是中国式现代化人民性的集中体现，同时也需要适应中国式现代化发展新要求。

建设人民城市是中国式现代化"人民性"的集中体现。中国式现代化是中国共产党领导的社会主义现代化。人民立场是中国共产党的根本政治立场。所以中国式现代化的五个特征也体现了人民性的根本原则，即将人民置于核心地位，确保广大人民群众都能共享中国式现代化发展成果。建设人民城市的理念将城市发展与人民的需求有机结合，是实现"以人民为中心"的中国式现代化的重要组成部分。城市作为人民美好生活的有力依托，深入推动城市高质量发展，加快城市品质提升，是充分展现中国式现代化人民性的重要举措。2015 年中央城市工作会议明确提出"人民城市"理念，要求走中国特色城市发展道路。2019年11月，习近平总书记在考察上海时，又进一步阐释了人民城市的理论内涵，即"人民城市人民建，人民城市为人民"。这不仅清晰地揭示了城市发展的内在动力，还为城市高质量发展提供了根本的路径指引，也为中国式现代化提供了重要支撑。

"人民城市"理念明确确立了人民在城市发展中的核心地位，将人民视为城市建设的主要参与者和受益者。正如雅各布斯在20世纪60年代提出城市的人本主义价值观时所强调的，城市空间不仅塑造了社会关系，城市空间本身也在不断地生成和演变着新的社会关系。所以"人民城市"理念所强调的城市与人民的互动性会是推动社会向前发展的根本动力。同时，"人民城市"理念将满足人民群众不断增长的美好生活需要作为城市发展的根本目标。建设"人民城市"的理念不仅为城市的发展提供了清晰的方向，也强调了城市建设必须关注人民的需求和幸福。它将人民的利益置于城市发展的核心，促使城市以更人性化的方式向前发展，确保城市的繁荣与人民的福祉紧密相连。

为应对中国式现代化过程中人口规模巨大的严峻挑战，建设人民城市需要以城市群和都市圈为依托，并以保障人口的市民化为重点来展开。中国拥有超过14亿人口，从2012年至2022年，中国城镇化率以年均1.265%的速度增长，如果继续保持这一增速，那么从现在起到2035年基本实现社会主义现代化时，中国还将有超过2亿农村劳动力人口进入城市。城市如何吸纳如此庞大的转移人口，成为建设人民城市成功与否的关键。如果仅仅以特大城市或大城市为主要载体来推进城市化过程，那么无疑会给这些中心城市的承载能力带来巨大挑战。因此，党的二十大报告提出"以城市群、都市圈为依托构建大中小城市协调发展格局，推进以县城为重要载体的城镇化建设"，即以大城市和特大城市为核心支点，通过建设现代化的都市圈和城市群来吸纳转移人口。除此之外，人口的市民化身份转换也应成为建设人民城市的重要抓手。2022年中国的户籍城镇化率约为47.7%，而常住人口城镇化率为65.2%，这意味着还有许多城市常住人口无法享受与本地市民一样的基本公共服务，这显然不符合"人民城市人民建，人民城市为人民"的基本原则。所以，如何增加城市公共产品的供给，并加快转移人口的市民化过程，成为建设人民城市的首要工作。

为促进中国式现代化过程中物质文明和精神文明的协调发展，要以城市更新行动来推进城市高质量建设，同时重视历史传承和文化保护。中国的城市更新行动已成为城市高质量发展的关键推动力。通过更新老旧小区、提升基础设施水平和改善城市人居环境，中国的城市焕发了新的活力。这一过程旨在为城市居民提供更好的生活质量，使城市发展符合"人民性"的基本要求。然而，城市更新并不意味着完全改变城市的外貌，它也需要注重历史传承和文化保护，将城市所独有的文化和历史价值融入现代化的进程中。中国素来就有重视历史传承和文化保护的传统，这是中国城市发展所独有的价值观。截至2023年9月30日，国务院已将142座城市列为国家历史文化名城，并对这些城市的文化遗迹进行了重点保护。这种注重文化传承的做法不仅有助于增强城市的身份认同，还提升了城市在全球文化领域的影响力。

为让中国式现代化成果惠及全体人民，建设人民城市需要践行全过程人民民主，促进全体人民共同参与城市的规划建设。建设人民城市是一项系统工程，必须上下齐心、群策群力，充分调动人民群众的主动性和创造性。在城市规划方面调动全体市民参与城市建设的积极性，也可确保城市建设过程更具民主性和公平性。这种广泛的参与有助于建立更具社会责任感和参与感的城市。此外，公众参与还有助于监督城市发展的合法性和可持续性，为城市建设提供必要的修正和改进机会。这一全过程人民民主的做法保障了在中国式现代化进程中，人民始终处于核心地位，使得现代化成果惠及全体人民，并推动城市高质量发展。

（西南财经大学经济学院副教授姚常成）

| 第 82 问 |

法治如何保障和促进中国式现代化建设的公平正义？

> ▶ 法治为中国式现代化建设筑牢公平正义的价值导向和制度供给。以法治保障和促进中国式现代化建设的公平正义，必须坚持公平正义在立法、执法、司法、守法各环节中的价值引领。

维护社会公平正义是法治的价值追求。法治如何保障和促进中国式现代化建设的公平正义？

社会公平正义是推进法治中国建设的价值统领，也是中国式现代化实现人民对美好生活向往的着力点之一。党的二十大报告提出："围绕保障和促进社会公平正义，坚持依法治国、依法执政、依法行政共同推进，坚持法治国家、法治政府、法治社会一体建设，全面推进科学立法、严格执法、公正司法、全民守法，全面推进国家各方面工作法治化。"推进中国式现代化，要从立法、执法、司法、守法等重要环节保障和促进社会公平正义，确保在法治轨道上全面建设社会主义现代化国家。

法治为中国式现代化建设筑牢公平正义的价值导向和制度供给。第一，维护社会公平正义是社会主义法治的生命线和价值追求。正如习近平总书记所言："法治建设要为了人民、依靠人民、造福人民、保护人民。必须牢牢把握社会公平正义这一法治价值追求，努力让人民群众在每一项法律制度、每一个执法决定、每一宗司法案件中都感受到公平正义。"第二，法治为实现分配正义，建立确认机制。法治根据不同主体的实际情况，通过法律规范的形式对国家、社会、公民的权利与义务进行确认并划定边界，并通过政策落实、法律实施等方式确保各主体能够依法享有权利与履行义务。第三，法治为实现矫正正义，设置保障机制。法治通过执法、司法等国家公权力的运行确保权利受损一方得到弥补、侵权一方受到惩罚。在这个意义上，公平正义是执法司法的生命线。

公平正义的价值追求贯穿于我国现代化建设的各个历史阶段，中国式现代化建设向前推进一步，法治保障就要跟进一步。面对世界百年未有之大变局，以法治保障和促进中国式现代化建设中的公平正义将面临更加复杂的现实挑战。

在政治建设中，最大的公平正义就是始终坚持和发展人民民主。没有人民民主就没有社会主义，就没有社会主义现代化建设。立足新的历史起点，必须坚持发展全过程人民民主，拓展民主渠道，丰富民主形式，扩大人民有序政治参与，确保人民依法通过各种途径和形式管理国家事务，管理经济和文化事业，管理社会事务，以主人翁精神满怀热忱地投入现代化建设中。

在经济建设中，最大的公平正义就是公平的市场竞争环境。中国式现代化是物质文明和精神文明相协调的现代化，物质富足是社会主义现代化的根本要求之一。这就要求充分发挥市场主体的创造力，激发市场活力。但是，我国市场依然存在着企业恶性竞争、滥用市场支配地位、不讲诚信等现象。习近平总书记强调："社会主义市场经济是信用经济、法治经济。"必须健全以公平为核心原则的产权保护制度，加强对各种所有制经济组织和自然人财产权的保护，努力实现各类企业依法平等使用生产要素、公平参与市场竞争、同等受到法律保护。

在文化建设中，最大的公平正义就是公平的文化创作、传播、获得的环境。精神富有是社会主义现代化的根本要求之一，文化的多样性是实现精神富有的基础条件。就文化的输出端而言，只要是健康的文化都应获得平等的创作和传播机会。不同文化没有优劣之分，要杜绝文化歧视，就文化的接收端而言，每个人都应有平等获取文化的机会。

在社会建设中，最大的公平正义就是保障和改善民生。中国式现代化是全体人民共同富裕的现代化。保障人民学有所教、劳有所得、病有所医、老有所养、住有所居是共同富裕的基础性要求，保证大家平等地获得则是共同富裕的进一步要求。

在生态文明建设中，最大的公平正义就是节约资源和保护环境。中国式现代化是人与自然和谐共生的现代化，我们不能无止境地向自然索取，更不能破坏自然。生态文明建设离不开法治对环境违法行为的规制与惩罚、对环境保护行为的促进和激励。

全面依法治国是一个系统工程。以法治保障和促进中国式现代化建设的公平正义，必须坚持公平正义在立法、执法、司法、守法各环节中的价值引领。

第一，坚持科学立法、民主立法和依法立法，努力让人民群众在每一项法律制度中感受到公平正义。法律是治国之重器，良法是善治之前提。法治要求所立的法必须是良好的法，而良好的法必须做到平等地对待所有人，确保不同法律主体间的权利平等、机会平等、规则平等。由此，必须把公正、公平、公开原则贯穿立法全过程。

第二，坚持严格规范公正文明执法，努力让人民群众在每一项执法决定中都能感受到公平正义。这就要通过完善权责清晰、运转顺畅、保障有力、廉洁高效的行政执法体制机制，提升执法公信度。加大对重点领域以及群众反映的突出问题的执法力度，保证群众满意。全面严格落实行政执法三项制度，提高执法透明度。广泛运用说服教育、劝导示范等柔性执法方式，实现执法有温度，让人民群众感受到公平正义就在身边。

第三，坚持公正司法，努力让人民群众在每一个司法案件中感受到公平正义。司法公不公正，一靠制度保障，二靠人的廉洁。一方面，要用制度管权管事管人，防止司法腐败。另一方面，要用制度解决老百姓打官司难的问题，降低司法门槛。但是，"任何国家任何制度都不可能把执法司法人员与社会完全隔离开来，对执法司法的干扰在一定程度上讲是客观存在的"。关键是司法人员遇到这种情况时要坚守法治不动摇，要能排除干扰，做到"法不阿贵，绳不挠曲"。

第四，坚持全民普法，努力使尊法学法守法用法在全社会蔚然成风。一方面，要将纸面的法律变为心中的法律。通过传统媒体和现代科技的普及传播、建立法治文化阵地等多种方式深入开展法治宣传教育，传播法律知识，培养法律意识。另一方面，要将心中的法律变为行动中的法律。依托"法律明白人"培养工程、"一村（社区）一法律顾问"制度等开通公共法律服务，抓住领导干部这个"关键少数"，通过领导干部带头遵从法治、敬畏法律，引导广大群众自觉守法、遇事找法、解决问题用法、化解矛盾靠法。

（西南政法大学行政法学院教授喻少如）

| 第 83 问 |

如何以高质量社会保障体系建设助力中国式现代化？

> ▶ 坚持全体人民共同富裕的实践要求，强化社会保障制度的收入再分配功能；坚持在发展中保障和改善民生，增强社会保障与经济发展的协同；坚持制度引领，优化社会保障的体系结构和运行机制，促进社会保障可持续发展。

社会保障是保障和改善民生、维护社会公平、增进人民福祉的基本制度保障。如何以高质量的社会保障体系建设助力中国式现代化？

坚持以人民为中心的发展思想，是习近平新时代中国特色社会主义思想的重要内容，也是全面建设社会主义现代化国家必须牢牢把握的重大原则。社会保障是保障和改善民生、维护社会公平、增进人民福祉的基本制度保障，是促进经济社会发展、实现广大人民群众共享改革发展成果的重要制度安排，是治国安邦的大问题。党的十八大以来，党中央加快社会保障体系建设，基本建成以社会保险为主体，包括社会救助、社会福利、社会优抚等制度在内的功能完备的社会保障体系。截至2022年底，全国基本医疗保险参保人数达13.4亿人，基本养老保险参保人数达10.5亿人，社会保障卡持卡人数13.68亿人，中国已建成世界上规模最大的社会保障体系，人民群众获得感、幸福感、安全感更加充实、更有保障。随着我国社会主要矛盾发生变化，社会保障体系建设也从"有没有"的阶段跨越到"好不好"的阶段，高质量社会保障体系建设面临新的挑战和任务。以高质量社会保障体系建设助力中国式现代化，需要坚持全体人民共同富裕的实践要求，坚持在发展中保障和改善民生，优化社会保障体系结构和运行机制，提升社会保障治理效能，促进社会保障可持续发展。

坚持全体人民共同富裕的实践要求，强化社会保障制度的收入再分配功能。中国式现代化是全体人民共同富裕的现代化，共同富裕是中国特色社会主义的本质要求。促进共同富裕，完善初次分配和再分配体制机制、实现分配正义是关键。权利平等、共创共享是分配正义的基本内涵。促进共同富裕，需要将收入分配机制从效率优先转向保持效率和公平之间的平衡，更加注重分配正义。社会保障关乎人民群众最关心最直接最现实的利益问题，是现代社会实现收入再分配的重要制度安排。适应中国社会主要矛盾的变化，顺应人民对美好生活的期待，以建设公平统一的社会保障体系为目标，着力解决社会保障事业发展不平衡不充分的矛盾，需要加大再分配力度，强化互助共济功能，逐步缩小城乡之间、区域之间、人群之间的社会保障待遇差距，不断推动幼有所育、学有所教、劳有所得、病有所医、老有所养、住有所居、弱有所扶取得新进展，进一步织密社会保障安全网。

坚持在发展中保障和改善民生，增强社会保障与经济发展的协同。社会保障是现代社会实现收入再分配的重要制度安排，一个国家和地区的经济总量构成了社会保障收入再分配的物质基础。通俗地讲，做大蛋糕与分好蛋糕是辩证统一的，二者不可偏废。提高社会保障水平，需要建立在经济和财力可持续增长的基础之上；经济可持续增长，同样需要高质量社会保障体系"保驾护航"。拉美国家盲目进行"福利赶超"落入"中等收入陷阱"，北欧国家实行"泛福利化"导致社会活力不足，都是前车之鉴，尤其需要我们保持清醒认识。改革开放以来，适应经济体制改革和建立现代企业制度的需要，企业（单位）保障、农村集体保障全面转向社会保障，社会保障体系建设与经济体制改革始终保持良性协同。新的发展阶段，扩大内需是构建新发展格局的战略基点，社会保障收支将调节社会总需求的规模，充分发挥经济运行减震器的作用；全面建成多层次社会保障体系，正确处理政府与市场在养老保障、健康治理领域的责任边界，亦将有助于拓展供给侧结构性改革的实现路径，助力经济高质量发展。中国式现代化是人口规模巨大的现代化，是人口老龄化、少子化快速发展背景下的现代化，社会保障事业同样蕴含着巨大的民生产业发展空间。积极应对人口老龄化，大健康大养老产业在需求侧和供给侧都有巨大的拓展空间，其产业链的深度和广度能对经济高质量发展提供强有力的支撑。

坚持制度引领，优化社会保障的体系结构和运行机制，促进社会保障可持续发展。适应城镇化、人口老龄化、就业方式多样化和社会生产方式的急剧变化，优化社会保障运行机制和管理规范的重点工作包括七个方面：第一，深入实施社会保险全民参保计划，推动实现由"制度全覆盖"走向"法定人群全覆盖"，特别是要适应就业方式多样化的新形势，放开灵活就业人员在就业地参加社会保险的户籍限制，积极促进有意愿、有缴费能力的灵活就业人员和新就业形态从业人员参加社会保险。第二，健全基本养老、基本医疗保险筹资和待遇调整机制，建立科学合理的社会保险支出责任分担机制，形成稳健可持续的筹资机制和公平适度的待遇保障机制。第三，协同推进"三医联动"，发挥医保支付、价格管理、基金监管综合功能，促进医疗保障与医疗、医药体系良性互动，推动形成"三医"协同治理格局，使人民群众更有获得感和安全感。第四，完善异地就医直接结算服务，加强国家异地就医结算能力建设，探索实现全国统一的异地就医备案制度。扩大异地就医直接结算的覆盖范围，逐步实现住院、普通门诊、门诊慢特病费用线上线下一体化的异地就医结算服务。第五，按照系统集成、协同高效的要求，持续深化社会救助制度改革，健全救助对象精准识别和认定机制，形成覆盖全民、分层分类、综合高效的社会救助体系。第六，持续提升养老服务水平，推动实现全体老年人享有基本养老服务；健全失能老年人长期照护服务体系，满足多层次多样化的老年人照护服务需求；提升困境儿童福利保障水平，完善残疾人福利制度。第七，加强社会保障的精细化管理，提升社会保障治理效能。充分利用互联网、大数据、云计算等信息技术创新服务模式，深入推进社会保险经办数字化转型。要坚持传统服务方式和智能化服务创新并行，提供更加贴心暖心的社会保障服务。

（西南财经大学公共管理学院副院长、教授，中国社会保障学会养老金分会副会长胡秋明）

| 第 84 问 |

中国式现代化需要如何推进基层治理现代化？

> ▶ 要从最根本的治理体系和治理能力两方面入手，以人民为中心，发挥党的领导核心作用和技术赋能作用，超越纵向的科层治理体系，发展横向的多主体协商共治，培育基层社会治理共同体。

基层强则国家强，基层安则天下安，必须抓好基层治理现代化这项基础性工作。推进中国式现代化需要什么样的现代化基层治理？

基层是社会的细胞，基层治理现代化作为国家治理体系和治理能力现代化的坚实底盘、中国式现代化的重要组成部分，是适应世界之变、时代之变、历史之变的必然要求，也是实现人民对美好生活向往的必然要求。基层治理现代化既要坚持中国式现代化的本质要求和鲜明特征不动摇，又要守正创新、夯基固本，助推中国式现代化目标的达成。

基层治理是国家治理的基石。国家规模越大、治理层级越多，治理复杂性则越高。新中国在国家结构形式上实行单一制，并将权力授予人民。因此，代表人民的基层成为国家治理体系的基础性部分。随着中国社会的快速发展，基层日益成为各种利益关系的交会点和社会矛盾的汇集地，是实现国家治理体系和治理能力现代化的基础工程。20 世纪 50 年代后，中国逐渐走向城乡二元治理格局，这一时期"依靠和发动群众，就地化解矛盾"的"枫桥经验"上升到典型范例的高度在全国持续推广，显示了基层治理中人民性的强大生命力。改革开放后，社会组织等新主体参与基层治理，国家权力转向宏观调控，发展基层党组织以领导多元主体，基层进一步成为支持中国发展的坚实底座。由此可见，基层治理现代化是中国式现代化的重要组成部分，其成功与否关乎民族复兴的实现。当前，随着以大数据、云计算等为代表的数字信息技术的崛起并嵌入经济社会运行体系，基层治理条件发生改变。同时，长期存在的城乡二元结构阻碍了城镇化的高质量推进，基层治理面临新一轮的治理体系重构，如因条块交叉导致的碎片化管理问题，基层行政压力与自治要求矛盾凸显，缓解"信息孤岛"现象也任重道远，等等。因此，走好中国的基层治理现代化之路，要从最根本的治理体系和治理能力两方面入手，以人民为中心，发挥党的领导核心作用和技术赋能作用，超越纵向的科层治理体系，发展横向的多主体协商共治，培育基层社会治理共同体。

推进基层治理现代化，完善治理体系是前提。基层治理体系是基层治理的制度框架，基层事务复杂多变且牵一发而动全身，没有一个良好的治理体系，将难以应对各类社会现实问题和突发情况。现代化的基层治理体系需要打造"一核多元"的治理主体。"一核"是指党的核心领导，充分发挥党组织凝聚不同治理主体、合理配置各种治理资源的功能；"多元"意指党委、政府、社会、市场和公众等主体均参与基层治理实践。"一核多元"的治理主体需要在民主、法治和科技三大要素的支撑下开展有序民主协商，达成共识，形成合力，实现制度优势向治理效能的转变。同时，牢牢抓住人民群众主体地位，充分保障广大群众的知情权、参与权、表达权和监督权以及自我管理、自我服务和自我监督的权利，提高群众参与的积极性和主动性。现代化的基层治理体系需要自治、法治和德治相结合。自治、法治、德治"三轮驱动"、互为补充，是基层治理体系不断完善的重要标志和重大举措。没有法治的强制约束和惩治，社会的混乱则不可避免；没有自治和德治的补充，治理体系就不够完善，治理的死角也无法解决。自治意味着基层群众对城乡社区治理、基层公共事务和公益事业的自主管理，这要求不断健全基层选举、议事、公开、述职等机制，并完善基层社会的民主协商机制；法治旨在把国家和社会生活纳入制度化、规范化和程序化轨道，实现规则之治；德治着眼于社会的公序良俗，通过对民众的道德教化，为广大群众提供一套要求更高的行为标准，要将国家价值目标、社会价值准则和公民价值规范有机融入公民道德建设各方面、全过程，同时健全各行各业规章制度，完善市民公约、村规民约、学生守则、团体章程等。

推进基层治理现代化，提升治理能力是关键。中共中央、国务院联合下发的《关于加强基层治理体系和治理能力现代化建设的意见》中将基层治理能力分为基层政权治理能力和基层智慧治理能力。一方面，基层政权作为直接服务群众的政府层级，是基层治理的基础，基层政权治理能力包括乡镇（街道）的行政执行能力、为民服务能力、议事协商能力、应急管理能力、平安建设能力等五方面内容。着力增强行政执行能力，统筹优化乡镇（街道）党政机构、事业单位设置和职能配置，依法赋予乡镇（街道）综合管理权、统筹协调权、应急处置权。着力增强为民服务能力，强化党群服务中心为民服务功能，优化办事流程，全面推进一窗式受理、一站式办理，让数据多跑路、群众少跑腿。着力增强议事协商能力，"有事好商量、众人的事情由众人商量，找到全社会意愿和要求的最大公约数，是人民民主的真谛"。公共议题进入决策议程的事前阶段，必须充分征询、广泛听取基层声音，最大限度地征集群众身边"急难愁盼"问题并向上反馈；在寻求方案并进行具体决策的事中阶段，通过诸如社区议事会、村民评议会、决策听证会、民主恳谈会等协商治理机制，保障决策方案充分地倾听民声、尊重民意、顺应民心；在执行方案不断被修正纠偏的事后阶段，必须准确把握好决策追踪与方案落实的"动态脉搏"，要对决策偏差进行渐进调整以防止决策目标和结果的错位。着力增强应急管理能力，健全基层应急管理组织体系，细化应急预案，强化应急状态下对乡镇（街道）人、财、物的支持。着力增强平安建设能力，完善基层社会治安防控体系，加强重点人员、特殊人群心理服务和危机干预，保障社会和谐稳定。另一方面，智慧治理能力指涉治理方式的改变，治理载体的智能化、治理手段的科技化和治理方式的现代化是基层治理能力现代化的重要标志。满足人民对美好生活的需要的前提是掌握人民群众多样化需求，数字技术能够穿透复杂多变的环境，主动、前瞻地把握现实体征和居民需求，是"中国之治"的新范式和新工具。这就要求加强基层智慧治理的规划、设计、建设和应用，建立健全基层智慧治理标准体系，运用大数据、云计算、区块链、人工智能等新技术推动基层治理手段、基层治理理念、基层治理模式创新，全面推动基层治理实现质量变革、效率变革、动力变革，提高基层治理数字化智能化水平。

（西南财经大学公共管理学院行政管理系主任、副教授谢小芹）

| 第 85 问 |

和你一起思考这个时代

如何提高中国式现代化进程中的公共安全治理水平?

> ▶ 在总体国家安全观指导下,我们必须扎实做好公共安全治理各项工作,从坚持安全第一的理念、构建大安全大应急治理体系、构建源头治理模式、提升安全应急保障能力等方面全方位提高公共安全治理水平。

公共安全一头连着经济社会发展,一头连着千家万户。怎样提高中国式现代化进程中的公共安全治理水平?

公共安全是最基本的民生。公共安全关乎人民群众的切身利益,既涉及广大人民群众的生命健康、财产保障等直接利益,又涉及国家各类资源的保护、社会生产的运转和社会秩序的维护,是实现人民美好生活和共同富裕的基础。党的二十大报告用专节来部署提高公共安全治理水平,明确了夯实国家安全和社会稳定基层基础的努力方向,将其作为推进国家安全体系和能力现代化的重要组成部分,与中国式现代化的战略部署相呼应,意义十分重大。因此,在全面建设社会主义现代化国家新征程中,在总体国家安全观指导下,我们必须扎实做好公共安全治理各项工作,从坚持安全第一的理念、构建大安全大应急治理体系、构建源头治理模式、提升安全应急保障能力等方面全方位提高公共安全治理水平。

坚持以人为本、安全第一的理念。党的十九届五中全会审议通过的《中共中央关于制定国民经济和社会发展第十四个五年规划和二〇三五年远景目标的建议》指出，坚持人民至上、生命至上，把保护人民生命安全摆在首位，全面提高公共安全保障能力。落实这些要求必然要坚持安全第一，坚持以人民为中心的发展思想。

坚持以人民为中心体现了党的理想信念、性质宗旨、初心使命；坚持人民至上、生命至上，这是公共安全治理的价值追求和根本原则，是提高公共安全治理水平的基本前提。面对各类自然灾害，牢固树立以人民为中心的发展思想，全力组织开展抢险救灾工作，最大限度减少人员伤亡，妥善安排好受灾群众生活，最大程度降低灾害损失；面对生产安全事故，我们牢固树立安全发展理念，始终把人民群众生命安全放在第一位，牢牢树立发展不能以牺牲人的生命为代价这个观念。只有保障人民群众的安全需求，在安全的基础上解决好人民群众"急难愁盼"问题，才能实现人民的美好生活，全面推进社会主义现代化。

坚持系统观念，构建大安全大应急治理体系。现代社会的安全风险总是复杂多样、耦合叠加的，这必然要求在公共安全治理过程中树立大安全大应急的理念与意识。在突发性事件应急管理中，我们要处理好全局和局部、部门与部门、政府与社会、"防"与"救"、单一减灾与综合减灾、当前和长远等关系，这要求加强相关部门或主体的系统联动与协同治理能力，改变单一部门处置单一风险的传统模式，提升专业处置效能。

坚持党中央对应急管理工作的集中统一领导，运用系统思维和方法，充分发挥我国应急管理体系的特色和优势，形成统一指挥、专常兼备、反应灵敏、上下联动的中国特色应急管理体制。加强统分结合、防救协同、上下联动，建立并完善风险联合会商研判、防范救援救灾一体化、扁平化应急指挥等工作机制。厘清部门职责的基础，进一步压实各部门职责，压实"保一方平安"的属地监管责任，压实"三管三必须"的行业监管责任，有效整合资源，形成强大合力。

坚持预防为主，构建更为系统有效的源头治理模式。"凡事预则立，不预则废。"随着全球气候变化影响加剧、新产业新业态新模式不断涌现，公共安全风险日益增加，新型风险带来新挑战。党的二十大报告强调"坚持安全第一、预防为主"，要求"推动公共安全治理模式向事前预防转型"。

在转型中，我们要增强忧患意识、风险意识、责任意识，建立重点领域、重点地区、重点环节事前预防事项清单制度，做好事前预防、事前处置，筑起前置防线，形成前端控制，提升风险治理的前瞻性，不断提高以新安全格局保障新发展格局的能力；加强预案管理，建强应急队伍，备足应急物资，强化应急演练，进一步完善和推动安全风险评估机制、综合风险普查工作机制，压实各方主体事前预防的责任，织密筑牢公共安全网；加大科技支撑力度，提升公共安全监测预警能力。推动公共安全治理模式向事前预防转型的重要条件是具备先进的监测预警装备和能力，运用信息技术、虚拟现实、智能识别和预测技术，在复杂环境中通过智能化、无人化装备对复杂对象进行监测和监控，实现超前感知、实时监测、精准预警；提升公民的安全意识，更大力度、更有针对性地开展公民安全与应急意识、知识、技能"三位一体"的科普宣教，提升应急安全普法的广度深度，着力建设人人有责、人人尽责、人人享有的社会治理共同体。

坚持未雨绸缪，提升安全应急保障能力。我国发展进入战略机遇和风险挑战并存、不确定难预料因素增多的时期，提升安全应急保障能力十分必要。

为满足国家对安全应急保障能力要求，我们应做到在基础保障层面，应急保障的法治格局到位，能够坚持依法管理，运用法治思维和法治方式提高应急保障的法治化、规范化水平；在综合保障层面，应急保障的人、财、物等资源格局到位，我们要建设一支专常兼备、反应灵敏、作风过硬、本领高强的应急救援队伍，构建集中管理、统一调拨、平时服务、灾时应急、采储结合、节约高效的应急物资保障体系；在智慧化层面，优化智慧应急保障格局，按照提高应急管理的科学化、专业化、精细化、信息化、智能化水平的要求，强化应急处置救援装备技支撑；加强应急投送能力建设，尤其要加强航空、高铁等应急救援体系建设；加强信息化能力建设，打造全国"一盘棋"的智能应用信息网，提高信息化辅助指挥决策能力、辅助救援实战能力和辅助社会动员能力。

新时代新征程，我们要深刻领会并认真贯彻以人民为中心的发展思想，把坚持党的领导落实到公共安全治理各领域各方面各环节，牢固树立底线思维、极限思维，增强忧患意识、风险意识、责任意识，以自我革命精神打破传统路径依赖；坚持守正创新、坚持问题导向，把各项工作抓实抓细抓到位，切实下好先手棋、打好主动仗，善于化危为机、转危为安，以集体智慧探索出公共安全治理现代化的中国方案。

（中共四川省委党校应急管理培训中心副主任、教授王晓红）

| 第 86 问 |

推进中国式现代化需要建设怎样的高素质干部队伍？

▶ 推进中国式现代化需要建设忠诚干净担当的，具有高质量发展本领、服务群众本领、防范化解风险本领的，具备斗争精神和斗争本领的高素质干部队伍。

建成社会主义现代化强国，实现中华民族伟大复兴，关键在党，关键在人，归根结底在于培养造就一代又一代可靠接班人。推进中国式现代化需要建设怎样的高素质干部队伍？

党的二十大报告提出："全面建设社会主义现代化国家，必须有一支政治过硬、适应新时代要求、具备领导现代化建设能力的干部队伍。"具体说来，推进中国式现代化需要建设忠诚干净担当的，具有高质量发展本领、服务群众本领、防范化解风险本领的，具备斗争精神和斗争本领的高素质干部队伍。

推进中国式现代化，需要建设一支忠诚干净担当的高素质干部队伍。忠诚、干净、担当是相辅相成、缺一不可的有机整体。忠诚是理想维度，展现着凝聚力与精神动力，干净、担当是现实维度，体现着约束力与秩序力。忠诚、干净、担当三者构成理想与现实、高标准与守底线的辩证统一。

一是忠诚。当前国内外环境正在发生深刻复杂的变化，领导干部的政治素质不过硬，就经不起风吹雨打。习近平总书记强调"要锤炼品格强化忠诚"。忠诚是首要的政治品质,也是干净、担当的前提条件。要忠诚于信仰。马克思主义深刻揭示了自然界、人类社会及人的思维生成与运动的基本规律,马克思主义中国化时代化理论成果使得马克思主义在中国焕发强大生命力。领导干部应努力掌握贯穿其中的马克思主义立场观点方法,将之作为理性、实践、发展的指导思想。要忠诚于信念。在马克思主义信仰指引下,把实现共产主义、建设中国特色社会主义这一全党和全国人民共同理想作为自己的社会理想。要忠诚于党。坚定维护党中央权威和集中统一领导,深刻领会"两个确立"的决定性意义,增强"四个意识"、坚定"四个自信"、做到"两个维护",确保思想一致、行动一致、步调一致。

二是干净。清正廉洁是立身之本。干净的干部即自觉遵守党的廉洁纪律的领导干部。干干净净做事、清清白白做人,始终保持清醒头脑,守住内心,才能抵御形式主义、官僚主义、拜金主义和享乐主义等错误思潮的侵蚀。习近平总书记指出:"要弘扬清廉之风,教育各级领导干部牢固树立正确权力观,全面查找廉洁风险点,筑牢思想防线,坚守法纪红线。"领导干部要严格遵守党纪国法,不为金钱所诱,不为美色所迷,不为享受所惑,自觉接受党组织和人民群众的监督,守好清廉的纪律底线,守住拒腐防变防线。

三是担当。担当的理解多包含两层含义:一是个人自愿主动承担岗位职责,二是个人应对自身选择行为所产生的不良后果及过失负责。领导干部恪尽职守,面对危机与风险、困难与矛盾敢于坚持原则、开拓创新、超越自我,有效实现既定组织目标,担负起对党、对人民、对民族的责任。担当不仅关注主观意向,更注重践行责任所外显的行为结果,正所谓"有官守者,不得其职则去;有言责者,不得其言则去"。

推进中国式现代化,需要建设一支具备高质量发展本领、服务群众本领、防范化解风险本领的高素质干部队伍。高质量发展是全面建设社会主义现代化国家的首要任务,实现人民对美好生活的向往是现代化建设的出发点和落脚点。现代化发展道路上我们面临着诸多风险挑战,推进中国式现代化,亟待一支业务精通、本领高强的高素质干部队伍。

一是高质量发展本领。高质量发展迫切要求各级干部完整、准确、全面贯彻新发展理念,加快构建新发展格局,善于运用党的创新理论蕴含的科学思想方法分析解决经济社会发展中的各种矛盾和问题。尤其在科技发展日新月异的当下,领导干部必须对高科技持有开放包容的心态,从量子通信、新材料、新能源,到基因测序、人工智能等,了解新一轮科技革命和产业革命的发展前沿,为高质量发展奠定良好基石。

二是服务群众本领。服务群众本领,离不开厚植人民情怀。古往今来,一些对推动社会进步有作为的政治家,都以关心老百姓疾苦为己任,比如从范仲淹的"先天下之忧而忧,后天下之乐而乐",到郑板桥的"些小吾曹州县吏,一枝一叶总关情"等。领导干部要从思想和感情深处真正自觉贯彻党的群众路线。服务群众本领,也离不开站稳人民立场。人民群众不仅是物质财富的创造者,也是精神财富的创造者,更是社会变革的决定性力量和历史进步的真正动力。领导干部要始终站在人民大众立场上,一切为了人民、一切相信人民、一切依靠人民,把实现人民对美好生活的向往作为现代化建设的出发点和落脚点。

三是防范化解风险本领。凡事预则立,不预则废。在风险酝酿、发生和发展的过程中,必然表现出一些不易被人察觉的迹象。领导干部要保持高度的清醒和警觉,针对所有可能发生的风险事件,建立全面预测、有效防范的预警机制,及时觉察、捕捉那些初露端倪的信息,提前预知隐性风险,提前预判风险演变趋势,采取相应防范措施将风险危害缩小在最小范围内。当然,由于风险具有高度不确定性、非常规性、瞬息万变等特点,决定了风险防范的基本原则是灵活性和变通性,不能囿于原来制定的战略,不能拘泥于原有的程序和流程。在贯彻原有战略意图的基础上,根据变化的形势、风险的特性及关联拿出非常规、非程序化的思路和举措化解风险、转危为安。

推进中国式现代化,需要建设一支具备斗争精神和斗争本领的高素质干部队伍。社会是在矛盾运动中前进的,有矛盾就会有斗争。推进中国式现代化进程中不可避免面临各种矛盾与问题。领导干部的斗争是有方向、有立场、有原则的，都是奔着矛盾问题、风险挑战去的，在其中争取团结、谋求合作、争取共赢。

一方面，发扬斗争精神。共产党人讲党性、讲原则，就要讲斗争。领导干部要坚持问题导向，清醒地看到工作中存在的困难与挑战，充分认识到伟大斗争的复杂性、艰巨性、长期性。处于世界百年未有之大变局中，推进中国式现代化进程中不确定难预料因素不断增多，各种"黑天鹅""灰犀牛"事件随时可能发生。对于客观存在的矛盾问题、风险挑战，领导干部要敢于斗争，主动投身到各种斗争中。

另一方面，增强斗争本领。斗争是一门科学，领导干部需要探悉不同领域斗争的一般规律与特殊规律，坚持有理有利有节，紧抓主要矛盾和矛盾的主要方面，科学选择斗争方式。对于原则性问题，寸步不让；对于非原则性问题，灵活机动。斗争也是一门艺术，领导干部需要把握斗争的时、度、效，坚持增强忧患意识和保持战略定力相统一、坚持战略判断和战术决断相统一、坚持斗争过程和斗争实效相统一。

（中国浦东干部学院教学研究部教授何丽君）

| 第 87 问 |

和你一起思考这个时代

如何践行总体国家安全观助力中国式现代化？

▶ 坚持党的集中统一领导，努力完善高效权威的国家安全领导体制；全面提升科技创新水平，增强维护国家安全的核心竞争力；建立立体高效的国家安全监测预警体系，实现国家安全的高频实时预警。

国家安全是民族复兴的根基，社会稳定是国家强盛的前提。如何践行总体国家安全观助力中国式现代化？

总体国家安全观是党的十八大以来，以习近平同志为核心的党中央在准确把握我国国家安全形势变化新特点新趋势的理论创新。践行总体国家安全观为实现中国式现代化提供有力保障。践行总体国家安全观助力中国式现代化需要坚持党的集中统一领导，全面提升科技创新水平，构建立体高效的国家安全风险监测预警体系。

国家安全是人民幸福安康的基本要求，是安邦定国的重要基石。总体国家安全观从提出到成熟经历了理论思想萌芽、理论内涵丰富、理论架构完善三个发展阶段。2014年4月，习近平总书记在中央国家安全委员会第一次会议上创造性地提出了总体国家安全观；党的十九大将坚持总体国家安全观纳入新时代坚持和发展中国特色社会主义的基本方略，并写入《中国共产党章程》；2022年10月，习近平总书记在党的二十大报告中强调要推进国家安全体系和能力现代化，总体国家安全观的理论架构日趋完善。

总体国家安全观的时代内涵在不断完善，由"五大要素""五对关系""十个坚持""五个统筹""两个现代化"共同构成其核心内涵。"五大要素"是指以人民安全为宗旨，以政治安全为根本、以经济安全为基础、以军事科技文化社会安全为保障、以促进国际安全为依托。总体国家安全观"五大要素"共同撑起了国家安全体系的整体架构，决定了中国特色国家安全道路的基本取向。"五对关系"强调了外部安全和内部安全的相互联系，国土安全和国民安全的有机统一，发展和安全的一体两面等重要方面。"十个坚持"对总体国家安全观的系统性集成和提炼，标志着环环相扣、层层递进的一整套理论体系正式形成。"五个统筹"体现了马克思主义客观、发展、系统、全面的哲学思想光芒。总体国家安全观的理论出发点是"总体"，实践落脚点是"统筹"。统筹意味着综合协同、全面规划。"两个现代化"则是指推进国家安全体系和能力现代化。要统筹维护国家安全各类要素、各个领域、各方资源、各种手段，加快构建与新发展格局相适应的新安全格局，完善国家安全力量布局，构建全域联动、立体高效的国家安全防护体系。

践行总体国家安全观与中国式现代化的目的一致。中国式现代化坚持把实现人民对美好生活的向往作为现代化建设的出发点和落脚点。在总体国家安全观中，坚持政治安全、人民安全、国家利益至上有机统一，以人民安全为宗旨，将人民安全置于政治安全、军事安全等多种安全要素之前。践行总体国家安全观，维护好国家安全的本质就是维护好人民的安全，为人民群众的社会生活做出物质、精神等各方面的保障，增强人民群众对党的信任和信心。

践行总体国家安全观与中国式现代化的发展辩证统一。中国式现代化是全面的高质量发展的现代化，既要充实物质文明，也要发展精神文明；既要重视经济发展，也不能忽视环境保护；既要拥有中国特色，又要积极与国际接轨。国家安全是治国理政的系统工程，国家安全体系与能力的现代化同样强调了"体系"的构建以及对"总体"的重视，包含了对政治、经济、军事、文化、社会等多方位综合性的安全保障。国家安全事业的发展，与时代发展、国家的现代化进程步调保持基本一致，推动中国式现代化与国家安全体系和能力现代化相互促进、有机统一。

践行总体国家安全观为实现中国式现代化提供有力保障。为更好地面对现代化所带来的种种挑战，需要完善的国家安全体系和能力作为保障。践行总体国家安全观是推进国家安全体系和能力现代化的必然要求。国家安全体系是国家治理体系的重要组成部分和支撑，国家安全能力是国家治理能力的重要体现和保障。全面建设社会主义现代化国家，必须在推进经济社会现代化和人的全面发展的同时，同步推进国防和军队现代化，同步推进国家安全体系和能力现代化，提高风险预见、预判能力，力争把可能带来重大风险的隐患发现和处置于萌芽状态。

如何践行总体国家安全观助力中国式现代化？可从三个方面着力。

坚持党的集中统一领导，努力完善高效权威的国家安全领导体制。中国式现代化是中国共产党领导的社会主义现代化，中国共产党是实现国家安全治理体系最为关键的组织支撑。高效权威的领导体制和集中统一的领导机构是实现党对国家安全工作绝对领导的必要保障。坚持党的绝对领导，掌握维护国家安全的战略主动权。基于国家安全形势的复杂性、风险挑战的多样性等特征，国家安全事务必须由党中央进行整体规划与部署，加强统筹协调，建立一个制度规范、领导科学、机制协同的国家安全体系，完善我国国家安全的顶层架构。

全面提升科技创新水平，增强维护国家安全的核心竞争力。当前我国面临着激烈的大国战略博弈，贸易战、金融战、科技战轮番上演，技术创新成为发展和保障国家安全的重要部分。创新发展就是要坚持创新在我国现代化建设全局中的核心地位，把科技自立自强作为国家发展的战略支撑。将科技创新作为保障和塑造国家安全的关键，有助于全面提升科技实力、在更大范围和更高水平上发挥科技创新对国家安全的支撑保障作用。

建立立体高效的国家安全风险监测预警体系，实现国家安全的高频实时预警。加强信息化源头管控、精准化监测预警、动态化风险评估等制度机制建设，提升国家安全的风险监测预警能力、国家应急管理能力。

发展国家安全工作协调机制作用，用好国家安全政策工具箱。重视大数据等现代科技手段的应用，将人工智能等科技手段与传统手段相结合，提高风险监测预警能力、构建多源情报信息协同的国家安全治理体系。

（西南财经大学金融安全与发展研究中心主任、教授尚玉皇）

| 第 88 问 |

和你一起思考这个时代

如何确保中国式现代化进程中 14 亿多人口的粮食安全？

▶ 全面落实党政同责，共抓粮食生产；护好用好耕地，守好"饭碗田"；实施种业振兴，打磨生产"芯片"；强化技术支撑，加快科技兴农；平衡产粮得失，提高种粮积极性。

粮稳天下安。如何确保中国式现代化进程中 14 亿多人口的粮食安全？

确保 14 亿多人口的粮食安全是中国式现代化进程中治国理政的头等大事，是全面建设社会主义现代化国家的基本盘。党的二十大报告对"全方位夯实粮食安全根基"的路径作了详细的论述。总体来看，可从全面落实党政同责、护好用好耕地、实施种业振兴、强化技术支撑、平衡产粮得失五个方面着力。

粮食安全主要包含两层意思，其一是中国人的饭碗任何时候都要牢牢端在自己手中；其二是我们的饭碗主要应该装中国粮。大家知道，中国式现代化是具有基于中国国情的五个特色的现代化，如果说它是正在驶向目标的帆船，那么粮食安全就是这艘帆船的底板。党的十八大以来，以习近平同志为核心的党中央重农抓粮一系列政策举措有力有效，我国粮食产量 8 年站稳 1.3 万亿斤台阶，实现谷物基本自给、口粮绝对安全。与此同时，我们对粮食安全不能有丝毫麻痹大意，必须增强忧患意识、强化底线思维、保持战略定力，把饭碗牢牢端在自己手中。

全面落实党政同责，共抓粮食生产。"洪范八政，食为政首"，头等大事必须依靠党的坚强领导，政府切实履职。2020年习近平总书记在中央农村工作会议上强调"地方各级党委和政府要扛起粮食安全的政治责任，实行党政同责"。党的二十大报告再次强调"全面落实粮食安全党政同责"。实行粮食安全党政同责，就是要将重农抓粮的责任主体从省长负责升格至党政同责，全面压实地方党委和政府特别是"一把手"抓粮食生产的政治责任，发挥党委把方向、管大局、抓落实的制度优势，把保障国家粮食安全的决策部署真正落到实处。如何抓？首先要把粮食安全真正放在心上，关键是将重农抓粮切实落在干上，还要坚持目标导向强化监督考核。其次是央地共责，各部门、各领域、各层级、各群体要履行好自身责任，明确各自负责范围、权利与义务。粮食安全关系国计民生，是一项系统性工程，涉及领域多、主体多、环节多，不仅中央有责任，地方也有责任；不只是农业口一个部门的事，也不光是政府部门的事。在党政同责的基础上，也需要社会大众共同负责。

护好用好耕地，守好"饭碗田"。人多地少是我国的基本国情，人均耕地只有世界平均的三分之一，所以我们一定要保护好、建设好、利用好本就不多的耕地。要压实各地各部门的耕地保护责任，做好耕地的占补平衡、进出平衡，决不能占多补少、占优补劣、占近补远、占水田补旱地。要做到耕地数量不减少、质量不下降，还需要区分地貌、区分类别、区分基础条件，加大高标准农田建设的力度、速度和效度。要下大力气改善耕地生产粮食的条件，包括灌溉、通路、用电等，保护好耕地地力，保护好耕作层，保护好耕地的土壤，使其可以永续利用、持续提高产出，做好"藏粮于地"。要管控好耕地的用途，贯彻好"逐步把永久基本农田全部建成高标准农田""永久基本农田重点用于粮食生产，高标准农田原则上全部用于粮食生产"的方针，农业部门和农村集体经济组织联合把住土地流转关，防止大户流转耕地后"非粮化"，积极培育扶持新型农业经营主体和社会化服务主体，推广"小块地全程托管"种粮模式，帮助老弱病残农民利用耕地种粮，减少耕地撂荒。

实施种业振兴，打磨生产"芯片"。粮安天下，种为粮先。种子被称为粮食生产的"芯片",好种子可以提高产量、改进品质、提高抗病抗逆性。"我们的饭碗应该主要装中国粮",所以就得有中国种子,必须下决心把民族种业搞上去。一是加强种质资源保护利用,这需要引起各地种植养殖行业的高度重视,建立地方种子资源库。二是要持续提升育种创新能力,抓紧培育具有自主知识产权的优良品种,从源头上保障国家粮食安全。三是做好育种成果的转化,强化供种保障能力,解决好科研和生产"两张皮"问题。四是培育壮大种业领军企业,支持种业企业做大做强。五是净化市场环境,保护知识产权,打击假冒伪劣种子,努力实现种业研发自立自强、种源自主可控。

强化技术支撑,加快科技兴农。中国式现代化关键在科技现代化,科技兴农的重要性日渐凸显。技术进步需要投资,要加大农业技术投入,支持涉及粮食生产各环节的技术研发。要提升粮食作物耕、种、收各环节宜机化的条件,推动适合各种地形地貌的农业生产机械的研发和推广,尽量把一些简单、重复、粗笨的农业生产劳动实现机器替代,并提供优惠的政策条件,鼓励研发和转化,对开展农机租赁服务者、农机购置农户提供低息或无息贷款支持,减轻农民的体力劳动强度。还要加强粮食生产领域数字赋能,加大农业数字化改造,减少农业生产的不确定性,增加可控性,发展精准农业、智慧农业,让粮食生产插上科技的翅膀,做好"藏粮于技"。

平衡产粮得失,提高种粮积极性。种粮农民和粮食主产区的种粮积极性是打牢粮食安全基础的关键。农民种粮能赚钱,国家粮食才安全。稳定发展粮食生产的根本是让农民种粮有利可图,主产区抓粮有积极性。需要考虑从政策保本稳收入、经营增效提收益、利益补偿增动力等方面谋划实招硬招。一方面,要坚持并落实好稻谷、小麦最低收购价政策,合理确定最低收购价水平,守住农民"种粮卖得出"底线;还要完善产粮大县奖励政策体系,巩固"产得多、奖得多"的激励成效。另一方面,要加大力度提高农民种粮收益水平,提高农民的社会保障水平,让农民有钱赚、有奔头;加大粮食主产区支持力度,建立主产区、主销区和产销平衡区的利益平衡机制，让主产区得实惠、有发展。

此外，还需要完善一系列的法律制度来规范、保障粮食的生产各环节依法依规有序有效进行，努力提升粮食生产组织化、规模化、专业化、融合化、市场化水平，增强国际竞争力；也需要用好国际国内两个市场、两种资源，平衡好"市场配置"和"政府调控"两种机制，做好应急预案，确保平急两种状态下粮食的韧性安全。

（中共四川省委党校公共管理教研部副主任、教授邱鹏飞）

| 第 89 问 |

如何协调能源安全与低碳发展为中国式现代化提供坚强能源保障？

> ▶ 立足我国能源禀赋实际和"双碳"目标，明确各类能源的发展重点；推动传统能源和新能源优化组合，增强可再生能源的消纳能力；强化能源技术开发应用，加快建设新型电力系统。

能源是人类生存发展的重要物质基础，攸关国计民生和国家安全。那么，如何协调能源安全与低碳发展推动能源建设，为中国式现代化提供能源保障？

能源安全是关系国家经济社会发展的全局性、战略性问题。党的二十大站在以中国式现代化推进中华民族伟大复兴的战略高度上，对能源发展作出新部署，提出"立足我国能源资源禀赋，坚持先立后破，有计划分步骤实施碳达峰行动"，"加快规划建设新型能源体系，统筹水电开发和生态保护，积极安全有序发展核电，加强能源产供储销体系建设，确保能源安全"。能源安全和低碳发展是发展能源事业的重要抓手，以能源建设保障中国式现代化，核心在于充分把握能源安全与低碳发展的内在关联，依托中国式现代化实现二者的统筹兼顾，推动能源高质量发展。

在推进中国式现代化建设过程中，能源建设首先要确保安全。中国式现代化是人口规模巨大的现代化，充足的能源供给是国家加快现代化建设的前提保障，当前我国人均能源消费水平仅为经合组织（OECD）国家平均水平的 2/3 左右，随着现代化建设持续推进，能源需求还有巨大的增长空间。同时，受限于"富煤贫油少气"的能源禀赋，我国石油和天然气的对外依存度分别达到70%和40%以上，保障能源安全的艰巨性和复杂性前所未有。增强能源供应的稳定性和安全性已成为我国现代能源体系规划的主要目标。

尊重自然、顺应自然、保护自然，促进人与自然和谐共生，是中国式现代化的鲜明特点。当前全球变暖是国际社会共同面临的重大环境问题，通过低碳发展推进碳达峰碳中和，是实现人与自然和谐共生的必由之路。中国高度重视低碳发展与现代化建设的深度融合，近10年我国以年均3%的能源消费增速支撑了年均6.6%的经济增长，同时水电、风电、光伏、生物质发电装机的规模和在建核电装机规模稳居世界第一。新征程上，我们还将有计划分步骤地实现碳达峰碳中和目标。

深入理解能源安全与低碳发展的复杂关联是建设好中国式现代化能源事业的重要基础。能源是最主要的碳排放部门，在碳达峰碳中和战略目标的推动下，我国正加快非化石能源替代化石能源的步伐，对能源安全具有深远影响。一方面，提高可再生能源的比例可以改善我国油气高度依赖进口的局面，减缓地缘政治冲突、逆全球化等国际风险对国内油气供应的冲击；同时发展可再生能源也丰富了能源品类，不同能源的优势互补、调剂余缺，可以增强能源供给的稳定性和可持续性。另一方面，传统化石能源具有抗干扰、强支撑的特征，是能源供给稳定可靠的重要依仗，而风电光电等可再生能源则具有间歇性、波动性的特性，大量接入电网会使得电力系统调频能力不足，易诱发系统事故的连锁反应。当传统化石能源加速退出、可再生能源消纳能力尚不满足时，就会面临保障能源安全与推进绿色低碳转型发展的两难问题。

中国式现代化为协调能源安全与低碳发展提供了契机。首先，习近平总书记在江苏考察时强调"中国式现代化关键在科技现代化"。在党领导的革命、建设、改革的各个历史时期，科技事业始终具有十分重要的战略地位，新征程中科技现代化也将是中国式现代化建设的动力引擎和战略支撑。随着科学技术持续进步推动产业结构转型升级，经济发展所需的能源强度不断优化，使得社会的能源需求和碳排放同步下降，有助于能源安全与低碳发展的统筹兼顾。其中，能源技术的迭代更新，会大幅降低能源开发和利用的成本，提升电力系统对可再生能源的消纳能力，进而在保障能源安全的同时促进能源低碳转型。其次，中国式现代化坚持可持续发展，坚持节约优先、保护优先、自然恢复为主的方针，坚定不移走生产发展、生活富裕、生态良好的文明发展道路。节约集约的发展模式能够有效控制能源需求过快增长，创造友好稳定的用能环境，为能源供需平衡提供长期保障。在生态保护优先的方针下，我国在恢复天然森林植被、加强人工林培育领域取得了突出成果，生态系统的固碳能力持续增强，为实现碳达峰碳中和目标提供了重要支撑。

具体来说，协调能源安全与低碳发展为中国式现代化提供坚强能源保障。首先，要立足我国能源资源禀赋实际和"双碳"目标，明确各类能源的发展重点。要促进煤炭利用提质增效，完善煤炭跨区域运输通道，增强煤炭跨区域供应保障能力，同时抓好煤电清洁高效利用，发挥煤电支撑性调节性作用，维持合理的煤电规模以保障电力系统安全稳定运行；加大国内原油、天然气的勘探开发，强化重点盆地和海域油气基础地质调查和勘探，增强油气供应能力，加快页岩油、页岩气、煤层气等非常规化石能源的开发力度；大力发展非化石能源，全面推进风电、太阳能发电大规模开发和高质量发展，围绕负荷中心建设分散式风电和分布式光伏，因地制宜开发水电，推动西南地区水电与风电、太阳能发电协同互补，同时在确保安全的前提下稳步有序发展核电。

其次，要推动传统能源和新能源优化组合，增强可再生能源的消纳能力。加大力度规划建设以大型风电光电为基础、以其周边清洁高效先进节能的煤电为支撑、以稳定安全可靠的特高压输变电线路为载体的新能源供给消纳体系；推进煤电由主体性电源向提供可靠容量、调峰调频的保障性和调节性电源转型，充分发挥现有煤电机组应急调峰能力；探索电力、热力、天然气等多种能源联合调度机制，发挥天然气、水电消纳风电光电的潜力，增强电力供应的稳定性。

最后，要强化能源技术开发应用，加快建设新型电力系统。提升电网智能化水平，结合人工智能、大数据等新一代信息技术来优化电力调度，解决新能源发电的间歇性和波动性，统筹新能源发展和能源安全稳定运行；大力推进储能系统发展，配置合理的储能规模，支持分布式新能源的发展，同时对电力需求削峰填谷、增强电网稳定性和应急供电能力；加强电力需求管理，提升电力负荷弹性，整合分散需求响应资源，引导用户优化储用电模式。

（西南财经大学双碳数据开发及能源安全团队负责人、教授陈建东，西南财经大学数字经济与交叉科学创新研究院助理研究员李星皓）

| 第 90 问 |

如何提升产业链供应链韧性和安全水平,促进中国式现代化行稳致远?

> ▶ 要以影响产业链供应链韧性和安全水平的内因作为工作重点,在产业链供应链国内大循环的时间、空间的连续性和保障性问题上做足文章,防范进口端"断链"或"缺技"风险。

产业链、供应链在关键时刻不能掉链子,这是大国经济必须具备的重要特征。如何提升产业链供应链韧性和安全水平,促进中国式现代化行稳致远?

提升产业链供应链韧性和安全水平内生于我国统筹发展和安全的重大战略,是构建新发展格局、推动高质量发展的基础,也是国家安全能力的重要方面。当前各国的产业链供应链涵盖了全产业体系下从原料供给到最终产品消费全流程中的各类价值创造活动及相关主体,是一种基于产业供需网络的生态系统,并且在产业链供应链系统中实现了价值创造、流程协同、时空布局的高度统一。在此情况下,很难有哪个国家可以在全球产业链供应链出现危机时置身事外。而我国在改革开放后的较长时期,采取的是适应国际分工调整的战略,维持着较高的对外依赖度。然而,在面对西方某些国家对我国采取的不友好行为,全面提升应对危机的能力就显得更加迫切。党的二十大报告多次提及"产业链供应链安全",包括要着力提升产业链供应链韧性和安全水平,确保重要产业链供应链安全。只有我国本土产业链供应链内循环顺畅稳定,才能有效应对全球产业链供应链出现危机时产生的影响和冲击。因此,要以影响产业链供应链韧性和安全水平的内因作为工作重点,在产业链供应链国内大循环的时间、空间的连续性和保障性问题上做足文章,防范进口端"断链"或"缺技"风险,方能在百年未有之大变局的背景下支撑中国式现代化行稳致远。

以科技自主创新作为突围手段。中国式现代化关键在科技现代化。科技创新尤其是原始创新有利于在关键领域形成重大突破性带动作用。比如在光刻机等多项"卡脖子"技术中,我国不缺产业链供应链的中低端技术或产品,但在这类关键技术的"高精尖"领域,现有的研发储备还不够,导致产业的技术短板制约产业链供应链升级换代。一些西方国家以此对中国实施科技打压封堵,压缩技术发展与合作的空间,加剧我国生产端的断链风险。因此,要依托"两弹一星"时期打破外来技术封锁的经验,组织核心科技力量攻克技术短板;同时要积极寻觅新的科技创新赛道。

聚合国有经济和民营经济协同发展。我国产业链供应链的传统优势是国有经济依托科研或产业举国体制主导大多数事关国家安全和经济命脉的行业。国有经济占据国家命脉行业、掌握重要关键技术研发,是整个国民经济产业链供应链的"四梁八柱"。国有经济规模效应也决定了它的产业链供应链稳定则国民经济的产业链供应链稳定就有保障。国有经济中不乏许多高科技创新和产业链供应链尖端的领域。而民营经济则主要为开拓市场经济的多样化而研发与民生领域相关的技术应用。这两者从所有制层面来说是通过"两个毫不动摇"结合在一起的。但是,就现代产业的特点来看,很难泾渭分明地说哪些产业链供应链一定由国有经济或民营经济来做是最优的。因此,需要混合创新,即国有经济和民营经济可以在产业链供应链的各个端口分别自主实践强韧性或补短板的技术研发,特别是在半导体和微电子、量子信息技术、人工智能、新能源、航空航天等领域,开展国有和民营经济混合式创新实践,把国有经济的大、强、专与民营经济的小、快、灵结合起来,这有可能在意想不到的产业链供应链节点上让国有和民营创新团队碰出火花，带来实质性创新突破。在这个协同创新过程中，有为政府对国有和民营经济的引导作用和有效市场对二者的资源配置功能都要充分发挥。

凭借"超大规模经济"优先侧重民生领域。中国式现代化首先要解决的是超大规模人口实现现代化的问题，超大规模人口也赋予了中国经济市场容量大、分工细、韧性强的特点。基于此，要优先保障民生领域的产业链供应链的基础地位不动摇。从供给侧看，中国拥有独立完整的现代工业体系，是唯一拥有联合国产业分类中全部工业门类的国家，是世界第一制造大国。中国生产制造的传统优势就是面向衣食住行用等民生领域的产品供给，只要民生领域的产业链供应链在世界整体经济形势下滑的背景下能够保持稳定，则中国跨越现阶段产业链供应链发展阵痛期的回旋余地就始终存在。同时，中国工业体系中规模庞大、分布广泛的各类企业构成了多层次的有机结构，在面对外部冲击时可形成风险分散机制，具有自我修复能力，而这种修复能力的关键就在民生领域能够依靠超大规模国内经济的优势，在产业链供应链层面取长补短，防止供给失衡，形成民生托底优势。从需求侧看，中国既有量大面广的生存型消费需求，又有追求高品质、个性化的发展型消费需求；在产业需求方面，完整的产业链供应链体系形成了对生产设备、中间投入、成品加工的多层次需求，制造业数字化、网络化、智能化升级改造需求旺盛，充分利用超大规模市场所蕴涵的结构优化升级机遇，统筹扩大内需和深化供给侧结构性改革，形成需求牵引供给、供给创造需求的更高水平动态平衡，正是我们稳住产业链供应链基本盘、赢得发展主动权的坚实基础。

开拓对外开放产业链供应链合作新网络。中国式现代化是开放的现代化，更是自主的现代化，我们坚持对外开放的国策不动摇，但现代化的主导权绝不能依赖外援，要把产业链韧性和安全牢牢把握在自己手中。面对外部不确定性，中国的产业链供应链对外延伸的工作必须以"我"为主，开辟产业链供应链对外开放新格局。一是强化与中亚国家产业链供应链合作，促进中亚国家资源禀赋优越、投资政策优惠与中国的市场、技术、装备、资金优势互补，开拓中国—中亚基础设施互联互通及矿产资源、冶金工业、化学工业等领域产业链供应链合作。二是通过中国—东盟自贸区以及中老铁路、雅万高铁、中泰铁路等重大项目和工程建设推动中国南向产业链供应链畅通无阻。三是在稳固的基础上积极探索中欧基于规则的经贸合作，通过中欧班列或新开更多中欧航线为助力中欧产业链供应链健康稳定发展开辟广阔的新路径。

（西南财经大学政治经济学研究所所长、教授吴垠）

| 第 91 问 |

和你一起思考这个时代

如何筑牢中国式现代化的金融安全防线？

▶ 要坚持党的集中统一领导，坚持数字赋能的基本思想，坚持系统思维、底线思维，筑牢中国式现代化的金融安全防线。

维护金融安全，是关系我国经济社会发展全局的一件带有战略性、根本性的大事。如何筑牢中国式现代化的金融安全防线？

金融活，经济活；金融稳，经济稳。金融安全是国家安全的重要组成部分，是经济平稳健康发展的重要基础。习近平总书记在中央金融工作会议上指出，坚持把金融服务实体经济作为根本宗旨，坚持把防控风险作为金融工作的永恒主题。维护金融安全是体现总体国家安全观的重要实践，是实现中国式现代化的重要举措和保障。中国式现代化进程中面临诸多外部不确定性冲击，经济金融风险隐患仍然较多，需要坚持党的集中统一领导，坚持数字赋能的基本思想，坚持系统思维、底线思维，筑牢中国式现代化的金融安全防线。

金融安全范畴非常广泛。从经济视角看，金融安全包括金融市场安全、金融机构安全、金融制度安全、宏观经济安全等；从交叉视角看，金融安全包括金融与政治安全、金融与国防安全、金融与信息安全、金融与生态安全等；从全球化视角看，金融安全包括金融自主权安全、金融开放安全、国际资本流动安全等。维护金融安全要遵循以人民为中心的发展思想。防范化解金融风险，事关国家安全、发展全局和人民财产安全。维护金融安全就是要更好地发展普惠金融，把更多金融资源配置到经济社会发展的重点领域和薄弱环节，更好地满足人民群众和实体经济多样化的金融需求。维护金融安全是提高服务实体经济发展效率和水平的重要举措。中国式现代化是高质量发展的现代化，实体经济是现代化产业体系的根基和命脉。实现中国式现代化要统筹发展和安全的理念，既要深化对国际国内金融形势的认识，通过发展提升金融安全实力，营造有利于经济社会发展的安全环境，也要深化金融供给侧结构性改革，平衡好稳增长和防风险的关系。维护金融安全是实现中国式现代化国家总体安全的重要保障。总体国家安全观以经济安全为基础，而金融是现代经济的核心。实现中国式现代化需要有现代化的中央银行制度、现代化的金融安全监管体系和现代化的金融安全监测预警体系等，坚持以改革创新为动力，提高运用科学技术维护国家安全的能力，提升金融安全现代化水平，不断塑造金融安全态势。

当前和今后一个时期，全球经济形势存在的不确定性和外部冲击持续加大，存在一系列金融安全隐患。一是地方政府债务风险。受新冠疫情等因素的影响，我国地方政府债务压力加大，地方财政自给能力下降，地方政府债务违约风险，特别是隐性债务问题呈现出风险上升趋势。二是房地产市场不稳定性加剧。我国房地产行业的高杠杆率问题，容易导致房地产债务违约对银行业的冲击。同时，当购房者贷款违约风险上升，也将加剧对金融等多个领域的系统性风险。三是数字金融新型风险。伴随数字经济发展，传统金融在经历数字化转型时也衍生出相关的新型风险，如数字货币风险。因此，能否有力防范化解金融相关重大风险是顺利推进中国式现代化的重要保障。

筑牢中国式现代化的金融安全防线，实现金融安全体系和能力现代化需要坚持以下四个原则。

坚持党对金融工作的集中统一领导。把党的领导贯彻到金融工作各领域各环节，自觉运用习近平新时代中国特色社会主义思想的世界观和方法论来指导金融工作。中国式现代化是中国共产党领导的有组织的现代化，中国共产党是实现国家安全治理体系最为关键的组织支撑。始终坚持党的集中统一领导是金融安全体系和能力现代化推动中国式现代化的可靠保证。坚持党的集中统一领导可以更好地体现社会主义制度的优越性，按照顾全大局、统筹协调、分类施策、精准拆弹的基本方针，处置重点领域风险，为我们严控地方政府债务增量、促进金融与房地产良性循环提供可靠的政治保障。

坚持数字赋能，以数字化转型促进金融供给侧结构性改革。营造良好的货币金融环境，做好科技金融、绿色金融、普惠金融、养老金融、数字金融五篇大文章，着力打造现代金融机构和市场体系。中国式现代化必将是数字场景下的现代化，构建与新发展理念相适应的数字赋能融资体系是金融供给侧结构性改革的方向。要以技术为支撑，把数字化赋能的创新驱动力贯穿金融供给侧结构性改革的全过程，进而提高金融供给结构适应性和灵活性。金融机构要完善数字化战略转型的顶层设计，构建以业务为中心、以数据为驱动、以技术为基础、以安全为底线的数字化转型框架；要努力打造数字化大数据风控、数字化精准营销、数字化精细运营的新业态；要加强外部合作交流，积极探索AI大模型技术的应用和发展，审慎应对其风险和挑战。

坚持系统思维，切实提升金融服务实体经济有效性。把金融服务实体经济作为根本宗旨，强化对科技创新、先进制造、绿色发展和中小微企业及其他国家重大战略的金融支持。重点促进消费信贷、产业链供应链、小微科创、民营企业等领域发展。加大新型消费和服务消费金融支持，促进新能源汽车、绿色家电等大宗消费。抓住新领域新赛道蕴藏的新机遇，持续增加先进制造业、战略性新兴产业、传统产业转型升级等重点领域金融供给，有力支持加快建设现代化产业体系。金融机构要践行普惠金融的理念，完善敢贷愿贷能贷会贷长效机制，为小微企业提供续贷支持，持续加大对普惠型小微企业的贷款投放力度。

坚持底线思维，有效防范化解金融风险。习近平总书记指出："我们必须保持清醒头脑、强化底线思维，有效防范、管理、处理国家安全风险，有力应对、处置、化解社会安定挑战。"要全面加强金融监管，有效防范化解金融风险。对于地方政府债务风险要建立防范化解地方债务风险长效机制，保障地方政府的有效运转；对于房地产风险问题，要健全房地产企业主体监管制度和资金监管。要切实提高金融监管有效性，依法将所有金融活动全部纳入监管，全面强化机构监管、行为监管、功能监管、穿透式监管、持续监管，积极推动金融安全监测预警体系的数智化改造和升级，加强金融监管问责，把主动防范化解系统性金融风险放在更加重要的位置。

（西南财经大学中国金融研究院副院长、教授董青马，西南财经大学金融安全与发展研究中心主任、教授尚玉皇）

立足四川 谱写新篇章

- 导问
- 科学内涵·本质认识
- 中国方案·重大创新
- 自信自立·系统工程
- 强国建设·战略支撑
- 国家治理·发展与安全

中国式现代化100问

第92问—第100问

| 第 92 问 |

和你一起思考这个时代

在中国式现代化发展大局中四川有何战略地位和战略使命？

> ▶ 建设推动新时代西部大开发形成新格局的战略枢纽，成为服务国家科技自立自强和保障产业链供应链安全的战略支撑，打造保障国家重要初级产品供给的战略基地，筑牢维护国家生态安全的战略屏障，巩固实现稳藏安康的战略要地。

四川是经济大省、人口大省、农业大省、资源大省，新时代新征程推动四川现代化建设具有重大意义。那么，在中国式现代化发展大局中四川有何战略地位和战略使命？

治蜀兴川为推进中国式现代化打造稳固坚强的战略腹地。党的二十大明确提出，新时代新征程党的中心任务就是"团结带领全国各族人民全面建成社会主义现代化强国、实现第二个百年奋斗目标，以中国式现代化全面推进中华民族伟大复兴"。中国式现代化是强国建设、民族复兴的康庄大道，是必须走好的唯一正确道路。习近平总书记在四川视察时深刻指出，"四川是我国发展的战略腹地，在国家发展大局特别是实施西部大开发战略中具有独特而重要的地位"，为治蜀兴川新征程锚定了时空方位。落实新时代治蜀兴川的战略部署，必须沿着习近平总书记指引的方向和战略定位，必须着眼其中赋予的重大责任。从这个意义上看，战略腹地可谓谱写治蜀兴川新篇章的一处"题眼"。

所谓战略，就是对以中国式现代化全面推进中华民族伟大复兴具有

立足四川·谱写新篇章

全局性作用。所谓腹地，则兼具地理、经济、社会、生态等多重意义，发挥着协调关系、创造空间、增强韧性、涵养潜力、抵御冲击等多种功能。着眼中华民族伟大复兴战略全局，放眼世界百年未有之大变局，战略腹地既是国家发展的腹地，也是国家安全的腹地，为更有力统筹发展和安全提供了广阔充分的战略空间。

建设推动新时代西部大开发形成新格局的战略枢纽，为中国式现代化完善增长动力布局。习近平总书记亲自谋划、亲自部署、亲自推动成渝地区双城经济圈建设，目的是打造带动西部高质量发展的重要增长极和新的动力源，形成与京津冀、长三角、粤港澳大湾区相匹配的中国经济增长"第四极"，从而为推进中国式现代化输出更加平稳、优化和持久的动力。现在，因"蜀道难"导致四川偏居一隅的地理障碍已经克服，新时代在"天府之国"谋一域之"小富即安"更不可取。习近平总书记对四川提出"构筑向西开放战略高地和参与国际竞争新基地"的要求，就是站在向西开发开放的新形势新格局的高度，谋划四川在新时代西部大开发的新定位。建设成渝地区双城经济圈，应该更加紧密地与"一带一路"建设、长江经济带建设、新时代西部大开发等国家重大战略相融合、相衔接，同时积极参与西部陆海新通道建设，在拓展对外开放空间、构建完整内需体系等方面发挥更为突出的作用。

成为服务国家科技自立自强和保障产业链供应链安全的战略支撑，为中国式现代化拓宽高质量发展之路。坚持高质量发展是新时代的硬道理。习近平总书记在川视察时深刻指出，"以科技创新开辟发展新领域新赛道、塑造发展新动能新优势，是大势所趋，也是高质量发展的迫切要求，必须依靠创新特别是科技创新实现动力变革和动能转换"。必须坚持创新引领，打造带动西部高质量发展的重要增长极和新的动力源的战略部署才能得到有力推进落实。不仅如此，高质量发展还要守住安全发展的底线，要建立在更加安全、更为可靠的基础上。当前，百年未有之大变局向纵深演进，世界进入新的动荡变革期，世界经济增长动能不足，不稳定、不确定、难预料因素增多，特别是一些国家在产业上搞"脱钩断链"、科技上筑"小院高墙",意欲谋求所谓"竞争优势",企图借此"锁定"中国经济发展前景。习近平总书记要求四川"要完善科技创新体系,积极对接国家战略科技力量和资源,优化完善创新资源布局,努力攻克一批关键核心技术,着力打造西部地区创新高地"。这不仅是为四川指引了一条高质量发展之路,更是在统揽国内国际大局、准确判断四川在科技创新和产业集群等方面优势的基础上,为中国式现代化做出的谋篇布局大手笔。

打造保障国家重要初级产品供给的战略基地,为中国式现代化补强经济循环韧性。中国式现代化是人口规模巨大的现代化。习近平总书记深刻指出:"我国14亿多人口整体迈进现代化社会,规模超过现有发达国家人口的总和,其艰巨性和复杂性前所未有,必须把发展的主导权牢牢掌握在自己手中;我国是一个超大规模经济体,而超大规模经济体可以也必须内部可循环。事实充分证明,加快构建新发展格局,是立足实现第二个百年奋斗目标、统筹发展和安全做出的战略决策,是把握未来发展主动权的战略部署。"习近平总书记还多次警示,"要坚持底线思维和极限思维,准备经受风高浪急甚至惊涛骇浪的重大考验"。保障重要初级产品国内供给稳定可靠,是超大规模经济体内部循环畅通的前提条件,是构建新发展格局的重要内容,更是我们在极端情况下确保国内大循环不断流、中国式现代化不断档、中华民族伟大复兴不被打断或迟滞的关键抓手,是我们抵御风高浪急、应对惊涛骇浪的强大底气。在粮食、清洁能源、关键矿产资源等重要初级产品供给方面,四川具有独特甚至不可替代的作用,将四川打造为保障国家重要初级产品供给的战略基地,并融入全国统一大市场,只会使我们在新时代新征程上抓手更牢、底气更足、主动权把得更紧。

筑牢维护国家生态安全的战略屏障,为中国式现代化夯实永续发展基础。中国式现代化是人与自然和谐共生的现代化。习近平总书记强调,"生态文明建设是关系中华民族永续发展的根本大计,是关系党的使命宗旨的重大政治问题,是关系民生福祉的重大社会问题"。四川作为长江上游重要的水源涵养地、黄河上游重要的水源补给区,是守护中华民族母亲河的生态屏障。同时,四川作为我国三大林区、五大牧区之一和全球生物多样性保护重点地区，还发挥着生态涵养地的重要作用。生态环境保护和经济发展是辩证统一、相辅相成的，建设生态文明、推动绿色低碳循环发展，不仅可以满足人民日益增长的优美生态环境需要，而且可以推动实现更高质量、更有效率、更加公平、更可持续、更为安全的发展，走出一条生产发展、生活富裕、生态良好的文明发展道路。可以说，筑牢维护国家生态安全的战略屏障，既是打造带动西部高质量发展的重要增长极和新的动力源的内在要求，也对国家安全具有全局性意义，在中国式现代化进程中事关长远、事关成败。

巩固实现稳藏安康的战略要地，为中国式现代化塑造和谐稳定环境。"治国必治边，治边先稳藏"，这是习近平总书记提出的重要战略思想。四川作为全国第二大藏族聚居区，习近平总书记要求四川"从治国、安边、稳藏内在关系上把握四川涉藏地区同全省全国大局的内在联系"，具有极高的战略启示性。中国式现代化是全体人民共同富裕的现代化，中华民族共同体意识是实现共同富裕的精神基础，在扎实推进共同富裕中持续发展经济、改善民生、增进认同，则为铸牢中华民族共同体意识创造物质条件。实现四川涉藏地区及省内民族地区的团结进步、繁荣发展和长治久安，是中国式现代化进程中不可或缺的重要一环。而且，四川涉藏地区生态环境特殊、资源富集，在生态涵养、清洁能源开发和关键矿产供给等方面地位特殊且不可替代。

新时代治蜀兴川是一篇大文章，习近平总书记统揽国内和国际、统筹发展和安全，亲自为此谋篇布局，并赋予其空前的政治地位和战略高度，我们必须不断学习、深刻领会、奋力实践，把治蜀兴川这篇大文章写深写实写好，把战略腹地打造得稳固坚强，确保在以中国式现代化全面推进中华民族伟大复兴的进程中，把"四川力量"释放得更加充分、更加强劲、更为可靠。

（总体国家安全观研究中心副秘书长、中国现代国际关系研究院副院长傅小强）

| 第 93 问 |

四川如何发挥科技人才和产业体系优势，在推进科技创新和科技成果转化上同时发力？

▶ 加强源头创新，提升科技成果高质量供给；深化改革赋能，加速科技成果高水平转化；强化同时发力的创新主体培育与载体支撑；优化同时发力的创新要素供给与生态保障。

科技是第一生产力，创新是第一动力，科技现代化是中国式现代化的关键所在。四川如何发挥科技人才和产业体系两个优势，在推进科技创新和科技成果转化上同时发力？

党的二十大擘画了中国式现代化的宏伟蓝图，指出"必须坚持科技是第一生产力"。习近平总书记在四川视察时指出，在推进科技创新和科技成果转化上同时发力。作为国家发展的战略腹地，四川肩负打造西部地区创新高地的战略使命，要充分发挥自身高校和科研机构众多、创新人才集聚的优势和产业体系较为完善、产业基础雄厚的优势，以科技现代化支撑引领四川现代化建设，为服务科技强国建设、推进中国式现代化做出更大贡献。

一是推进科技创新和科技成果转化同时发力是四川高质量发展的根本要求。

发力科技创新是实现高质量发展的核心动力。科技创新是发展新质生产力的核心要素，而发展新质生产力是推动高质量发展的内在要求和重要着力点。当前，无论是外部环境"脱钩断链""小院高墙"的极限施压倒逼科技创新,还是应对新一轮科技革命和产业变革促使科技水平提高及产业链位置前移的现实需求,都需要四川积聚力量进行原创性、引领性科技创新,从技术追赶转向构建领先优势,实现关键核心技术自主可控,抢占科技创新制高点。

发力科技成果转化是打造新质生产力的必由之路。科技成果转化作为科技创新与市场应用的有机衔接,使科学技术得以渗透到生产力系统的要素中,形成有别于传统生产力的新质生产力,实现以科技创新为引擎的生产力水平跃迁,以颠覆性技术和前沿技术催生新产业、新模式、新动能,在更多前沿领域实现"换道超车"。只有在成果转化上发力,才能源源不断地打造出新的动力源,以科技这个第一生产力推进传统产业由大到强、新兴产业和未来产业培育壮大、产业链向中高端迈进。

唯有同时发力方能迸发科技创新最大动能。同时发力就是既要做到科技创新的"从0到1",又要做到科技成果转化的"从1到100",实质上是创新链供需两侧的协同发力,是破解科技创新和产业需求"两张皮"的有效举措,形成了科技现代化的"一体两翼"。只有同时发力相互赋能,持续以科技创新积聚新动能,以成果转化释放新动力,才能充分发挥科技创新这一发展新质生产力核心要素的牵引作用,才能把科技创新这一关键变量做成高质量发展的巨大增量。

二是四川具备科技创新和科技成果转化同时发力的基础和底气。

四川作为科教大省、人才大省和经济大省,创新资源与产业体系优势突出,具备科技创新和科技成果转化同时发力、以科技现代化支撑引领四川产业现代化的基础和能力。

机构和人才优势突出,科技创新具有良好基础。在国家战略布局奠定的创新资源基础上,四川是名副其实的科教大省、人才大省和国家战略科技资源重要集聚区。据统计,四川科研院所研发规模居全国第三位,普通高等学校数量位列全国第五,专业技术人员达到393万人;布局西部首个国家实验室,落户10个国家大科学装置、居全国第三位,国家级创新平台达到200个左右、居西部第一;全社会研发规模占到西部总量的30%以上，建设具有全国影响力的科创中心加快成势。

产业基础和实力雄厚，科技成果转化场景丰富。四川经济总量西部第一、全国第五，产业门类齐全，拥有全部41个工业门类，六大优势产业基础雄厚、特色明显，电子信息、食品轻纺、能源化工产业规模均达万亿元。同时，四川产业整体科技含量不断提高，高新技术产业营业收入占规模以上工业的比重超过40%，高技术制造业规模居全国第四。良好的产业基础为承接科技创新成果落地转化提供了丰富的应用场景和产业化沃土。近年四川动力电池、晶硅光伏等战略性新兴产业高速发展，6G、机器人、量子科技等未来产业前瞻布局加速成势，产业现代化发展势头良好、前景广阔。

三是推进科技创新和科技成果转化同时发力，打造西部创新高地。

四川应充分发挥自身禀赋优势，厚植基础，聚力一体推进科技创新和科技成果转化，加快打造服务战略大后方建设的西部地区创新高地，以科技现代化支撑引领四川高质量发展新局面。

加强源头创新，提升科技成果高质量供给。打造原始创新策源地，以久久为功的定力推进基础研究，有组织推进重大基础研究，为技术创新提供源头供给、解决底层问题。加强产业技术创新，以需求牵引、技术推动双向发力，找准产业真需求凝练大项目，充分发挥政府创新组织与市场资源配置作用，针对性部署实施重大科技攻关，强化有效技术供给。提升关键核心技术攻关能力，探索突破"卡脖子"技术的新型举国体制四川路径，以集中力量办大事的体制优势加快补齐短板。

深化改革赋能，加速科技成果高水平转化。持续全面推进科技成果转化体制机制改革，深入开展国家科技成果评价改革综合试点，纵深推进高校院所职务科技成果权属制度改革，实施职务科技成果单列管理，优化成果转化后的国有资产管理，有效破解影响科技成果转化的各种阻碍。深入实施大院大所"聚源兴川"行动，用好中央在川科技资源，促进更多"国家队"成果在川落地转化和产业化。支持有条件的领军企业与高校院所共建未来产业科技园，推动未来产业加速孵化，丰富成果转化的应用场景。

强化同时发力的创新主体培育与载体支撑。推进科技创新中心建设，加快西部（成都）科学城和成渝（兴隆湖）综合性科学中心建设，围绕优势重点产业，建设一批技术创新中心、产业创新中心和制造业创新中心，推动优质创新资源向重点领域加速集聚。打造科技创新战略力量，切实保障国家实验室入轨运行，推进在川国家重点实验室优化重组，推动天府实验室高水平建设运行。强化企业创新主体培育，打造一大批具有创新活力的科技型企业，支持龙头企业牵头组建高水平创新联合体，集成战略科技力量、产业链上下游企业构建共性技术供给体系。完善科技成果转移转化平台体系，聚焦重点产业布局，建设一批中试研发和概念验证平台，加快科技成果从样品到产品再到商品的转化；加强创业孵化载体建设，推动众创空间、科技企业孵化器、双创基地和大学科技园等提供全链条优质服务，赋能科技成果转化。

优化同时发力的创新要素供给与生态保障。牢固树立人才是第一资源理念，畅通教育、科技、人才的良性循环。聚合科教资源优势、依托重大平台建设，持续吸引集聚高端创新人才；持续完善以创新价值、能力、贡献为导向的人才评价体系，培养打造具有竞争力的青年科技人才队伍。强化财税科技创新引导，进一步优化财政科技投入结构和投入方式，加强普惠性创新税收优惠政策落地服务。加大科技金融赋能力度，充分发挥"天府科创贷"降低金融机构贷款风险和科技企业融资成本作用，丰富科技信贷保险产品，壮大科技企业创业投入股权投资，构建多层次、全周期的科技金融支撑体系。打造更加开放的创新生态，积极参与国际大科学计划和大科学工程，共建联合实验室和研究中心，加快国际技术转移中心建设，主动融入全球创新网络。持续营造创新创造社会氛围，弘扬尊重人才、积极向善的创新文化。

（四川省科学技术发展战略研究院院长、研究员王楠，四川省科学技术发展战略研究院副研究员杨光炜）

| 第 94 问 |

和你一起思考这个时代

如何在建设以实体经济为支撑、服务国家全局、体现四川特色的现代化产业体系上精准发力？

> ▶ 突出工业主导地位，推动三次产业融合发展；突出先进性自主性完整性，推动产业数智化绿色化服务化。

加快建设以实体经济为支撑的现代化产业体系，关系我们在未来发展和国际竞争中赢得战略主动。如何在建设以实体经济为支撑、服务国家全局、体现四川特色的现代化产业体系上精准发力？

现代化产业体系是相对传统产业体系而言的，具有特定的结构、功能和鲜明的时代特征，其要义是实现产业结构的优化升级，在科技创新引领下构建一个多类产业部门互相依存、支撑、融合及协调发展的经济系统。党的二十大报告对建设现代化产业体系作出系统部署，体现了"坚持把发展经济的着力点放在实体经济上"的重要导向；二十届中央财经委员会第一次会议再次强调，"推进产业智能化、绿色化、融合化，建设具有完整性、先进性、安全性的现代化产业体系"；2023 年，习近平总书记来川视察时作出"在建设现代化产业体系上精准发力""构建富有四川特色和优势的现代化产业体系"的重要指示，这些都为四川构建现代化产业体系提供了科学指引。当前，构建以实体经济为支撑、服务国家全局、体现四川特色的现代化产业体系可从"一主三融""三性三化"上精准发力。

突出工业主导地位，推动三次产业融合发展。工业化是现代化不可逾越的阶段，工业尤其是制造业是国民经济的主体、现代化产业体系的核心支柱，从根本上决定一个国家的综合实力和国际竞争力。建设现代化产业体系，必须始终高度重视发展壮大实体经济，促进科技创新、现代金融、人力资源、数据信息等高端要素向制造业汇聚；同时也必须看到，随着信息技术的快速发展和广泛应用，以"两化融合""两业融合"为主要特征的产业融合发展已成为拓展实体经济发展空间的新引擎。

一方面，稳步提升工业占比，为制造强省提质量上水平。四川现代工业起步于"一五"至三线建设时期国家的战略布局，改革开放以来工业经济突飞猛进，已形成涵盖41个大类行业、190个中类行业、497个小类行业的工业体系和六大优势产业。工业化演变规律表明，只有工业增加值占GDP比重达到40%以上并保持足够长时间，才意味着进入工业化后期。当前，四川工业化正处于中期向中后期转型推进的关键阶段，工业增加值占比、制造业增加值占比、高技术制造业占比、装备制造业占比4项指标均偏低，必须更加坚定不移地推进工业兴省制造强省战略，坚持新型工业化主导，以工业为主引擎，推动六大优势产业突破10万亿级营收规模，将先进制造业和战略性新兴产业作为主攻方向，着力打造3个国家级和23个省级战略性新兴产业集群，建设具有四川特色的现代化产业体系。

另一方面，以县域为重点，促进三次产业高质量融合发展。现代服务业与先进制造业、现代农业加速融合是构建现代化产业体系的有力支撑，目前我国三次产业融合的主战场在县域、乡村。习近平总书记强调："要推动乡村产业振兴，紧紧围绕发展现代农业，围绕农村一、二、三产业融合发展，构建乡村产业体系。"四川拥有183个县（市、区），数量多、类型丰富，县域乡村形态和发展阶段多有不同，县域经济特别是县域工业不强、发展不平衡不充分的短板突出。因此，应遵循县域经济发展内在规律，因地制宜、错位发展、分类施策，重点发展比较优势明显、带动农业农村能力强、就业容量大的特色产业，以一、二、三产业融合发展带动县域乡村文化旅游业振兴，以数智化赋能农业现代化、提高农产品初加工和精深加工水平，发展绿色生态产业推动美丽县城与乡村建设，完善乡村治理体系、丰富农村精神文明实现农民现代化；围绕"一县一主业一特色"，聚力打造产业小镇、省级及以上工业园区、现代农业园区、特色优势产业集群。

突出先进性自主性完整性，推动产业数智化绿色化服务化。建设现代化产业体系必须顺应新一轮科技革命和产业变革趋势，以新质生产力为核心引领，整体呈现高端化、智能化、绿色化的现代新兴技术特征，集中体现高质量发展要求。其中，先进性与自主性是服务国家全局、防范化解"卡脖子""脱钩断链"等外部风险以及把握发展主动权的必然要求；完整性能够增加经济韧性，是先进性、自主性的基础支撑。同时，以数智化、绿色化、服务化协同助推现代化产业体系建设，是抢抓新一轮科技革命和产业变革新机遇、开辟新领域、制胜新赛道及把握未来发展主动权的重要举措，是现代产业高质量发展的内在需求与重要路径。

增强先进性，塑造发展新动能新优势。产业体系的现代化特性，主要体现在技术先进性。对四川来讲，必须同时发力科技创新与成果转化，突出企业科技创新主体地位，加大研发投入，构建"基础研究＋技术研发＋中试平台＋专业孵化＋多元基金＋科技服务＋应用场景＋人才支撑"等全链条、全过程、全要素创新生态体系；完善科技成果评价与收益分配机制，打通科技成果转化"最后一公里"和科技企业培育"最先一公里"等瓶颈，加速科技成果就地就近转化与产业化；高效集聚全球创新要素，高标准建设一批制造业创新中心、技术创新中心和产业创新中心等高水平创新平台。

增强自主性，积极服务国家产业链供应链安全。当前，建立自主可控、安全可靠的产业体系，成为促进我国经济循环畅通、实现高水平自立自强的关键。四川可依托电子信息、装备制造、航空航天、特色消费品、核技术应用等独特优势，着力提升产业链供应链韧性和现代化水平，打造国家先进制造完整产业链重要集聚地；加强省内产业链互联互通，深化成渝地区双城经济圈分工合作，主动嵌入国内大循环与全球价值链，高质量对接东部沿海地区产业新布局，探索共建科创、产业与人才"双向飞地"，构筑向西开放战略高地和参与国际竞争新基地，打造重要产业备份基地；突出水、风、光、氢、天然气等清洁能源和钒、钛、稀土、锂、磷等战略性矿产资源的科学开发利用，打造保障国家重要初级产品供给战略基地。

增强完整性，放大产业链与产业集群效应。四川工业的规模结构、质量效益与沿海发达省份相比还有差距，必须短期强基础补短板，长期锻长板拓优势，梯次打造产业集群。深入实施制造业核心竞争力提升行动计划、产业基础再造工程和重大技术装备攻关工程，补强制造业重点产业链薄弱环节。发挥绿电优势、电子信息等先进制造业集群优势和国家天然气（页岩气）千亿立方米级产能基地"主阵地"优势，推动川渝共建汽车、电子信息、装备制造、特色消费品等世界级产业集群，主导建设世界级新型显示、清洁能源装备、优质白酒产业集群；推动成都软件和信息服务、成德高端能源装备、成渝电子信息先进制造三个国字号集群向世界级集群跃升；加快打造先进材料集群、绿色化工集群以及无人机与通航产业集群，构建 N 个具有全国竞争力的千亿级先进制造业集群。

强化数智化、绿色化、服务化赋能，焕发四川产业新活力。实践表明，数智化、绿色化、服务化转型可为现代化产业体系发挥规模、效率和融合效应等多维赋能作用，成为改造升级传统产业、巩固延伸优势产业、培育壮大新兴产业、前瞻布局未来产业的新动能新活力。对四川而言，突出数智化转型赋能，可极大增强现代化产业体系竞争力；突出绿色化转型赋能，可擦亮现代化产业体系的底色；突出服务化转型赋能，可助力现代化产业体系向产业价值链中高端迈进。要聚焦传统产业和中小企业的数字化转型、智能化升级，抢抓"东数西算"机遇，深化"数转智改"与数实融合。要加快建设"水风光氢天然气等多能互补"的重点电源项目和互联互济坚强电网，打造世界级高端能源装备集群，争创国家清洁能源装备制造业创新中心，升级打造清洁能源消纳产业示范区，推动共建"成渝氢走廊""长江氢走廊"等，持续创建绿色工厂、绿色园区等绿色制造示范，争创国家"双碳"减排先行示范区。同时，大力发展面向工业制造的现代服务业，重点打造高端科技、专业化技术、软件和信息、节能环保、金融科技、定制物流等引领型服务业集群，培育一批工业互联网、电子商务等品牌平台企业，支持制造业企业提供系统集成服务、整体解决方案等。

（中共四川省委、四川省人民政府决策咨询委员会委员，西南交通大学四川省产业经济发展研究院院长、教授骆玲）

| 第 95 问 |

和你一起思考这个时代

四川如何在推进乡村振兴上全面发力？

▶ 在巩固拓展脱贫攻坚成果上，在建设新时代更高水平"天府粮仓"上，在打造宜居宜业和美乡村上，在率先破除县域城乡二元结构上，在发展壮大新型农村集体经济上形成标志性成果。

推进中国式现代化，必须坚持不懈夯实农业基础，推进乡村全面振兴。四川如何在推进乡村振兴上全面发力，集中资源、加快突破、形成标志性成果？

全面推进乡村振兴是以中国式现代化全面推进中华民族伟大复兴的重大战略举措。党的十九大提出实施乡村振兴战略，成为新时代"三农"工作的总抓手；党的十九届五中全会进一步强调，要全面推进乡村振兴；党的二十大明确对全面推进乡村振兴作出系统部署。2023年，习近平总书记来川视察时作出"把乡村振兴摆在治蜀兴川的突出位置""在推进乡村振兴上全面发力"的重要指示。在当前全面建设社会主义现代化国家开局起步的关键时期，四川需要在推进乡村振兴上全面发力，集中资源、加快突破、形成标志性成果，为实现中国式现代化贡献四川力量。

在乡村振兴上全面发力，至少包括以下三层含义：

在力度上增强，参与主体全，调动所有主体力量共推振兴。全面推进乡村振兴不仅要积极发挥政府的作用，还要充分调动社会的力量，在充分发挥各级党组织和政府引领作用的基础上，提升舆论引导和市场机制驱动作用,广泛凝聚社会共识,调动社会各界力量参与推动乡村振兴的热情,形成政府、企业、社会组织、农民等多方主体参与、良性互动的乡村振兴推进格局。

在广度上拓宽,区域覆盖全,推进所有农村地区共同振兴。全面推进乡村振兴意味着将全部乡村纳入实施乡村振兴战略范围,但不同区域、不同类型的村庄在推进乡村振兴的路径、模式选择上有差异性,不能搞"齐步走",也不能平均用力,要分区域、分类别推进,在破解乡村发展不充分问题提高绝对发展水平的同时,破解乡村发展不平衡问题缩小发展差距,确保任何一个乡村都不掉队,共同实现乡村振兴。

在深度上加深,振兴内容全,推进所有涉农领域协同振兴。全面推进乡村振兴需要满足人民群众日益增长的对美好生活的需要,尤其是要适应需求多元化、品质化的发展趋势,多管齐下、统筹兼顾、整体推进,形成集中突破与全面推进有机协同的推进格局。以集中突破涉及群众切身利益、反映强烈的关键问题为基础,全面提升农村经济、政治、文化、社会、生态文明和党的建设水平,实现乡村产业、人才、文化、生态、组织全面振兴。

四川在全国发展大局中具有重要地位,是我国发展的战略腹地,在维护国家安全、稳定和发展方面具有重要作用,但城乡发展不平衡、农村发展不充分的问题仍然较为突出。没有农业农村现代化,社会主义现代化就是不全面的,因此,在全面推进乡村振兴中,四川尤需全面发力。

一是聚焦相对贫困治理,在巩固拓展脱贫攻坚成果上形成标志性成果。四川曾是全国扶贫任务最重的省份之一,要落实好防止返贫监测帮扶机制,提高产业和就业帮扶实效,健全农村低收入人口和欠发达地区常态化帮扶机制。深化东西部协作、定点帮扶、省内对口帮扶、驻村帮扶和易地搬迁后续扶持等工作,高质量推进巩固拓展脱贫攻坚成果同乡村振兴有效衔接,针对"绝对贫困"消除后"相对贫困"的治理新特征、新要求,在增强脱贫地区和脱贫群众内生发展动力上取得新突破,在构建帮扶地与被帮扶地优势互补、合作共赢机制上取得新成效,形成互促共兴的内在动力机制。

二是聚焦粮食安全，在建设新时代更高水平"天府粮仓"上形成标志性成果。粮食安全是"国之大者"。习近平总书记强调："实施乡村振兴战略，必须把确保重要农产品特别是粮食供给作为首要任务。"要针对四川集农业大省、产粮大省和人口大省、劳动力输出大省及粮食消费大省、粮食调入大省等多重身份于一体的特征，严格落实耕地保护和粮食安全党政同责，坚持稳面积、增单产两手发力，健全耕地用途管控机制和耕地数量、质量、生态"三位一体"保护制度体系，构建撂荒地治理长效机制和高标准农田建用衔接机制，夯实打造"天府粮仓"的基础支撑；建立种粮主体精准识别机制，完善农资保供稳价应对机制、政策性农业保险制度，优化农机购置补贴机制，保障种粮主体合理收益；完善粮食大县利益补偿机制，健全产粮大县支持政策体系；充分发挥四川种质资源丰富的优势，加强优质粮食品种培育和推广，通过"五良"融合实现藏粮于技。

三是聚焦乡村建设，在打造宜居宜业和美乡村上形成标志性成果。学习运用浙江"千万工程"经验，把建设宜居宜业和美乡村作为顺应人民对美好生活向往的关键举措，针对乡村人口变化趋势，补短板、塑形态、强内核。重点围绕乡村光网、电网、路网、气网、水网等基础设施和教育、医疗、卫生、养老、托幼等公共服务补短板。加强农村人居环境整治、生态保护修复，充分发挥四川生态环境优势，健全生态补偿机制，大力推动农业发展方式绿色化转型，塑造大美乡村形态。深化党建引领基层治理机制，创新自治法治德治结合形式，依托数字技术应用探索建立以城乡人口趋势、城乡功能变化为导向的高效治理机制，营造和谐乡村。凸显四川农耕文化浓厚、民族文化丰富特质，加强乡风文明建设，保护和传承乡村文脉，增强乡风乡韵乡愁的文化内核。

四是聚焦城乡融合，在率先破除县域城乡二元结构上形成标志性成果。针对四川是全国县级行政区数量最多的省份，超过一半的人口居住在县域的实际以及县域空间规模、人口规模、经济规模均低于全国平均水平的特征，深刻把握以县域为重要切入点扎实推进城乡融合发展的历史逻辑、理论逻辑和现实逻辑，把推进新型城镇化和乡村全面振兴有机结合起来，提升县城综合承载能力和服务功能，着力写好"四个融合"大文章，持续深化农村改革，扭住"人、地、钱"，打破妨碍城乡要素平等交换、自由流动的制度壁垒，有效破除城乡二元结构。

五是聚焦共同富裕，在发展壮大新型农村集体经济上形成标志性成果。集体经济是农民共同致富的根基，是农民走共同富裕道路的物质保障。要加快推进集体产改纵深拓展，健全集体资产股权抵押担保、流转、继承、赠予、自愿有偿退出等权能，围绕产业扶持、要素保障、能力提升、发展激励等方面形成系统化的支持政策体系，为集体经济发展壮大提供有力支撑。充分发挥农村集体经济组织对村域资源的统筹优势，构建以集体经济为主体的农村资产利用、处置和收益制度，健全收益分配和监管机制，通过多元主体联动、跨区域合作共赢、拓展服务性增收渠道等增强集体经济组织带动共同富裕的能力。

（四川省社会科学院农村发展研究所副所长、研究员虞洪）

| 第 96 问 |

和你一起思考这个时代

四川如何在筑牢长江黄河上游生态屏障上持续发力？

> ▶ 以更高标准打好碧水保卫战破解流域生态环保困境，因势利导打造绿色发展高地破解流域环境与发展矛盾，以绿色智慧建设数字生态文明破解流域治理能力提升难题，以生态文明谱写长江文明、黄河文明现代篇章破解流域文化共性问题。

建设美丽中国是全面建设社会主义现代化国家的重要目标，生态文明建设是关系中华民族永续发展的根本大计。四川如何在筑牢长江黄河上游生态屏障上持续发力，努力在加强生态环境治理方面实现新突破？

长江、黄河是中华民族的母亲河，四川是长江、黄河共同流经的省份，也是两大流域上游生态屏障建设的核心省份，在全国生态安全战略格局中具有举足轻重的地位。筑牢长江黄河上游生态屏障是新时代四川承担的历史任务和国家使命，其艰巨性和长期性决定了推进这项系统工程必须持续发力、久久为功，并不断寻求新突破。立足中国式现代化，以更高标准打好碧水保卫战破解流域生态环保困境，因势利导打造绿色发展高地破解流域环境与发展矛盾，以绿色智慧建设数字生态文明破解流域治理能力提升难题，以生态文明谱写长江文明、黄河文明现代篇章破解流域文化共性问题，是筑牢长江黄河上游生态屏障实现新突破的应有之义。

四川是长江上游重要的水源涵养地，全川境内 96% 以上的水系汇于长江，水资源保护、水生态建设、水能资源开发等责任重大。仅位于长江上游的金沙江，其水能资源蕴藏量就达 1.124 亿千瓦，技术可开发水能资源达 8891 万千瓦，富集程度居世界之最。四川是黄河上游重要的水源补给地，虽然四川黄河流域只占黄河流域总面积的 2.4%，但作用却不小，若尔盖草原湿地和川滇森林及生物多样性两大国家重点生态功能区，生态地位极端重要。从全流域来看，四川是长江水资源的第一道闸，发挥着基础性和关键性保障作用，对整个长江流域、黄河流域乃至全国生态安全具有重大战略意义。从地区发展来看，四川长江和黄河沿岸雪山、森林、草地、冰川景观丰富，地质地貌奇特，拥有世界自然遗产之一的黄龙和"黄河九曲第一湾"等风景名胜，孕育三星堆、金沙等古蜀文明遗址。万里长江自四川宜宾奔流而下，九曲黄河自四川阿坝蜿蜒而出，流域范围内的成渝地区双城经济圈更是中国西部地区最富活力和生机的增长极。

习近平总书记强调"四川要在筑牢长江黄河上游生态屏障上持续发力"，一方面彰显了四川在国家生态安全战略格局中的重要位置，凸显了党中央从源头推进流域生态文明建设的坚定意志和坚强决心；另一方面要求我们充分认识筑牢长江黄河上游生态屏障的持续性和艰巨性，坚定不移走人与自然和谐共生的现代化道路，锲而不舍、久久为功，以上游意识、大局意识，切实履行好保护国家生态安全的重要责任和使命。历史告诉我们，治理长江、黄河是历朝历代治国安邦的大事，也是自古以来中华民族不畏艰难、子孙相继的"接力工程"，因此，筑牢长江黄河上游生态屏障绝不是轻轻松松就能完成的。长江、黄河流经四川的区域地质构造复杂、地貌类型多样、生态环境脆弱、生物多样性丰富，既有龙门山地震断裂带等生态脆弱区域，又有乌蒙山区、甘孜阿坝等经济欠发达区域，还是多民族聚居区域。在这样的条件下筑牢长江黄河上游生态屏障首先是一个治理的系统工程，需要统筹考虑水环境、水生态、水资源、水安全、水文化和岸线等多方面的有机联系，协调推动山水林田湖草沙一体化治理，持续深入打好水污染防治攻坚战，保护流域范围内的生物多样性；其次是一个发展的系统工程，需要统筹生产、生活、生态用水，大力推进农业、工业、城镇等领域节水，在高水平保护的基础上推进高质量发展，带动沿岸地区尤其是脱贫地区深入推动共同富裕；最后是一个改革的系统工程，需要完善"一盘棋"和"一张蓝图绘到底"的制度体系，健全评估、监督、追责制度，深化跨区域跨部门合作工作机制，提升河湖长制的组织效能，形成上中下游协同发力、省市县上下联动的体制机制。

奋力谱写中国式现代化四川新篇章为筑牢长江黄河上游生态屏障提出了更高要求。新征程上，我们要在以下四个方面努力实现新的突破。一是以更高标准打好碧水保卫战。按照"人水和谐"理念，实行最严格的水生态保护和水污染防治制度，全面推进河湖长制有名有实、有权有责。切实抓好四川长江黄河上游地区水土流失源头管控、重点区域全方位防控，全面开展小流域综合治理，增强森林、草原、湿地、耕地等生态系统质量和稳定性。建立水生态考核机制，加强水源涵养区和生态缓冲带保护修复，保障河湖生态流量，维护水生态系统健康。继续抓好长江十年禁渔措施落实，做好跟踪评估。二是因势利导打造绿色发展高地。促进长江、黄河沿线地区保护流域生态环境，维护生态系统，优化人居环境，提升生态品质，建设生态优先绿色低碳发展先行区。鼓励创建国家生态文明建设示范区与"绿水青山就是金山银山"实践创新基地，不断丰富完善民族地区生态产品体系，壮大特色农牧业、文旅产业发展，巩固脱贫地区发展基础，助推乡村振兴。推动区域间绿色发展协作，统筹流域发展与区域发展，以绿色低碳、环境优美、生态宜居、安全健康、智慧高效为导向，建设新时代美丽城市。三是以绿色智慧建设数字生态文明。促进流域沿线城市数字化与绿色化相互融合，以数字技术赋能绿色低碳循环发展，把数字技术应用到生态产品生产、分配、流通、消费各个环节，推动生态价值转化。推动流域生态环境智慧治理，建设流域生态环境一体化监管监测网络，建立水环境数字化管理业务体系，构建数字化、智能化生态环境治理新应用、新模式、新形态，用数字技术为节约资源能源、污染防治、环境治理、生态保护、环境修复等提供智慧方案。四是以生态文明谱写长江黄河文明现代篇章。深刻把握"生态兴则文明兴"的精髓要义，担当新时代新的文化使命，深入发掘三星堆遗址、金沙遗址、宝墩遗址、汉家陵阙、万佛寺遗址等文明价值，推动民族文化、黄河文化、长征文化、家风文化等文化元素的融合发展，融入中国式现代化的万千气象，以生态文明为绿色本底、巴蜀文化为文化本底，为谱写长江黄河文明的现代篇章做出更大贡献。

（四川大学马克思主义学院教授王彬彬）

| 第 97 问 |

如何走出一条符合中国式现代化要求、具有四川特色的城乡融合发展新路子？

> ▶ 以县域为重要突破口，以协调全面推进乡村振兴战略和新型城镇化战略为抓手，以缩小城乡发展差距和居民生活水平差距为目标，以完善产权制度和要素市场化配置为重点推进城乡融合发展。

要把乡村振兴战略这篇大文章做好，必须走城乡融合发展之路。如何走出一条符合中国式现代化要求、具有四川特色的城乡融合发展新路子？

城乡融合发展是现代化的重要标志，是奋力谱写中国式现代化四川篇章的必然要求。习近平总书记指出："如何处理好工农关系、城乡关系，在一定程度上决定着现代化的成败。"当前，正是破除城乡二元结构、健全城乡融合发展体制机制的窗口期，而四川既有大城市又有大农村，城乡差距与区域差距相互交织，城乡二元结构明显，推进城乡融合发展任务尤为艰巨和紧迫。四川推进城乡融合发展，必须以习近平新时代中国特色社会主义思想为指导，全面贯彻党的二十大精神，深入学习贯彻习近平总书记对四川工作系列重要指示精神，走出一条符合中国式现代化要求、具有四川特色的城乡融合发展新路子。这个"四川特色"就是：以县域为重要突破口，以协调全面推进乡村振兴战略和新型城镇化战略为抓手，以缩小城乡发展差距和居民生活水平差距为目标，以完善产权制度和要素市场化配置为重点推进城乡融合发展。

推进城乡融合发展是破解城乡二元结构、全面推进乡村振兴，实现农民农村共同富裕的关键抓手。全面建设社会主义现代化国家，最艰巨最繁重的任务仍然在农村。从城镇化进程看，2022年四川城镇化率低于全国约7个百分点。从农村发展看，基础设施欠账多，民生政策标准、公共服务和社会保障水平城乡落差明显。从居民收入看，2022年全省城镇、农村居民人均可支配收入为全国的87.7%、92.7%，收入水平整体偏低，城乡居民虽然相对收入差距缩小，但绝对收入差异依然持续扩大。从人口变化趋势看，截至2022年末，四川65岁及以上常住人口占比18.13%，居全国第三，已进入深度老龄化阶段，农村老龄化、空心化问题日益突出。这些既是困难也意味着发展的潜力，答好题有助于培育农民收入增长的新动能，缩小城乡居民收入差距和农村内部收入差距，促进城市基础设施和公共服务向乡村延伸，补齐乡村公共服务短板，促进城乡居民生活品质共同提升，从而实现农民农村共同富裕目标。

推进城乡融合发展必须以县域为重要突破口。县域地域范围适中、经济体系健全、治理结构完整、城乡联系紧密、人口就业迁移成本低，是推动城乡融合的最佳地域单元；县域作为连接乡村与大中城市的纽带，兼具城市性与农村性，既是乡村振兴的主战场，也是城市体系末梢节点的承载地；县城作为城市与乡村的中间连接体，是城市之尾、农村之首，具有承上启下的作用。把县域作为城乡融合发展的重要切入点和最为基础、重要的环节，是新发展阶段构建新型工农城乡关系的重要战略举措。四川是全国县级行政区数量最多的省份，县域在全省地位尤为突出，超过一半的人口居住在县域；2022年县域GDP总量占全省比重达42.86%。把城乡融合发展聚焦于县域，有利于大力推动县域经济发展，解决县域发展不充分问题。

推进城乡融合发展必须以协调全面推进乡村振兴战略和新型城镇化战略为抓手。乡村振兴与新型城镇化是相互联系、相互制约、相互促进的关系。没有新型城镇化作支撑的乡村振兴，由于没有发挥城市强大的辐射带动作用、巨大的消费牵引作用和密集的资源要素动能作用，仅靠乡村内部是很难振兴的；同理，新型城镇化建设如果没有乡村振兴为其提供人力资源、要素供给、农产品及生态空间，新型城镇化也很难推进。推进城乡融合发展，必须协调推进乡村振兴战略和新型城镇化战略，才能更有效地促进城乡要素双向自由流动。为此，要抓好"两端"：一端是以县域为重要载体的城镇化建设，通过深入推进扩权强县改革、拓展优化县城发展空间、提升县城功能品质、做强县城产业支撑，切实把县城建强，提高就地就近城镇化的质量和水平；另一端是以宜居宜业和美乡村建设为牵引的乡村全面振兴，通过提升中心镇辐射带动能力、构建现代化乡村产业体系、开展农村人居环境改善行动等，把农村建好，加快实现农业农村现代化。要畅通"中间"，就是破除制约城乡融合发展的体制机制障碍，不断增强城乡融合发展的内生动能和整体活力。

推进城乡融合发展必须以缩小城乡发展差距和居民生活水平差距为目标。缩小城乡发展差距和居民生活水平差距、逐步实现城乡居民共同富裕是推进城乡融合发展的根本目的。当前四川城乡发展差距和居民生活水平差距还十分突出，城乡公共服务的不均等现象还十分明显。要通过做强县城产业支撑，培育一批工业强县（市、区）和制造业先进县，大力发展现代化乡村产业体系等促进城乡发展差距的缩小；通过开展农民工高质量充分就业行动，引导龙头企业与农民共建农业产业化联合体，盘活用好闲置资产，大力发展新型农村集体经济，完善最低生活保障制度等增加农民收入、缩小城乡居民收入差距；通过大力推进城乡基础设施一体化、基本公共服务城乡均等化、改善农村人居环境、加快城乡文化融合发展等途径缩小城乡居民生活水平差距。尤其要瞄准基础设施和公共服务城乡差距大的突出短板，坚持按实际管理服务人口规模配置公共资源，不断提高城乡基础设施完备度和公共服务便利度。

推进城乡融合发展必须以完善产权制度和要素市场化配置为重点。较高水平的城乡融合是在城乡生产要素充分自由流动的基础上。在要素充分流动下，推进城乡之间空间、产业、制度、生态、文化等多个维度的全方位融合发展。四川目前要素在城乡之间双向流动的通道已经构建，但流动势能尚不均衡，亟须突破要素由城到乡自由流动瓶颈；要素在城乡间配置机制已然构建，但跨域流动机制还不完善；单项要素改革进展成效显著，但要素之间的协同流动尚缺乏有效政策支撑。必须进一步破除阻碍要素市场化配置的体制机制障碍，充分发挥市场在城乡要素资源配置中的决定性作用，以完善产权制度和要素市场化改革撬动城乡融合发展全局，提高城乡要素协同配置效率。要紧紧扭住"人、地、钱"三个关节点，深化户籍制度改革、推动城镇基本公共服务对常住人口全覆盖，加快农业转移人口市民化；创新人才入乡激励机制，有序引导人才到农村；深化"三权分置"改革，稳慎推进农村宅基地制度改革，推动农村集体建设用地有效利用，激发农村土地要素活力；健全乡村多元化投融资机制，吸引更多资金到农村。

（四川省社会科学院农村发展研究所所长、研究员张克俊）

| 第 98 问 |

谱写中国式现代化四川新篇章，如何凸显巴蜀文化的力量？

▶ 巴蜀文化作为滋养四川数千年的文化血脉，也必将成为四川坚定文化自信、以高度的文化自觉推动经济社会全面发展的精神动力。

天府之国四川，历史悠久，文脉绵长，发源其中的巴蜀文化是中华文明的重要组成部分。谱写中国式现代化四川新篇章，如何凸显巴蜀文化的力量？

文化是一个国家和民族的灵魂，具有砥砺精神、凝聚共识、催生创新、提振创造的力量。党的二十大报告提出："从现在起，中国共产党的中心任务就是团结带领全国各族人民全面建成社会主义现代化强国、实现第二个百年奋斗目标，以中国式现代化全面推进中华民族伟大复兴。"中华民族伟大复兴天然地包含着文化的复兴，而中国式现代化也必然充盈着文化的力量。习近平总书记指出："中国式现代化赋予中华文明以现代力量，中华文明赋予中国式现代化以深厚底蕴。"那么，巴蜀文化作为滋养四川数千年的文化血脉，在四川的现代化建设过程中，该如何凸显其力量？可从几个方面来认识。

准确把握巴蜀文化在中华文明多元一体格局中的位置。回望中华民族的形成，最初是由若干方国逐渐汇聚在一起，最后形成九州共贯的华夏民族。今天的四川，在中华民族形成大一统之前，曾是以古巴国和古蜀国为主要代表的古方国。在这片土地上形成了后来被大家经常提及的巴蜀文化，这是这一区域的文化标识。苏秉琦先生将中华民族大一统形成之前的文化比作"满天星斗"与"多元一体模式"。在他看来，我国数以千计的新石器遗址可以分为六大板块，它们如满天星斗般分布，都有相应的个性特色，也就是"多元"，而最后又都归于"一体"。这个"一体"，既是中华民族，也是中华文明。在这六大板块中，包含湖北及其相邻地区，其代表就是巴蜀文化和楚文化。换言之，古巴与古蜀文化是中华民族多元一体文化格局中的重要一元。从文献记载可知，蜀国的早期发展，就与黄帝、颛顼、大禹等我国古史传说中的人物密切相关。相传蜀人嫘祖是黄帝元妃，种桑养蚕的始祖。生于蜀地的大禹，是夏朝的建立者。而巴国助武王伐纣，被周封为姬姓诸侯……这些都说明，巴人和蜀人都是远古华夏民族多元一体中的古老民族。

公元前316年，秦国兼并古巴国和古蜀国，巴蜀之地彻底融入中原，为秦国统一中国做出重要贡献。由于"其地四塞，山川重阻"的独特地理环境，以及由黄河流域与长江流域交汇而形成的"两河流域"景观和长期的移民文化与多民族文化的浸染，让巴蜀之地呈现出颇有鲜明个性的区域文化风采，如由历代先圣治水、兴水、利水而形成的"水旱从人，不知饥馑"的"天府之国"文化；由创作"洪范九畴"（《尚书·周书》）而形成"六合同风，九州共贯"（《汉书》）的大禹所浸润出的深厚儒学传统；由古蜀人羽化飞升而形成的"仙道"思维、"仙源文化"和浪漫色彩；由古蜀人仰望星空而形成的天文历算和易学传统；由佛学南北传陆路枢纽而形成的浓郁繁盛的佛禅文化；由蜀道之难与蜀道之易而形成的"巴蜀自古出文宗"与"自古诗人例到蜀"的名人文化景观；由以藏羌彝文化走廊为代表的多民族交往交流交融而形成的民族文化奇观；由历代移民而形成的移民文化特色；等等。正如习近平总书记考察三苏祠所感叹的："一滴水可以见太阳，一个三苏祠可以看出我们中华文化的博大精深。我们说要坚定文化自信，中国有'三苏'，这就是一个重要例证。"这些众多的特质、禀赋与机缘交汇在一起，让巴蜀文化卓立西南、名满华夏，成为中国式现代化不可或缺的文化力量。

以巴蜀文化增强文化主体性、滋养文化自信。文化就其在中国语境中的最初含义而言，来自《周易·贲卦》："观乎天文，以察时变；观乎人文，以化成天下。"也就是说，文化是人们告别蒙昧、野蛮、落后从而进入文明的一种手段与方式。习近平总书记在文化传承发展座谈会上指出，"文化自信就来自我们的文化主体性"，"有了文化主体性，就有了文化意义上坚定的自我，文化自信就有了根本依托"。在实现中国式现代化的新征程上，需要我们以文化凝心聚魂，以文化的主体性，增强民族的文化自信；以坚定的文化自信，筑牢坚定的道路自信、理论自信、制度自信。具体到四川，巴蜀文化作为滋养四川数千年的文化血脉，也必将成为四川坚定文化自信、以高度的文化自觉推动经济社会全面发展的精神动力。

一方面，以巴蜀文化催生文化自觉。文化自觉是文化自信的前提。巴蜀地处中国南北交通、东西交会、民族交融的核心地带，独特的区位优势催生了这里的文化与其他区域的文化有交流融通的一面，更有自身独特的一面。数千年来，生活在这片土地上的人们共同见证了中华民族的诸多喜与乐、苦与悲，是中华民族生生不息的一个生动缩影。今天生活在这片土地上的人们，有必要对这个区域的文化即巴蜀文化作理性的审视。所谓"审视"，就是要认识自己的过去，厘清文化家底，思考自身文化的长处与特色、短板与劣势，由此催生出文化自觉。不能对自身文化有客观理性的认知，就难以做到知己知彼、扬长避短，久之，也就会失去文化自信。

另一方面，以巴蜀文化增强文化自信。中国式现代化不是敲锣打鼓、轻轻松松就能实现的，如果我们不能保持清醒的头脑，不能坚定文化自信，就可能在各种喧嚣嘈杂的纷争与假象中，迷失方向、丧失信心。作为中华文化有机组成部分的巴蜀文化，历经数千年洗礼而愈加丰富与成熟。几千年来，巴蜀文化以自身文化为基础，兼容并包，形成了具有巴蜀风格与巴蜀气质的文化基因与文化品貌，并凝聚成融合、创新、乐观、坚韧、勤奋、勇毅、果敢、友善、诚信、淳朴的巴蜀文化精神。这些巴蜀文化精神在历史上催生了系列具有巴蜀标识的文化品牌，诞生了无数彪炳史册的巴蜀历史名人，为中华民族的统一、繁荣、兴盛，为保存中华民族文化火种，赓续中华民族血脉、文脉和国脉，做出过辉耀历史星空的伟大贡献。今天，站在新的时代，巴蜀文化的这些精神不仅没有过时，相反，它们与社会主义核心价值观一脉相承，依然具有顽强的生命力和强烈的时代感，是我们谱写中国式现代化四川新篇章的有力精神武器，需要不断传承弘扬。

进一步推动巴蜀文化的传承创新与普及工作。实现中国式现代化要靠奋斗，奋斗需要有精神力量的滋养。积淀了数千年的巴蜀文化，具有永不褪色的生命力。巴蜀文化曾经滋养了这片土地上无数的历史名人，让他们立足巴蜀，流芳华夏。今天，需要以新时代为背景，以习近平新时代中国特色社会主义思想为指引，以实现中国式现代化为目标，全力推动巴蜀文化的创造性转化和创新性发展。具体而言，就是要将历史的巴蜀文化转化为现代的巴蜀文化；将抽象的巴蜀文化转化为具象的巴蜀文化；将艰深难懂的巴蜀文化转化为百姓喜闻乐见、润物无声的巴蜀文化；将巴蜀物质文化、巴蜀精神文化、巴蜀生态文化、巴蜀非遗文化进行现代转换和再造，成为引领四川经济社会发展新的文化推动力。

其次，让巴蜀优秀文化成为马克思主义基本原理同中华优秀传统文化相结合的有机组成部分。巴蜀大地诞生了不少卓越的政治家、思想家、哲学家、文学家、史学家、科学家、军事家等，他们所做出的贡献，有的深刻改变了中国，有的对后世产生了绵延不绝的影响。马克思主义基本原理同中华优秀传统文化相结合，这当中离不开历代巴蜀名人的贡献。推动马克思主义基本原理同包括巴蜀优秀文化在内的中华优秀传统文化的结合，既是谱写中国式现代化四川新篇章的重要文化力量源泉，也是中国式现代化文化力量不可或缺的组成部分。这种力量源泉需要广大巴蜀儿女更多了解巴蜀文化，更多认识巴蜀文化，更进一步从巴蜀文化中汲取推动发展的理念和思维，让巴蜀文化在中华民族伟大复兴、中国特色社会主义建设、中国式现代化四川新篇章的建设中焕发夺目光彩，不断凸显以文化人、以文聚力、以文兴业、以文塑城、以文强国的神奇力量。

（西华大学文学与新闻传播学院院长、教授潘殊闲）

| 第 99 问 |

和你一起思考这个时代

四川如何以制造强省建设夯实高质量发展的物质技术基础？

> ▶ 坚持分类做大做强制造业，高质量对接东部产业新布局，以科技创新引领制造业发展。

没有坚实的物质技术基础，就不可能全面建成社会主义现代化强国。四川如何以制造强省建设夯实高质量发展的物质技术基础？

深入实施制造强省战略，是四川发挥制造业引擎和支撑作用，夯实全省高质量发展物质技术基础的根本途径。国内外发展实践证明，制造业对物质技术发展的支撑性和带动性，是其他产业不能相比的。迈向现代化进程中，如果缺乏强大制造业引领和带动，就不会有琳琅满目的商品，不会有发达的农业和服务业，不会形成高质量的基础设施体系、科技创新体系、区域分工体系、城乡融合体系等。目前，不仅我国东部省市提出制造业占比要保持稳定或提升，发达国家也在努力吸引制造业回流。四川推进制造强省建设，是一个系统的、立体的、绿色的、创新的大工程，涉及任务广泛且路径多样。从强化高质量发展的物质技术基础角度来看，可以从分类做大做强制造业、高质量对接东部产业新布局、以科技创新引领制造业发展三个方面着力。

坚持分类做大做强制造业。四川在谋划制造强省战略中，已针对制造业门类齐全、层次多样等基础和特点，提出要推进优势产业高端化、传统产业新型化、新兴产业规模化，既考虑了量的扩大，也兼顾了质的提升。

首先，推进优势产业高端化，为市场提供更优质、更多样化的产品，对其他产业发展、科技创新、基础设施建设提出更高质量要求。四川当前有优势的制造业，如重大装备、智能终端、通信和航空设备、钒钛新材料、名酒酿造等，不仅在全省制造业中占绝对比重，而且长期以来都是带动经济发展的主力军。因此，持续推动这些产业提档升级，促进产品由中低端向中高端迈进，促进产业链由中间环节为主向两端延伸，促进企业集中集聚和规模化发展，促进与创新链、服务链深度融合和与信息化、城镇化、农业现代化互动等，将全面带动三次产业、基础设施、城市服务功能等的提升。

其次，推进传统产业新型化，顺应消费需求升级的大趋势，将有力推动交通、物流、能源、城市配套、园区功能等升级。四川传统制造业门类繁多，生产的产品广泛连接国内外市场。传统制造业要适应不断升级的消费需求，必须大力推进科技创新、工艺和设备的绿色化、规模化等改造，尤其在信息技术革命推动下的智能化升级，以及生产分工的细化和组织方式的现代化，对供应链、交通和市场设施、管理制度都提出了新的需求。目前，虽然服装、鞋帽、食品、家具、冶金、化工、建材等行业的产出品较过去没有太大改变，但产品技术含量、附加值、生产方式、经营模式和相关产业的关系，都会发生质的变化。

最后，推进新兴产业规模化，将弥补优势产业和传统产业难以满足的新需求，进而带动新技术、新服务、新型基础设施的加快发展。生活水平提高伴随的大量新需求，催生了新兴制造业的发展。近年来出现的新一代信息技术产品、新的交通和能源设备、节能环保设备、生物医药制品、新功能用品和食品等，正是新消费需求带动的产物。目前，四川新兴产业尽管规模不大，但增长速度快，未来将成为制造业的主要支柱。在集成电路、新型显示、网络安全、超高清视频、航空航天、核能及核技术应用、新一代轨道交通、清洁能源装备、节能环保装备等领域中，四川已提出培育万亿级、千亿级产能的目标。这类产业规模的成倍增加，对基础研究、成果转化、创新平台建设，对推进5G网络覆盖和规模化应用，车联网基础设施建设、现代化市政设施建设等，都会产生深远影响。

高质量对接东部产业新布局。在区域经济一体化程度不断加深的背景下，四川要实现制造强省的目标，需站在区域分工协作的高度，形成更明显的比较优势。构建与东部具有互补关系的产业链。

一方面，找准四川制造业的比较优势，在强化优势和特色中，形成一大批有竞争力的行业和产品，以不断提升物质技术基础。东部产业新布局形势如何？从三次产业看，多数省市开始步入工业化后期，服务业占比持续上升。从各产业内部看，战略性新兴产业、现代服务业占比持续上升。从产业前瞻看，未来制造业在加快发展。尽管这些趋势对处于向工业化中后期过渡的四川也存在，但细分领域的差异还比较明显。比如上海、广东、江苏、浙江等省份，在电子产品、轻工产品、食品等领域，优势非常明显，在多数设备制造、材料生产等领域，也占有显著地位。考虑到东部制造业在国内市场的影响力，四川在谋划制造业发展时，应高度注重与东部省市错位发展，包括产业、生产环节、技术等的错位，充分利用四川水光风电气储配套的优势发展特色产业，巩固和提高制造业的竞争力，有力带动物质技术基础的发展。

另一方面，大力发展东部省市制造业的配套，努力成为这些地区重要产业链的构成部分，使服务于制造业的物质技术基础有更多拓展空间。在改革开放之前，四川制造业与东部省市的协作更多体现在农产品和部分原料等领域。改革开放以来，区域之间协作程度不断加深，四川制造业与东部省市的协作配套，不仅扩大到能源、劳动力、原料、技术、信息等要素领域，而且广泛延伸到轻工、电子、化工、机电、通用和专用设备制造等领域，产品类别也扩展到产业链上下游需要的成品、半成品。特别是四川承接的部分制造项目，本身就是东部产业链和先进制造业集群的配套企业。四川着眼于产业分工协作角度，推进产业嵌入东部产业链，演好协作配套角色，也就为相关物质技术基础发展提供了需求。

以科技创新引领制造业发展。以科技创新引领现代化产业体系建设，是制造业迈向中高端的必然选择，也是保证全省物质技术基础不断巩固和提升的必由之路。近年来，四川一直将实施创新驱动发展战略作为全省的重大战略来抓。在《中共四川省委关于深入推进新型工业化加快建设现代化产业体系的决定》中，已把纵深推进创新驱动引领产业发展作为主要任务进行部署。而在制造业上"挑大梁"的成都，也专门出台了《中共成都市委关于坚持科技创新引领加快建设现代化产业体系的决定》。

以创新驱动制造业发展，决定了四川在分类推进制造业工作中，要提高技术创新能力，相应要建设实验室、研发装置、工程技术中心、创新平台和载体等，成渝（兴隆湖）综合性科学中心和西部（成都）科学城建设、国家"东数西算"工程等，都是其中的代表；实施科技创新工程，如壮大高新技术企业队伍、提高企业研发占比、组织实施重大科技成果转化"聚源兴川"行动等，会带动教育、科技、管理、数字基础设施、信息服务等领域的发展。以创新驱动制造业发展，决定了新产业、新业态发展步伐需要加快，产业基础需要再造，必将刺激新技术开发，刺激新的基础设施、新的产业组织方式变革；以创新驱动制造业发展，决定了创新链的构建成为重要任务，整合政产学研用金资源，从研发、转化再到技术服务的创新链建设，形成"创业苗圃＋孵化器＋加速器＋产业园"的全链条孵化体系。这将带动人才、技术、资金等创新要素的扩大和优化布局，带动科技型企业跨越式发展，进而打牢四川发展的高质量物质技术基础。

（四川省社会科学院研究员盛毅，四川省社会科学院李佳欣）

| 第 100 问 |

和你一起思考这个时代

四川如何以构筑向西开放战略高地和参与国际竞争新基地助力中国式现代化？

▶ 要以构筑"两地"为依托，坚持以大开放促进大开发，更好整合全球要素资源，增强国内国际两个市场、两种资源联动效应，激活中国式现代化的发展动力，拓展中国式现代化的发展空间。

"只有开放的中国，才会成为现代化的中国。"不断扩大高水平对外开放是推进中国式现代化的必然要求。四川如何以构筑向西开放战略高地和参与国际竞争新基地助力中国式现代化？

以开放促改革、促发展是我国现代化建设不断取得新成就的重要法宝。习近平总书记强调："要不断扩大高水平对外开放，深度参与全球产业分工和合作，用好国内国际两种资源，拓展中国式现代化的发展空间。"习近平总书记在 2023 年来川视察时要求四川"构筑向西开放战略高地和参与国际竞争新基地"，2024 年 4 月 23 日在重庆主持召开新时代推动西部大开发座谈会时又强调，"要坚持以大开放促进大开发，提高西部地区对内对外开放水平"。这为四川扩大对外开放提出了要求，指明了方向。四川要以构筑向西开放战略高地和参与国际竞争新基地（以下简称"两地"）为依托，坚持以大开放促进大开发，更好整合全球要素资源，增强国内国际两个市场、两种资源联动效应，激活中国式现代化的发展动力，拓展中国式现代化的发展空间。

加快构筑"两地"，以高水平对外开放促高质量发展，更好推动中国式现代化建设。四川构筑"两地"具备良好的基础条件，为促进高质量发展提供坚实的支撑。四川地处欧亚大陆的几何中心，往北经欧亚大陆桥，连接陆上丝绸之路，往南经北部湾出海，连接海上丝绸之路，成为实现东西对接、南北贯通的战略支点；坐拥中欧班列和西部陆海新通道的战略优势，国际班列联通境内外130余个城市，中欧班列（成渝）开行量持续位居全国首位。

打造高质量发展重要增长极。四川坚持"川渝一盘棋"，以成渝地区双城经济圈建设为总牵引，以构筑"两地"为依托，协同重庆推动高水平对内合作和对外开放，有助于发挥超大规模市场优势，畅通国内国际双循环通道，促进国际国内要素有序自由流动和资源高效配置，尽快形成带动西部高质量发展的重要增长极和新的动力源。

打破经济发展的"胡焕庸线"。四川发挥地处"一带一路"核心腹地优势，持续深化向西开放，加快构筑向西开放战略高地，加强与中亚、西亚、欧洲等地区及我国各省市的互联互通，加快形成东西并进、内外统筹、陆海联动的对外开放新格局，打破经济发展的"胡焕庸线"，形成区域发展新格局。

促进国家发展战略腹地建设。作为我国西部大省，四川是国家战略科技力量建设重要支撑地、国家先进制造完整产业链重要集聚地、国家重要物资和战略资源储备供应保障地、国家实现稳藏安康和经略周边的战略要地，肩负着服务国家发展全局的时代使命。在世界百年未有之大变局下，四川加快构筑"两地"，可以更好地发挥区位和产业优势，主动服务共建"一带一路"，加强产业链供应链国际合作，提升产业链供应链韧性和安全水平。

加快构筑"两地"，更好服务中国式现代化统筹发展与安全。拓展中国式现代化发展空间势必推动向西开放。在深耕亚太地区基础上，我国进一步加强向西开放，向广袤的欧亚大陆拓展要素配置空间和国际市场空间，奋力开创对外开放事业新局面。面对日趋激烈的大国博弈，加快构筑"两地"，可以更好地统筹发展与安全，有效应对中国式现代化进程中的风险挑战。

"向西开放战略高地"侧重安全。"向西"是在持续深化对欧合作的同时，拓展与中亚、西亚全方位、多领域的国际合作，尤其是中亚。中亚地处亚欧大陆的地缘中心，位于亚洲和欧洲的交会处，是高质量共建"一带一路"的关键枢纽地。随着2023年中国—中亚峰会成功举办，四川加快落实峰会成果，深入推进与中亚地区经贸合作走深走实，对于保障我国通道安全、粮食安全、能源安全以及产业链供应链安全具有重要战略意义。

"参与国际竞争新基地"侧重效率。"参与国际竞争新基地"要求四川充分发挥制造业优势和科技资源优势，加快承接国际国内产业转移，优化生产力布局，突出科技创新引领，加快发展新质生产力，改造传统产业、培育新兴产业、布局未来产业，着力提升产业链供应链现代化水平。

"向西开放战略高地"和"参与国际竞争新基地"互为条件、彼此支撑。"向西开放战略高地"是"参与国际竞争新基地"的前提，"参与国际竞争新基地"为"向西开放战略高地"提供重要保障，两者融合互促、协同共进，有助于我国从整体战略层面实现安全与发展的有机统一，防范和化解各种风险挑战，在把握战略主动中稳步推进中国式现代化。

加快构筑"两地"，要统筹开放大通道、大平台、大枢纽建设。更高水平开放依赖更高能级的开放平台。统筹开放大通道、大平台、大枢纽建设，提升四川在全国开放格局中的位势和能级。

加强陆海统筹的大通道建设。积极推动建立陆海统筹的多式联运通道省际协调机制，强化中欧班列通道与西部陆海新通道的衔接，加快推进第三亚欧大陆桥建设，打造以四川为中心枢纽、最大范围联通亚欧大陆主要经济区域的开放战略大通道。聚焦节点布局和枢纽功能，优化铁路、海运、航空多式联运线路，完善干支结合、枢纽集散的高效运输体系，形成陆海统筹的多式联运通道物流网络，拓展商品集散、加工、供应链管理等业务。积极构建与中亚、西亚、欧洲及东盟国家在客货运输、通关服务、签证等方面的便捷通关模式，加强与这些国家在技术标准、单证规则、数据交换、检验检疫等方面合作，探索建立陆海统筹的多式联运规则和标准体系，实现"一单到底、物流全球"。

强化联动协同的大平台建设。立足成渝地区双城经济圈，抢抓数字经济发展机遇，聚焦资源、要素、产业、机制四个方面统筹推进国家级经开区、国际合作园区、自贸试验区、综保区、物流口岸等开放平台的联动协同，全面提升对外开放平台能级，打造欧亚大陆资源要素集聚和创新策源的重要引擎。推动成都国际铁路港与其他港口及口岸、园区等平台协同发展，建立"铁路+"多式联运信息平台和大数据服务中心，有效融合物流、商流、资金流和信息流，深化"铁路+"多式联运"一单制"改革及应用。

打造产业链供应链重要枢纽。以内外贸一体化为契机，加快构建完整的内外贸产业链条，加强产业链上下游协作配套，推动产业链各环节的优化升级和国内外市场的深度对接，打造具有国际竞争力的产业链供应链重要枢纽。积极推动中国—阿拉伯国家峰会、中国—中亚峰会中涉川成果落地落实，支持川内企业到中西亚、欧洲国家开展贸易投资布局，加强与中西亚国家在矿石、能源、粮食等领域的产业链供应链合作，深化与欧洲国家在先进制造业、现代服务业等领域的产业链供应链合作，共同构筑安全稳定、畅通高效、开放包容、互利共赢的产业链供应链。

（西南财经大学国际商学院副教授邓富华）